DE L'APPLICATION
DU CADASTRE

A LA DÉTERMINATION

DE LA PROPRIÉTÉ IMMOBILIÈRE ET DES AUTRES DROITS RÉELS

DANS LES PAYS SOUMIS AU CODE NAPOLÉON,

OU

COMMENTAIRE SUR LE CADASTRE

DÉCRÉTÉ A GENÈVE EN 1841,

SUIVI DU

TEXTE DES LOIS, RÈGLEMENTS, ARRÊTÉS ET INSTRUCTIONS CONCERNANT LE CADASTRE GÉNEVOIS,

PAR

SIMON DELAPALUD,

DOCTEUR EN DROIT ET ANCIEN CAPITAINE DU GÉNIE.

« La loi sur le nouveau cadastre a pour but de faciliter la réforme de nos lois « hypothécaires, de diminuer les procès, d'augmenter la sécurité des propriétaires, « d'empêcher les injustices entre voisins et de détruire ainsi une cause de haine « et de défiance entre les habitants du pays. A la vérité, tous ces heureux effets ne « pourront se produire qu'à la longue, et ainsi la loi qui vous est soumise sera bien « moins utile à la génération présente qu'à celle qui s'élève ; mais ce ne sera point « pour vous un obstacle à son adoption, car vous ne perdrez pas de vue que le légis- « lateur qui ne serait préoccupé que des intérêts du moment ne ferait rien de grand « ni de durable. »

(Rapport fait le 9 décembre 1840 au Conseil représentatif de Genève sur l'établissement d'un nouveau cadastre.)

STRASBOURG,

IMPRIMERIE DE G. SILBERMANN, PLACE SAINT-THOMAS, 3.

1853.

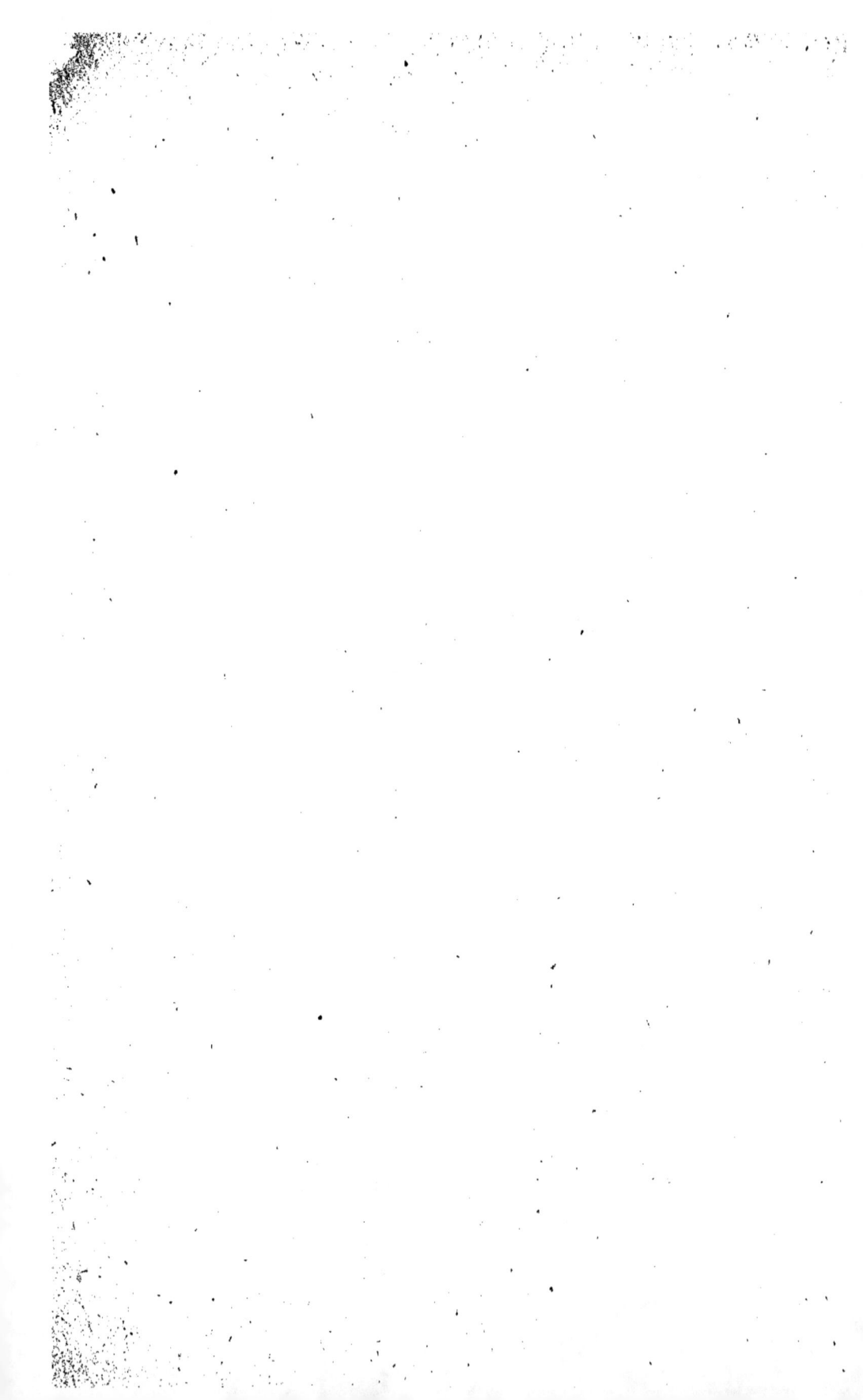

DE

L'APPLICATION DU CADASTRE

A LA DÉTERMINATION

DES DROITS RÉELS.

DE L'APPLICATION
DU CADASTRE

A LA DÉTERMINATION

DE LA PROPRIÉTÉ IMMOBILIÈRE ET DES AUTRES DROITS RÉELS

DANS LES PAYS SOUMIS AU CODE NAPOLÉON,

OU

COMMENTAIRE SUR LE CADASTRE

DÉCRÉTÉ A GENÈVE EN 1841,

SUIVI DU

TEXTE DES LOIS, RÈGLEMENTS, ARRÊTÉS ET INSTRUCTIONS
CONCERNANT LE CADASTRE GÉNEVOIS,

PAR

SIMON DELAPALUD,

DOCTEUR EN DROIT ET ANCIEN CAPITAINE DU GÉNIE.

« La loi sur le nouveau cadastre a pour but de faciliter la réforme de nos lois « hypothécaires, de diminuer les procès, d'augmenter la sécurité des propriétaires, « d'empêcher les injustices entre voisins et de détruire ainsi une cause de haine « et de défiance entre les habitants du pays. A la vérité, tous ces heureux effets ne « pourront se produire qu'à la longue, et ainsi la loi qui vous est soumise sera bien « moins utile à la génération présente qu'à celle qui s'élève ; mais ce ne sera point « pour vous un obstacle à son adoption, car vous ne perdrez pas de vue que le légis- « lateur qui ne serait préoccupé que des intérêts du moment ne ferait rien de grand « ni de durable. »

(Rapport fait le 9 décembre 1840 au Conseil représentatif de Genève sur l'établissement d'un nouveau cadastre.)

STRASBOURG,
IMPRIMERIE DE G. SILBERMANN, PLACE SAINT-THOMAS, 3.
1853.

EXPLICATION DES ABRÉVIATIONS.

Loi. Loi du 1er février 1841 sur le nouveau cadastre.

Règlement ou *Régl.* Règlement général sur le cadastre du 14 octobre 1844.

Supplément ou *Supp.* Supplément à la loi de 1841 et au règlement de 1844.

N. B. Les renvois à un § se rapportent à un § du *Commentaire.*

AVANT-PROPOS.

Les imperfections du cadastre établi dans les communes rurales du canton de Genève, pendant l'occupation française, s'étant plusieurs fois fait sentir depuis la restauration de notre république, le Conseil d'État soumit, en 1839, un projet de loi sur la confection d'un nouveau cadastre.

Appelé à faire partie de la commission du Conseil représentatif chargée d'examiner ce projet, et ayant proposé diverses modifications plus ou moins importantes qui furent adoptées, je fus invité à rédiger un nouveau projet et à le soutenir, comme rapporteur, auprès du Conseil représentatif. C'est ce projet qui a été converti en loi le 1er février 1841.

Plus tard, le Conseil d'État me confia le soin de préparer les règlements relatifs à la mise à exécution de la loi. Enfin, le Conseil d'État m'appela, en 1844, aux fonctions de directeur et de conservateur du nouveau cadastre, et je dus, en cette qualité, diriger et surveiller l'exécution des travaux et provoquer plusieurs arrêtés de la part du pouvoir exécutif, afin de résoudre certaines difficultés qui n'avaient pas d'abord été prévues et qui se présentaient au fur et à mesure que l'on procédait aux diverses opérations cadastrales.

En 1846, c'est-à-dire lorsque les travaux étaient en pleine activité et que les plans et registres du cadastre étaient définitivement adoptés dans plusieurs communes, je résolus de publier un commentaire sur les principes de la loi génevoise de 1841, afin de faire connaître une institution qui, réalisant les vœux exprimés en France par plusieurs publicistes, fournissait le moyen d'organiser une véritable publicité des droits réels, dans les pays où la législation civile est la source de fréquentes mutations et d'un grand morcellement de la propriété territoriale.

Je me préparais à compléter mes notes et à les coordonner, lorsque survint la révolution génevoise du 7 octobre 1846, à la suite de laquelle j'abandonnai des travaux qui m'étaient chers et m'exilai volontairement de mon pays. Ignorant d'ailleurs si le gouvernement issu de la révolution de 1846 continuerait l'œuvre qui avait été commencée, je m'abstins temporairement de donner suite à mon projet de publication; mais aujourd'hui que l'établissement du cadastre décrété à Genève en 1841 n'offre plus aucun doute, j'ai repris assez de courage pour me mettre de nouveau à l'œuvre. J'ai cru, du reste, que, pour que l'expérience faite à Genève pût être ailleurs de quelque utilité, il ne suffisait pas de faire connaître les principes généraux de la loi génevoise de 1841, mais qu'il fallait encore rendre compte des difficultés pratiques qui s'étaient présentées lors de sa mise à exécution et des mesures qui avaient été prises pour les surmonter; c'est là ce qui explique pourquoi j'ai laissé subsister, dans ce commentaire, l'exposé des motifs des règlements, arrêtés et instructions sur le cadastre génevois, quoique cet exposé puisse paraître un peu aride et qu'il ait été surtout destiné, dans l'origine, à faciliter une œuvre qui est aujourd'hui presque entièrement achevée. J'ai donc apporté peu de changements aux notes sur la législation génevoise que j'avais rédigées il y a sept ans, d'autant plus que les lois et règlements sur le cadastre qui existent en ce moment à Genève, sont les mêmes qu'en 1846, sauf dans quelques points de peu d'importance; mais, en revanche, j'ai ajouté à ces notes sur le cadastre génevois quelques considérations générales, qui m'ont été suggérées par la lecture de divers écrits publiés en France dans ces dernières années, touchant les droits immobiliers, et par l'examen de quelques lois allemandes relatives à la tenue des registres des droits réels, lois que j'ai eu l'occasion d'étudier pendant mon séjour en Allemagne.

Avant de terminer cet avant-propos, je crois de mon devoir de déclarer que plusieurs de mes collègues de la commission du Conseil représentatif, et en particulier MM. Pierre Odier, professeur, et Forget, conservateur des hypothèques, m'ont continuellement prêté le secours de leurs lumières et de leur expérience, et ont ainsi grandement contribué à améliorer les dispositions législatives que j'avais d'abord proposées. Je dois dire, en outre, que j'ai rédigé la partie géodésique du règlement général sur le cadastre en suivant les conseils de M. le général Dufour, qui remplissait alors les fonctions d'ingénieur en chef.

Waghæusel, le 1er décembre 1853.

SIMON DELAPALUD.

TABLE DES MATIÈRES

DU

COMMENTAIRE SUR LE CADASTRE DE GENÈVE.

DEUXIÈME PARTIE.

DES RÈGLES APPLICABLES AU CADASTRE DÉCLARÉ DÉFINITIF.

TROISIÈME PARTIE.

DES EFFETS CIVILS DU CADASTRE.

Erratum. Page 136, ligne 18 : Au lieu de prescrire, lisez *proscrire*.

COMMENTAIRE

SUR

LE NOUVEAU CADASTRE DE GENÈVE.

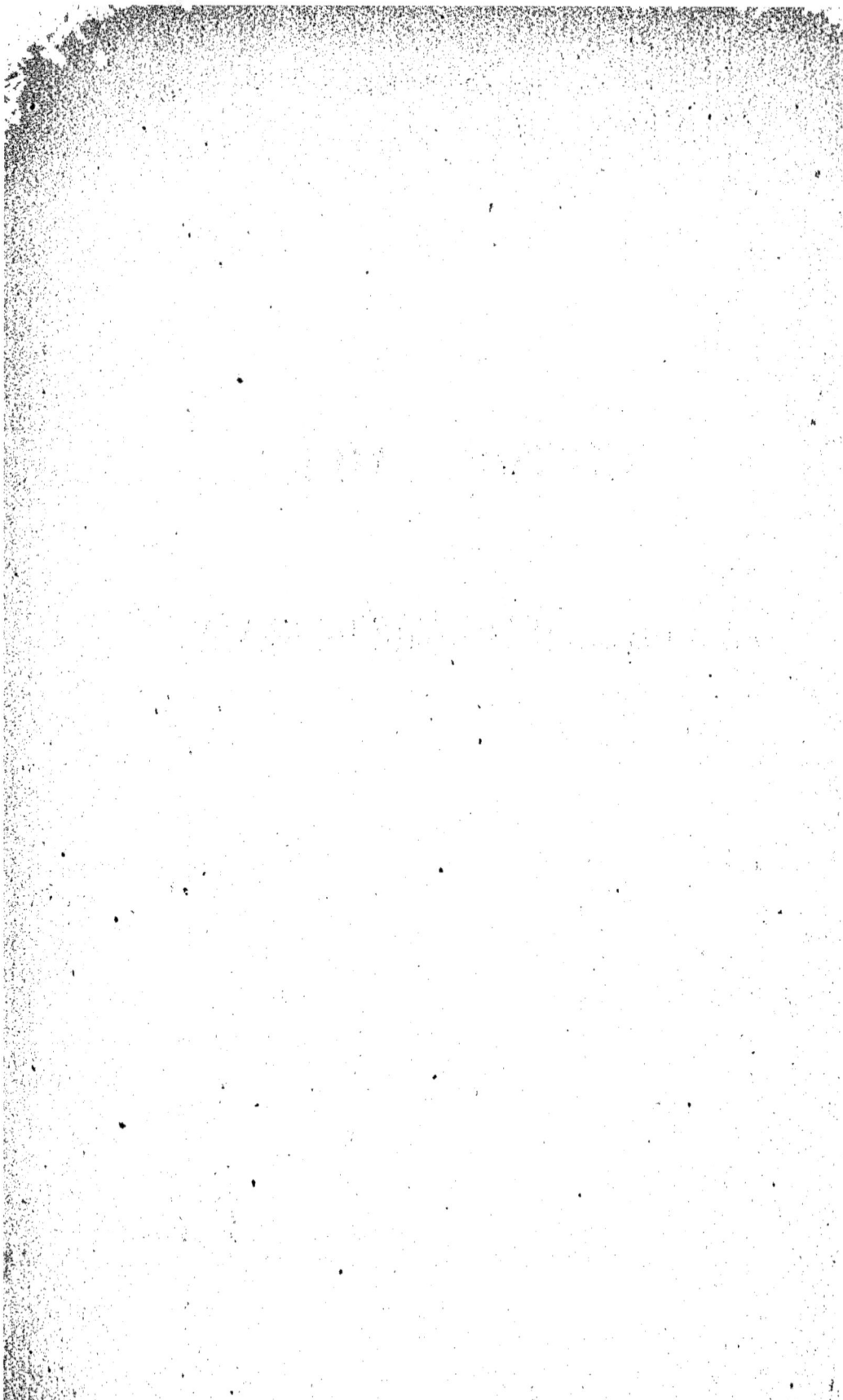

COMMENTAIRE

SUR

LE NOUVEAU CADASTRE DE GENÈVE.

INTRODUCTION.

Des cadastres du canton de Genève antérieurs à 1841. Imperfection du cadastre confectionné sous le régime français. But que s'est proposé le législateur genevois de 1841, en créant le nouveau cadastre.

§ 1. Il est peu de pays où la planchette du géomètre se soit promenée aussi souvent que dans le petit territoire de la république de Genève. Déjà, en effet, dans le dix-septième siècle, le gouvernement avait fait dresser des plans territoriaux qu'on peut voir aujourd'hui dans les archives; plus tard, de 1711 à 1745, il fit confectionner avec beaucoup de soin, par le géomètre De Harsu, les plans de diverses communes[1]. Ces plans étaient faits à l'échelle d'un pouce pour dix toises de huit pieds, soit de 1/960, et ils furent reconnus par les propriétaires, en leur qualité de débiteurs envers l'État de certaines redevances.

[1] Céligny, Genthod, Cologny, Chêne, Vandœuvres, Jussy et les banlieues de Rive et de Cornavin.

De 1778 à 1790, le géomètre Mayer dressa les plans de toutes les communes du territoire de l'ancienne république, à l'échelle de 1/960 pour les plans ordinaires et de 1/480 pour les développements. Ces plans devaient être reconnus par les propriétaires, non-seulement en leur qualité de débiteurs du fief, mais encore en contradictoire les uns des autres; de plus, les notaires, d'après un règlement du 29 avril 1785, étaient tenus de mentionner dans les actes relatifs aux immeubles les numéros des parcelles faisant l'objet de la stipulation; mais, malheureusement, la reconnaissance des plans de Mayer n'avait été achevée, en 1792, que dans une localité[1], et les événements politiques empêchèrent, dès lors, qu'elle ne fût achevée dans les autres parties du territoire.

§ 2. Les communes genevoises qui avaient appartenu autrefois à la Savoie, avaient aussi des plans cadastraux créés sous le régime sarde, en vertu de l'édit de péréquation générale de 1738, édit qui, dans le temps, fut considéré, à juste titre, comme un immense progrès administratif.

§ 3. Quant aux communes genevoises qui avaient autrefois fait partie du pays de Gex, il ne paraît pas qu'elles aient jamais été cadastrées antérieurement au cadastre effectué sous le régime impérial.

§ 4. En 1791, l'Assemblée constituante avait décrété la confection d'un cadastre général; toutefois les circonstances politiques ne permirent pas qu'on s'occupât, avant l'année 1802, de sa mise en exécution. Enfin, après divers essais, les travaux du cadastre furent définitivement organisés par un décret impérial du 27 janvier

[1] Le mandement de Peney.

1808; mais déjà, depuis 1806, on avait commencé le cadastre dans le département du Léman dont le canton de Genève faisait alors partie, et les opérations cadastrales y furent d'ailleurs menées avec tant d'activité qu'en 1812 tout le territoire qui forme aujourd'hui le canton de Genève se trouvait cadastré, à l'exception de quatre communes dont le cadastre ne fut achevé que postérieurement à 1814.

§ 5. Le cadastre des communes génevoises participa de l'imperfection qu'on remarque en général dans le cadastre de France, et, en particulier, dans celui des départements où les opérations cadastrales furent exécutées avant 1818. Il est notoire, en effet, que les géomètres commirent plusieurs erreurs dans le tracé des lignes séparatives et dans l'attribution des parcelles aux divers propriétaires; de plus, les ventes et les partages survenus après la création du cadastre occasionnèrent de nouvelles erreurs de la part des contrôleurs qui n'étaient soumis à aucune responsabilité, et qui, d'ailleurs, ne trouvaient ni dans la loi, ni dans les règlements administratifs des moyens suffisants pour tenir les plans et même les registres au courant des mutations successives.

§ 6. Cependant, dès l'année 1829, l'administration génevoise et les contrôleurs habiles qui se succédèrent dès cette époque, firent tous leurs efforts pour régulariser les registres cadastraux. Le contrôleur fut chargé, en particulier, de refondre les matrices cadastrales et d'opérer d'office, sur ses registres, les mutations au fur et à mesure qu'elles étaient constatées dans le registre des transcriptions; mais on ne tarda pas à s'apercevoir que ces mesures ne pouvaient atteindre complétement leur but. Et d'abord, quant à la refonte des matrices cadastrales, elle ne put présenter aucun caractère de certitude, puisqu'elle s'opéra sur les simples renseignements que pouvait se procurer le contrôleur, et non à la suite d'un débat contradictoire entre les propriétaires. En second lieu, quant aux mutations tirées du registre des transcriptions, elles s'opérèrent, à la vérité, avec assez d'exactitude, lorsque l'immeuble qui faisait l'objet de la mutation formait un seul corps de domaine; car, depuis la loi génevoise du 28 juin 1830, le contrôleur trouvait, dans le registre des transcriptions, tous les actes de mutation entre-vifs, et les immeubles y étaient, en général, désignés par leurs numéros de parcelles, attendu que, d'après la même loi de 1830, les actes authentiques étaient seuls admis à la transcription, et que les notaires ne manquaient pas d'indiquer ces numéros toutes les fois que cette indication leur était possible.

Mais, lorsque la mutation avait pour objet la vente d'une portion d'immeubles ou un partage, il n'était pas toujours facile aux notaires, ni aux parties, d'indiquer les numéros des parcelles aliénées; cette difficulté était même presque insurmontable, dans les cas où l'immeuble qui devait être partagé ou aliéné partiellement, se composait originairement de plusieurs parcelles de culture, et que la configuration de celles-ci avait été complétement modifiée; car il était alors, le plus souvent, impossible d'apercevoir une ressemblance quelconque entre les parcelles figurées sur les plans et les pièces existant sur le terrain.

§ 7. En résumé, les travaux qu'on fit à Genève pour améliorer le cadastre confectionné sous le régime français, convainquirent, il est vrai, le gouvernement qu'il était très-facile de tenir à jour un cadastre bien fait pourvu toutefois que cette mise à jour commençât dès la reconnaissance des plans et registres ; mais le gouvernement dut reconnaître en même temps que, quels que fussent ses efforts pour améliorer les registres du cadastre et pour les tenir à jour, ces registres contiendraient toujours beaucoup d'erreurs et de lacunes. Quant aux plans, on vit bientôt que la réparation d'un vieux cadastre coûterait beaucoup plus cher que la confection d'un nouveau et n'amènerait d'ailleurs qu'à un résultat plus ou moins défectueux.

§ 8. Cependant, quelles que fussent les imperfections du cadastre confectionné sous le régime français, on reconnut que ce cadastre suffisait à la perception de l'impôt foncier, et qu'il était dès lors inutile, sous le point de vue fiscal, d'en créer un nouveau. Cela était d'autant plus vrai, que les frais nécessités par la création d'un nouveau cadastre devaient entraîner pour les propriétaires un surcroît d'impôt assez considérable pendant plusieurs années, et que, vu la minimité de notre impôt territorial, les redressements des erreurs commises, sous ce rapport, par suite des irrégularités du cadastre, n'auraient eu, dans la plupart des cas, qu'une portée de quelques centimes.

Le but du cadastre décrété à Genève, en 1841, diffère donc essentiellement de celui qu'on a voulu atteindre en France par l'établissement des plans et registres cadastraux, car la loi de 1841 a eu uniquement en vue la détermination exacte de la propriété immobilière, dans l'intérêt des propriétaires. On a appliqué, il est vrai, le nouveau cadastre à la répartition de l'impôt foncier, au fur et à mesure que l'ancien cadastre était remplacé par le nouveau ; mais cette application du cadastre à l'impôt n'a été réglée que par une loi postérieure, du 11 juin 1845, en sorte qu'il ne se trouve pas, dans la loi du 1er février 1841, un seul article où l'on ait considéré le cadastre sous un autre point de vue que l'intérêt de la propriété.

§ 9. On se tromperait, d'un autre côté, en croyant que le législateur génevois de 1841 a eu la prétention de changer les dispositions du Code civil, à propos de la confection des nouveaux plans et registres du cadastre; il a pensé, en effet, que ce qu'il fallait obtenir avant tout, c'était un bon cadastre, et que, celui-ci une fois obtenu, il serait ensuite très-facile de le faire servir à la détermination de la propriété. Telle était l'opinion exprimée en 1845, à la Chambre des députés de France, par M. le ministre des finances[1] :

« La question de l'opération du cadastre, disait-il, a « été examinée longtemps et souvent, et, pour mon « compte, je m'en suis beaucoup occupé, et j'ai toujours « dit, sur cette matière, que ce qu'il fallait faire, c'était « un bon cadastre, et que le département des finances, « en particulier, n'aurait à s'occuper que de cela. Mais, « ajoutait M. le ministre, s'il résolvait ce problème, la « force des choses amènerait ce cadastre à servir le plus « utilement possible dans toutes les questions qui se rat- « tachent aux différentes natures d'intérêt que vient de « rappeler l'honorable préopinant (les intérêts de la pro- « priété territoriale); mais il faut que cela vienne du « mérite du cadastre et non par des dispositions qui se- « raient introduites dans la loi sur le cadastre. »

C'est ainsi, au reste, qu'on a procédé dans divers pays,

[1] Séance du 27 juin 1845.

et en particulier dans le canton de Vaud et le grand-duché de Hesse.

§ 10. Mais quel que fût également le désir du législateur génevois de ne point altérer la législation existante à l'occasion du cadastre, il s'est cru cependant obligé à y apporter deux légères modifications par la loi de 1841.

En effet et en premier lieu, on comprend qu'il ne suffisait pas d'obtenir, en un moment donné, des plans et des registres aussi exacts que possible, mais qu'il fallait encore les modifier, au fur et à mesure que des changements dans la propriété étaient produits par des ventes, des échanges, des successions et des partages; il était donc nécessaire de soumettre à certaines formes les actes de mutation concernant les immeubles, afin qu'aucune mutation ne pût avoir lieu sans que le bureau du cadastre en fût informé, et que, réciproquement, il n'y eût aucun changement dans les plans ou les registres du cadastre, avant de s'être assuré que ce changement correspondait à une mutation réelle.

En second lieu, si le but essentiel de la création d'un nouveau cadastre est la détermination de la propriété, il est du devoir du législateur de l'indiquer dans la loi elle-même, afin que les propriétaires connaissent toute la portée de la nouvelle institution, et que chacun d'eux puisse surveiller les opérations relatives à la détermination de sa propriété et empêcher ainsi qu'il ne s'y glisse des erreurs à son préjudice. Ainsi, lors même qu'on ne changeait nullement les lois antérieures sur la constitution du droit de propriété, il était cependant nécessaire de mentionner, dans la loi, le genre de preuve qui devait résulter du nouveau cadastre.

Tels sont les deux changements que la loi de 1841 a

apportés à la législation civile antérieure. Quant aux autres modifications qui pouvaient être envisagées comme un corollaire ou un complément de la nouvelle loi sur le cadastre, mais qui pouvaient s'ajourner, sans aucun inconvénient, jusqu'après l'époque de sa confection, on s'est borné, dans le rapport et dans la discussion, à les faire entrevoir comme un motif en faveur de la nouvelle loi[1].

§ 11. Après avoir rappelé très-succinctement le but du législateur génevois de 1841, on comprendra mieux le plan de ce commentaire.

La première partie traitera des règles applicables à la confection du cadastre, et la seconde, des règles concernant le cadastre reconnu définitif. J'examinerai, dans la troisième partie, quels effets civils sont attachés au cadastre, d'après la loi génevoise de 1841. Je chercherai à prouver, dans une quatrième partie, que le cadastre est le seul moyen d'obtenir l'individualisation des immeubles et d'établir ainsi des registres exacts des droits réels. J'indiquerai, enfin, dans une cinquième partie, les réformes législatives qui peuvent être envisagées comme un corollaire ou un complément de l'institution du cadastre.

[1] Voyez quatrième partie, § 153.

PREMIÈRE PARTIE.

Des règles applicables à la confection du cadastre.

CHAPITRE PREMIER.

Coup d'œil général sur l'ensemble des opérations nécessitées par l'achèvement complet du cadastre d'une commune genevoise.

§ 12. Avant d'entrer dans l'examen des dispositions particulières relatives à la confection du cadastre, il sera convenable, pour plus de clarté, de jeter un coup d'œil général sur la marche qui a été suivie pour la confection du cadastre des communes rurales du canton de Genève. Cette marche peut se diviser en quatre périodes.

Dans la première, on s'est occupé des opérations antérieures au levé des parcelles, et, en particulier, du bornage; dans la seconde, du levé des parcelles; dans la troisième, de la confection des registres préparatoires et de la reconnaissance des bulletins de propriété; dans la quatrième, enfin, de la clôture des opérations du cadastre. Ce sont les opérations de ces quatre périodes que je vais passer sommairement en revue.

Première période, soit opérations antérieures au levé des parcelles.

§ 13. Longtemps avant 1841, M. le général Dufour, qui remplissait alors les fonctions d'ingénieur en chef de la Confédération, avait fixé, par une triangulation, la position respective des principaux points du canton de Genève, en prenant pour base un des côtés qu'il avait obtenus dans la confection de la carte de Suisse; on n'eut donc point à s'occuper de cette première opération et l'on put procéder ainsi immédiatement à la triangulation secondaire, afin de déterminer un nombre de points assez considérable pour qu'on pût lier entre eux les plans de détail et établir ainsi avec précision les cartes d'ensemble des communes.

Cette seconde triangulation étant achevée dans une commune, ou même, suivant les circonstances, pendant qu'il y est procédé, on opère la reconnaissance du périmètre et le bornage de cette commune, en contradictoire des communes voisines; le Conseil d'État nomme les *prud'hommes* de la commune, c'est-à-dire les magistrats chargés de concilier les difficultés survenues entre propriétaires limitrophes, à l'occasion du cadastre, et de statuer sur ces difficultés, dans le cas où l'essai de conciliation n'aurait pas lieu.

Le conseil communal nomme aussi des délégués, chargés de représenter la commune dans le bornage des routes, des places et des propriétés communales, et le département des travaux publics nomme, de son côté, un délégué pour représenter l'État dans le bornage des routes, places et propriétés cantonales qui se trouvent dans la commune. Le même département nomme aussi parmi les habitants de la commune: 1° un ou plusieurs indicateurs, chargés d'assister le géomètre dans l'attribution des parcelles aux divers propriétaires; 2° un ou plusieurs commissaires, chargés de convoquer les propriétaires d'un même ténement, afin qu'ils se rendent ensemble sur le terrain et qu'ils procèdent, avec leur assistance, au bornage volontaire de leurs propriétés. Le directeur du cadastre, c'est-à-dire le chef de bureau du cadastre, donne ensuite les instructions nécessaires au géomètre et aux divers agents du cadastre, pour que le bornage des propriétés cantonales, communales et particulières s'achève le plus promptement possible dans la commune; enfin, lorsqu'il ne reste plus que quelques parcelles non limitées, soit par le fait de la négligence des propriétaires limitrophes, soit parce que ceux-ci ne sont pas d'accord entre eux, la note des retardataires est envoyée au prud'homme, lequel fait les sommations prescrites par la loi, essaie de concilier les parties contestantes et fixe lui-même provisoirement la ligne séparative, si elle n'a pas pu être déterminée par le consentement mutuel des deux propriétaires intéressés.

Deuxième période ou levé des parcelles et confection des registres préparatoires.

§ 14. Toutes les lignes séparatives des propriétés étant rendues visibles sur le terrain, rien n'empêche le géomètre de procéder au levé des plans; il assigne ensuite à chaque parcelle un numéro particulier, en suivant, à cet égard, l'ordre prescrit par les règlements, et il calcule leur contenance; puis l'administration fait procéder, par un commissaire spécial, à une vérification des plans et des calculs du géomètre, vérification qui peut se faire d'une manière fort rigoureuse, au moyen des limites qui ont été rendues visibles sur le terrain. Le géomètre convoque ensuite les propriétaires aux fins de leur soumettre les plans, de vérifier, d'après leurs renseignements, les désignations fournies par les indicateurs et de rectifier celles qui seraient incomplètes ou erronées. Il dresse enfin, après cette première épuration, le registre préparatoire des propriétaires et le remet à l'administration.

Troisième période ou reconnaissance des bulletins.

§ 15. Au moyen du registre préparatoire des propriétaires, l'administration fait dresser les bulletins de propriété. Ces bulletins contiennent beaucoup moins de numéros qu'ils n'en contiendraient d'après le mode suivi pour la confection du cadastre français, parce que, dans le cadastre génevois, les parcelles ne sont pas déterminées par la différence de culture et que les bâtiments ne forment point des parcelles particulières; ainsi, sous ce point de vue, la confection des bulletins est fort simplifiée; mais la besogne est, d'un autre côté, fort augmentée, parce que la loi et les règlements exigent beaucoup plus de précision, soit dans la désignation des propriétaires, soit dans la description des droits des intéressés, pour le cas où il s'agit d'une parcelle ou d'un bâtiment indivis. Tous ces bulletins sont envoyés aux propriétaires respectifs, qui ont un mois, au moins, pour les vérifier; pendant ce temps, on dépose à la mairie de la commune les copies des plans ainsi que les répertoires correspondants, afin que chaque propriétaire puisse consulter ces plans et les comparer avec son bulletin. Ce délai d'un mois étant expiré, les propriétaires de la commune sont appelés devant un commissaire délégué par le Conseil d'État, pour qu'ils aient à reconnaître l'exactitude de leur bulletin, ou à indiquer en quoi il contient des erreurs. Si le bulletin n'est pas reconnu exact et que l'erreur n'entraîne aucune réclamation contre un autre propriétaire, le commissaire rectifie lui-même l'erreur qui a été commise; mais, dans le cas contraire, il renvoie le réclamant devant le prud'homme, qui cherche d'abord à concilier les parties, et statue, s'il ne peut y parvenir. D'ailleurs, la décision qui aurait été rendue précédemment par le prud'homme, sur le bornage d'une propriété, n'est point une fin de non-recevoir contre celui qui voudrait contester un bulletin. Enfin, les propriétaires qui n'ont pas comparu devant le commissaire, sont de nouveau sommés de comparaître pour contester ou pour approuver leur bulletin, et faute par eux de le faire, ce bulletin est censé approuvé.

Quatrième période ou clôture des opérations du cadastre.

§ 16. Lorsqu'on a vérifié en contradictoire des propriétaires intéressés l'exactitude des bulletins et des plans de la commune, et qu'on a constaté les objets à l'égard desquels les bulletins et les plans défectueux doivent être rectifiés, le Conseil d'État ordonne, par un premier arrêté, l'achèvement des plans et la confection des registres définitifs. Dès que cet arrêté a été rendu, les prud'hommes cessent d'exercer leurs fonctions dans la commune, et il n'est fait de rectification et de changement sur les registres et sur les plans, qu'en conséquence d'un titre transcrit au bureau des hypothèques et revêtu des formes prescrites par la loi.

Enfin, lorsque tous les plans et tous les registres sont achevés, un second arrêté du Conseil d'État déclare le cadastre définitif pour cette commune; cet arrêté est publié dans la forme prescrite pour la promulgation des lois, et le cadastre peut, dès lors, être invoqué comme un titre de propriété, titre dont nous examinerons plus tard la nature et l'importance.

CHAPITRE II.

Des Prud'hommes[1].

§ 17. Le but dans lequel a été établi le cadastre genevois n'étant point le même que celui du cadastre exécuté en France en vertu du décret impérial de 1808, on a dû recourir à des moyens essentiellement différents. Parmi ces moyens figure en première ligne l'institution des prud'hommes.

Lorsque nous serons parvenu à la section qui traite de la délimitation des propriétés, j'établirai, je l'espère, que ce nouveau rouage était indispensable. Toutefois, on peut déjà voir que, l'inscription au cadastre devant produire des effets civils, il fallait requérir les propriétaires voisins de s'entendre sur la ligne qui les sépare; qu'en cas de silence, il fallait les mettre en demeure; qu'en cas de contestation entre eux, il fallait chercher à les concilier; qu'enfin, lorsque les deux propriétaires limitrophes s'obstinaient à ne rien répondre ou à ne pas tomber d'accord, il fallait bien statuer d'office, sans quoi les opérations du cadastre auraient pu être paralysées par l'inertie ou le mauvais vouloir de quelques particuliers.

Or, à qui confier ces sommations, ces conciliations et

[1] Voyez aussi les §§ 53 et 54.

enfin ces décisions provisoires relatives au cadastre? Sera-ce au géomètre chargé de l'arpentage, ainsi que le prescrit le recueil méthodique des lois, décrets, règlements et instructions sur le cadastre de France [1]? Sera-ce au maire de chaque commune, ainsi que l'avaient proposé les rédacteurs du projet de loi de 1846, sur le renouvellement et la conservation du cadastre? Sera-ce, enfin, à un juge du tribunal civil, ainsi que le propose M. le président de Robernier [2]?

Il me sera facile de démontrer qu'aucune de ces catégories ne saurait atteindre le but qu'on se propose.

Et d'abord, en effet, quant aux géomètres, en supposant qu'ils aient toutes les qualités nécessaires pour opérer une transaction conciliatoire, il ne faut pas perdre de vue que leur salaire est en général proportionnel à l'étendue de leur travail; or, dans une pareille position, le géomètre a intérêt à exécuter le plus promptement possible les plans dont il est chargé; et cet intérêt est manifestement contraire à l'esprit que doit revêtir le conciliateur, car ce dernier ne peut réussir, dans beaucoup de cas, qu'en ne se lassant point d'écouter les parties. On comprend encore que lorsqu'un propriétaire élèverait une contestation sur une ligne déjà tracée par le géomètre, celui-ci serait fort mal placé pour décider que cette ligne sera ou non rectifiée.

En second lieu, quant aux maires, il y en avait sans doute plusieurs dans le canton de Genève qui auraient pu remplir d'une manière distinguée les fonctions que je viens d'énumérer; mais il y en avait aussi d'autres qui

[1] *Recueil méthodique*, etc., § 176.

[2] *De la preuve du droit de propriété en fait d'immeubles*, par Félix de Robernier, président du tribunal civil d'Alais, t. I, p. 416.

n'auraient pas eu les connaissances suffisantes pour les exercer convenablement. De plus, les maires ayant, le plus souvent, de grandes propriétés dans leur commune, eussent été quelquefois dans une position fort délicate pour s'interposer dans les discussions qui auraient pu s'élever entre propriétaires voisins, à l'occasion du cadastre. Enfin, les fonctions des maires étant déjà fort nombreuses, on ne pouvait, sans inconvénient, les augmenter encore.

En troisième lieu, quant aux juges du tribunal civil, ils auraient été sans doute les plus propres, sous le rapport de la science des lois, à s'acquitter de ces fonctions; mais le nombre des juges était trop restreint pour qu'ils pussent à eux seuls faire toute la besogne. D'ailleurs, le juge qui est étranger aux gens et aux affaires de la campagne, n'est pas toujours le plus apte, malgré son savoir, à étouffer un procès entre deux agriculteurs voisins; on peut dire encore que c'eût été un mauvais moyen de rendre le cadastre populaire, que de recourir nécessairement pour sa confection à l'intervention des tribunaux. Enfin, l'on peut ajouter que les fonctions dont il s'agit, sont, à certains égards, administratives et que, sous ce point de vue, elles ne pouvaient être conférées à une autorité judiciaire[1].

Or, si les fonctions que j'ai mentionnées plus haut ne peuvent être attribuées ni aux géomètres chargés de l'arpentage, ni aux maires, ni aux tribunaux, elles devaient être nécessairement confiées à des fonctionnaires spé-

[1] Je ne parle pas ici des juges de paix, parce qu'en 1841 il n'y avait pas de magistrats judiciaires connus sous ce nom dans le canton de Genève; je crois, au reste, que la plupart des objections ci-dessus s'appliqueraient aux juges de paix aussi bien qu'aux juges du tribunal civil.

ciaux, et ce sont ces fonctionnaires auxquels le législateur de 1841 a donné la qualification de *prud'hommes*, qualification qui avait déjà été admise par les rédacteurs du projet de code rural de 1808[1].

§18. Ainsi les prud'hommes du cadastre génevois sont chargés :

1° De faire les sommations nécessaires pour constater le consentement formel ou tacite des propriétaires, relativement à la détermination de leurs limites respectives;

2° De concilier les contestations qui pourraient s'élever à cet égard;

3° De déterminer eux-mêmes ces limites, pour ce qui concerne le cadastre, lorsque les parties intéressées auront gardé le silence, ou lorsque, étant en désaccord, elles n'auront pu être conciliées. (Loi, art. 13; Règl., art. 22.)

Après cette explication générale, sur le but et l'institution des prud'hommes, je passe à l'examen particulier des dispositions qui les concernent.

§ 19. D'après le premier projet proposé par le Conseil d'État, les prud'hommes ne pouvaient être choisis parmi les propriétaires de la commune où ils exerçaient leurs fonctions, mais cette disposition ne fut pas admise dans le projet définitif. En effet, si la circonstance d'être propriétaire peut, dans certains cas, être un motif d'exclusion, elle ne pouvait, dans plusieurs autres, exercer aucune influence; car on ne saurait assimiler le propriétaire d'un vaste domaine avec celui qui ne possède dans

[1] Une loi du 23 octobre 1830 du grand-duché de Hesse a créé, en vue du cadastre, des fonctionnaires spéciaux (*Feldgeschworene*), dont la mission a beaucoup d'analogie avec celle des prud'hommes du cadastre génevois; l'art. 16 de la loi sur le cadastre de Bavière du 15 août 1828 crée aussi dans chaque commune un fonctionnaire spécial (*Markungsvorweiser*).

une commune que deux ou trois arpents; de plus, en admettant la restriction posée par le premier projet, on se serait souvent privé de personnes qui, par leurs lumières et leurs relations, pouvaient s'acquitter avec succès de la charge de prud'homme. Il suffisait, au reste, pour atteindre le but cherché, d'empêcher que le prud'homme intervînt dans toutes les contestations où il pouvait avoir quelque intérêt, et ce résultat a été obtenu par la disposition qui donne au Conseil d'État la faculté de nommer plusieurs prud'hommes dans une même commune (Loi, art. 12; Règl., art. 21). On voit encore que le Conseil d'État pouvait ainsi nommer comme prud'hommes des maires ou des juges, mais que, dans ce cas, cette nomination n'était point une conséquence des fonctions municipales ou judiciaires dont ces magistrats étaient revêtus.

§ 20. L'art. 15 de la loi (Règl., art. 24) statue que chaque prud'homme opérera seul. Cette disposition est contraire au premier projet qui créait, dans chaque commune, une espèce de tribunal composé de trois prud'hommes. En n'appelant ainsi qu'un seul prud'homme dans chaque opération, on avait une chance plus considérable de faire de bons choix, on augmentait la responsabilité des prud'hommes et on obtenait enfin une beaucoup plus grande célérité. L'expérience a, au reste, complétement justifié la disposition de la loi qui consacrait l'unité du prud'homme, car il a été souvent fort difficile d'obtenir des prud'hommes ayant toutes les qualités nécessaires, et cette difficulté eût été bien plus grande, s'il eût fallu en nommer un nombre trois fois plus considérable.

§ 21. Les art. 18 à 21 de la loi (Règl., art. 26 à

30) sont relatifs aux citations ou sommations faites à la requête des prud'hommes, car ces sommations pouvant produire indirectement des effets civils, la loi devait en déterminer la forme, et leur notification ne pouvait en être confiée qu'à un fonctionaire assermenté. D'ailleurs, comme les sommations des prud'hommes n'avaient rapport qu'à un petit nombre d'objets déterminés, elles ont pu être faites en employant des formulaires imprimés dont on n'avait qu'à remplir les noms et les dates. Ces formulaires rappelaient les avantages du cadastre, ainsi que les dangers auxquels s'exposait le propriétaire qui aurait négligé de faire valoir ses droits, dans la détermination des limites qui bornaient sa propriété.

§ 22. Les art. 22 et suivants de la loi (Règl., art. 31 à 34) déterminent la forme et les effets des conciliations opérées par les prud'hommes.

L'art. 23 (Règl., art. 32) statue entre autres, que ces conciliations sont signées par le prud'homme et par les parties; que, si les parties ou l'une d'elles ne savent ou ne peuvent signer, leur signature est remplacée par celle de deux témoins connaissant les parties, et qu'enfin il est donné lecture de la transaction aux parties et aux témoins et qu'il est fait mention de l'accomplissement de cette formalité. Telle est aussi la forme des conciliations opérées par les juges, d'après les lois génevoises sur l'organisation judiciaire. Quant aux effets des conciliations, l'art. 24 (Règl., art. 33) statue que les conciliations opérées et constatées par les prud'hommes emportent date certaine et font pleine foi entre les parties et leurs héritiers et ayants cause, mais seulement en ce qui concerne le cadastre; le but de cette dernière restriction a été d'empêcher qu'il ne fût porté atteinte à la loi du 28 juin 1830, d'après laquelle tout acte translatif ou déclaratif de propriété immobilière ne peut produire d'effet contre les tiers que s'il est passé devant notaire et transcrit au bureau des hypothèques.

Ainsi, supposons qu'après une conciliation opérée par le prud'homme, et avant que le cadastre fût déclaré définitif, l'une des parties eût vendu sa propriété, la conciliation, quoique non rappelée dans l'acte de vente, n'en devait pas moins produire tout son effet, quant au cadastre, et, en conséquence, le nouvel acquéreur était non recevable à contester, auprès du prud'homme, sur la limite qui avait été déterminée par la transaction conciliatoire; mais si, en transigeant avec son voisin, le vendeur avait renoncé à des droits résultant de titres réguliers ou de la prescription acquise, droits qui, d'après l'art. 53 de la loi (Règl., art. 1er) ne peuvent être détruits par le cadastre, le nouvel acquéreur pourrait, nonobstant la conciliation, se prévaloir de ces titres ou de cette prescription, et obtenir ainsi du tribunal la rectification de la ligne tracée à son préjudice, sur les plans du cadastre.

§ 23. D'après le projet du Conseil d'État, les prud'hommes ne jugeaient point les contestations qu'ils n'avaient pu réussir à concilier, mais, après avoir dressé un procès-verbal de non-conciliation, ils renvoyaient les parties à un jour déterminé, sans citation, par-devant le tribunal civil, auquel ils transmettaient leur préavis. Or, cette marche a paru contraire au principe d'après lequel nul n'est traduit en justice, sans y être cité par un adversaire qui doit formuler sa demande; d'ailleurs, le projet du Conseil d'État ne s'expliquait ni sur les espèces de contestations qui devaient être renvoyées d'office aux tribunaux, ni sur l'époque où elles devaient être jugées, ni enfin sur le mode d'après lequel le jugement devait recevoir son exécution, en ce qui concerne le cadastre. Mais, lors même que tous ces points eussent été réglés, la marche proposée, dans le premier projet, n'en aurait pas moins été susceptible de sérieuses objections. En effet, ou les opérations du cadastre n'étaient point suspendues par le procès, et alors on ne voit pas pourquoi la contestation était soumise d'office aux tribunaux; ou bien le cadastre n'aurait pu s'achever, sans que toutes les contestations eussent été vidées, et, dans ce cas, on courait la chance d'ajourner indéfiniment l'achèvement des plans et la confection des registres.

Les considérations qui précèdent, ainsi que d'autres qui seront exposées plus tard (§§ 53 et 54), ont engagé le législateur génevois de 1841 à statuer que, dans le cas où le prud'homme n'aurait pas réussi à faire tomber d'accord les propriétaires limitrophes sur la position de leur ligne séparative, cette ligne serait déterminée, en ce qui concerne le cadastre, par le prud'homme lui-même (Loi, art. 25 et 26, ou Règl., art. 34 et 35). Cette disposition, combinée avec celle des art. 49 et 53 de la loi (Règl., art. 1er et 271), a fourni au législateur génevois le moyen d'établir un cadastre faisant foi en justice, tout en évitant de susciter des procès ou de violer les droits acquis.

§ 24. Avant de terminer ce qui concerne spécialement l'institution des prud'hommes, je me permettrai de dire quelques mots sur la marche de cette institution, depuis 1842 jusqu'à la fin de 1846, époque où j'ai quitté les fonctions de directeur du cadastre.

Les prud'hommes avaient d'abord été pris parmi les habitants notables de la commune ou parmi ceux des communes voisines, et la plupart ont rempli leurs fonctions avec dévouement et intelligence; cependant on leur a reproché, en général, de n'opérer les bornages d'office que longtemps après l'expiration des délais réglementaires. On comprend, en effet, que des hommes peu habitués aux affaires judiciaires reculent devant l'obligation de rendre un jugement et de prononcer une condamnation. On doit encore reconnaître que quelques prud'hommes craignaient de se compromettre auprès des propriétaires qui demeuraient dans leur voisinage, et avec lesquels ils avaient des relations habituelles; de là, il résultait que les délais étaient fort mal observés, et que le bornage n'était presque jamais achevé, lorsque le géomètre se rendait sur le terrain, pour lever le plan des propriétés.

Afin de remédier à ces difficultés pratiques, les prud'hommes, à peu d'exceptions près, furent choisis, dès l'année 1845, parmi les membres du barreau; d'un autre côté, afin de rendre abordable aux hommes occupés la place de prud'homme, on confia à d'autres personnes toutes les opérations où l'assistance du prud'homme n'était pas légalement nécessaire, et l'on établit ainsi les commissaires au bornage dont l'institution n'avait pas été prévue par la loi de 1841 (Règl., art. 48, 50 et suivants). Ce nouveau mode était d'ailleurs d'autant plus convenable que, quoique les décisions du prud'homme ne pussent pas invalider un titre, elles avaient cependant assez d'importance, pour qu'il y eût de l'avantage à ne les confier qu'à des personnes habituées aux contestations judiciaires (§ 53).

CHAPITRE III.

Des opérations de la première période, soit des travaux antérieurs au levé des parcelles.

SECTION I. *De la triangulation.*

§ 25. La triangulation primitive, faite par M. le général Dufour, contient vingt-quatre points pour le canton de Genève, dont la surface, en y comprenant les routes, les rues, les places publiques et les rivières, est de 24,500 hectares.

Quant à la triangulation secondaire, elle fut confiée, dans chaque commune, au géomètre chargé de l'arpentage. Les points de cette seconde triangulation étaient considérablement plus nombreux qu'ils ne l'avaient été lors de la confection du cadastre français[1]; mais ce nombre n'a pas été fixé par le règlement, parce qu'il devait être réglé, dans chaque localité, par l'ingénieur cantonal, suivant les circonstances.

Il est à regretter qu'on n'ait pas pris des mesures suffisantes pour retrouver, dans l'avenir, les divers sommets des triangles; c'est là une lacune qui doit être attribuée, en grande partie, à ce que l'administration craignait de blesser la susceptibilité des propriétaires, susceptibilité qui a cependant diminué, au fur et à mesure qu'on a compris l'utilité du nouveau cadastre. Au reste, il eût été possible de remédier, au moins en grande partie, à

[1] Le minimum des points à observer n'est en France que d'un pour 100 arpents métriques (*Recueil méthodique*, § 122).

cette difficulté, en faisant en sorte que les sommets des triangles qui se trouvaient sur des propriétés particulières fussent déterminés par rapport à des points fixes placés sur des portions voisines du domaine public; il est vrai que, d'après l'art. 38 du règlement, le géomètre doit chercher, autant que possible, à placer quelques points de la triangulation secondaire sur les lisières des routes cantonales et communales; mais c'était encore là une prescription insuffisante.

Dans la Hesse, tous les sommets des triangles de premier, deuxième, troisième et quatrième ordre sont déterminés par des pierres qui ne peuvent pas être déplacées sans la permission de l'autorité[1], et je pense que rien n'empêcherait de prendre des mesures analogues dans d'autres pays. Je reviendrai, au reste, sur cet objet, lorsque j'examinerai plus spécialement le système proposé par M. de Robernier, dans son ouvrage sur la preuve du droit de propriété en fait d'immeubles (§§ 82 et 83); je rechercherai alors s'il ne serait pas possible de rattacher à des points invariables les bornes des nouvelles parcelles qui sont créées par suite de la division des anciennes.

En opérant la triangulation, le géomètre doit calculer la longitude et la latitude de chaque sommet par rapport à une méridienne commune (celle qui passe par la tour ouest de l'église principale de Genève); il trace, en outre, sur chacune des feuilles des plans de détail les lignes parallèles à la méridienne et à la perpendiculaire à 100 mètres de distance les unes des autres, et il place

[1] Art. 32 de la loi hessoise du 13 avril 1824 sur l'établissement du cadastre, et art. 12 de la loi du 23 octobre 1830 sur la conservation des bornes.

sur ces feuilles les divers points de la triangulation, d'après leur longitude et leur latitude.

SECTION II. *De la délimitation de la commune.*

§ 26. Avant de procéder au levé des parcelles d'une commune, on doit fixer le périmètre de celle-ci. La reconnaissance de ce périmètre doit, à teneur de l'art. 41 du règlement, s'opérer par les soins d'un ou de plusieurs commissaires délégués par le Conseil d'État, et en contradictoire du maire de la commune et de ceux des communes limitrophes.

Les art. 42 et suivants du règlement déterminent le mode qui doit être suivi pour la fixation de ce périmètre, selon qu'il y a ou non contestation; l'art. 44 du règlement statue que des bornes en pierre doivent être placées pour déterminer le périmètre de la commune, et que la partie du périmètre située entre deux bornes voisines est toujours une ligne droite, à moins que le contour ne soit déterminé par une rivière ou un chemin. D'après cette disposition, il est arrivé fréquemment qu'une même propriété s'est trouvée sur deux communes à la fois; mais c'était là un inconvénient bien moindre que celui auquel on aurait été exposé, si, pour être agréable à tel ou tel propriétaire, on eût déterminé, dans certains cas, le périmètre d'une commune par celui d'une propriété particulière, car on comprend que le contour d'un immeuble pouvant être modifié d'un instant à l'autre par un partage ou par la réunion de deux parcelles voisines dans les mains d'un même propriétaire, ce contour ne saurait servir de base à un périmètre communal qui est invariable, ou qui, du moins, ne peut être modifié que par une loi. On comprend aussi qu'une fois qu'il est reconnu qu'un même immeuble peut être traversé par la ligne séparative entre deux communes, il est absolument nécessaire que cette ligne soit droite, à moins qu'elle ne corresponde à une limite naturelle, telle qu'un chemin ou une rivière; autrement, en effet, le contour des parcelles limitrophes n'eût offert aucune certitude, ce qui, en cas de vente ou de partage, aurait offert de très-graves inconvénients.

SECTION III. *Du bornage.*

1. *Nécessité du bornage.*

§ 27. La commission instituée en France par un arrêté du ministre des finances du 5 juin 1837, aux fins de rechercher les moyens de conservation du cadastre, s'exprimait de la manière suivante, sur la question de l'abornement préalable au levé des plans.

« Pour que le cadastre, disait-elle, pût suppléer les « titres de propriété, il faudrait procéder à un abornement général; or, cet abornement ferait naître une « infinité de procès et deviendrait interminable. L'idée « de rendre le bornage obligatoire a paru tout à fait « inadmissible à la commission, et elle a pensé qu'il n'y « avait pas lieu de modifier les dispositions en vigueur « qui prescrivaient de lever les plans d'après les jouissances au moment de l'opération du cadastre. »

Nous lisons également dans la note explicative qui accompagne le projet de loi proposé par le gouvernement français en 1846 :

« Quelques personnes auraient voulu qu'il fût procédé

« à un abornement général et forcé des propriétés. Une « telle opération ferait naître des discussions dont les « tribunaux seuls peuvent être juges et dont il serait « difficile de prévoir le terme ; le gouvernement ne sau- « rait la proposer. »

Après cela, on s'étonnera moins que le projet proposé à Genève par le Conseil d'État au Conseil représentatif, en 1839, n'admît pas le bornage forcé, et que ce bornage ait également été refusé, en premier débat, par la majorité de la commission nommée par le Conseil représentatif pour examiner ce projet. Mais, plus tard, cette commission reconnut unanimement, sur mes observations, qu'un abornement général préalable au levé des plans était absolument nécessaire pour obtenir un bon cadastre.

§ 28. Et d'abord, en effet, comment serait-il possible de soumettre le géomètre à une vérification sévère, s'il existait la moindre incertitude quant à la position des lignes qui doivent être représentées sur les plans ? N'est-il pas évident, en particulier, que si, lors de la vérification, on apercevait une erreur relativement au tracé de ces lignes incertaines, il serait bien difficile, dans plusieurs cas, de décider si l'erreur doit être attribuée à une fausse mensuration ou à une appréciation erronée de la ligne séparative ? En d'autres termes, n'y a-t-il pas quelque chose d'absurde à charger le géomètre de lever les polygones formés par les diverses propriétés d'un territoire, avant de s'être mis d'accord sur les côtés et les angles dont ces polygones se composent ? Au reste, cet abornement préalable n'est pas seulement nécessaire pour que le géomètre arpenteur et l'ingénieur vérificateur puissent procéder sûrement à leurs opérations respectives, il l'est encore et surtout pour mettre chaque propriétaire en état de connaître exactement si la propriété que lui attribueront les plans du cadastre est effectivement la sienne. Supposons, en effet, que les plans soient bien exécutés quant à la partie géométrique, et qu'eu égard aux lignes figurées sur ces plans, les contenances des parcelles soient calculées exactement. Supposons, d'un autre côté, qu'en levant une parcelle, le géomètre n'ait pas placé ses jalons sur les véritables contours et qu'il ait obtenu sur les plans une parcelle d'une moindre étendue que celle qui existe réellement. S'il n'y a aucun repère entre les plans et le terrain, il sera fort difficile de connaître la véritable cause du défaut de contenance, à moins, cependant, qu'on ne refasse en entier le travail géométrique; le propriétaire lésé ne pourra donc le plus souvent indiquer quel est celui de ses voisins qui a été favorisé à son préjudice, et on ne pourra ainsi avoir égard à sa demande, parce qu'il lui sera impossible de la formuler.

Mais si, toutes les circonstances étant d'ailleurs les mêmes, on a pris la précaution de rendre visibles sur le terrain les lignes qui doivent être représentées sur les plans, il n'y aura plus besoin, pour connaître l'existence d'une erreur, d'attendre l'envoi des bulletins indiquant les contenances des parcelles; car, dès l'instant où les contours auront été ainsi déterminés par des bornes ou d'autres signes permanents, le propriétaire intéressé s'apercevra de l'erreur qui aura été commise; d'un coup d'œil il en connaîtra l'objet et la cause, et il saura au juste comment et contre qui sa demande en rectification doit être formée.

§ 29. En second lieu, quoique le bornage préalable

au levé des plans ne soit pas un moyen direct destiné à empêcher les fausses désignations dans le registre des propriétaires, on peut dire cependant qu'il sert à prévenir, à cet égard, un très-grand nombre d'erreurs, parce qu'il cause un mouvement extraordinaire dans la commune, qu'il attire ainsi très-fortement l'attention des habitants sur les opérations et le but du cadastre et donne l'éveil à tous les intéressés. Le bornage prévient aussi les fraudes de la part des parents des personnes absentes ou incapables, car les propriétaires d'une même localité étant tous convoqués simultanément sur le terrain à borner, et étant, de cette manière, mis en présence les uns des autres, il devient presque impossible à l'homme de mauvaise foi de se faire attribuer une parcelle qui ne lui appartiendrait pas, puisque, dans la plupart des cas, cette fausse indication serait bientôt découverte par les notables de la commune ou les voisins qui assistent à l'opération.

§ 30. En troisième lieu, quoiqu'on ne puisse pas espérer que les bornes plantées antérieurement au levé des plans resteront toutes à leur place après la clôture des opérations du cadastre, il est cependant facile de comprendre qu'il y aura fort peu de déplacements volontaires, car ces bornes étant indiquées sur les plans cadastraux, aucun propriétaire ne sera tenté de déplacer celles qui le limitent avec son voisin, puisque la fraude serait immédiatement mise au jour et par conséquent rendue inutile. De plus, comme les nouvelles parcelles devront, d'après le règlement (art. 299 et 311), être limitées au fur et à mesure par des bornes en pierre taillée, il est fort probable que, dans l'avenir, les propriétaires sentiront le besoin et contracteront l'habitude d'avoir toutes leurs parcelles limitées; le bornage des propriétés et les plans du cadastre se prêteront ainsi un mutuel secours, afin de prévenir ces petites usurpations entre voisins, qui sont si fréquentes sous le système de la loi civile française.

§ 31. D'après les règlements et instructions concernant le cadastre de France, le maire, sur la demande du géomètre, doit, par une publication, faire aviser les propriétaires du jour où les travaux du parcellaire doivent s'exécuter dans telle ou telle partie de la commune, afin qu'ils assistent, par eux ou par leurs fermiers, régisseurs ou autres représentants, à l'arpentage de leurs propriétés et qu'ils fournissent tous les renseignements nécessaires [1]. Toutefois, à teneur des mêmes règlements et instructions, le géomètre n'a pas besoin, pour commencer ses opérations, d'attendre l'intervention des propriétaires intéressés [2], si ceux-ci ne se présentent pas sur le terrain à l'heure indiquée; le géomètre procède donc, le plus souvent, sans autres renseignements que ceux qui lui sont fournis par un indicateur choisi parmi les gens de la commune et payé à raison de 2 centimes par parcelle.

Or, voici, d'après M. le président de Robernier [3], comment les choses se sont passées dans plusieurs localités. « Il est vrai, dit-il, que le propriétaire a pu entendre « la publication de l'avis qui indiquait le jour de l'opé-

[1] § 166 du *Recueil méthodique des lois, etc. sur le cadastre de France.* Paris 1811.

[2] § 169 du même recueil.

[3] *De la preuve du droit de propriété en fait d'immeubles*, par Félix de Robernier, président du tribunal civil d'Alais. Article cadastre, p. 125, t. I.

« ration et l'invitait à fournir ses renseignements; mais « soit indolence, soit qu'il réserve son intervention pour « une époque ultérieure, soit toute autre cause, on ne le « voit guère sur les pas du géomètre. S'il s'en présente « un, ses indications isolées ne font qu'ajouter aux « chances d'erreur. L'accession de tous ferait surgir une « foule de difficultés inextricables, et il n'y a là pour les « résoudre qu'un géomètre arpenteur, qui ne connaît « que ses instruments et son recueil méthodique. Cepen- « dant il faut aller vite : on n'a pas le temps d'éclaircir « tous ces doutes; l'indicateur jette au hasard son opi- « nion et la donne pour une certitude. Un maximum de « deux centimes pour chaque parcelle fait un bien mo- « dique salaire! S'il n'en peut parcourir cent, il n'aura « pas gagné sa journée. Le géomètre aussi doit avoir hâte « d'en finir : les longues hésitations seraient pour lui « ruineuses; car son indemnité est pareillement calculée « sur le nombre des parcelles qu'il arpente, aussi bien « que sur l'étendue de leur surface, et ses porte-chaînes, « dont il paie lui-même le travail, sont là qui attendent. « On se met donc à l'œuvre avec le parti pris d'éviter les « interruptions. »

Il n'y a donc aucune exagération à soutenir que, dans un très-grand nombre de communes françaises, la plupart des lignes séparatives des parcelles cadastrales n'ont été déterminées que par le géomètre et l'indicateur. A la vérité, ces lignes séparatives pouvaient être reconnues approximativement dans plusieurs cas, au moyen des murs, des haies, des fossés ou des différences de cultures; mais, lorsque les parcelles à lever étaient en friche, en bois ou en marais, le géomètre ne pouvait plus procéder qu'au hasard; ce qui était d'autant plus fâcheux pour la détermination de la propriété, que c'était justement, dans ces cas-là, qu'il y aurait eu de l'avantage à ce que les plans cadastraux pussent être envisagés comme un moyen de constater les lignes séparatives. On comprend, en effet, que, lorsque deux parcelles voisines sont cultivées annuellement, la possession n'offre plus de doute et qu'on trouve ainsi, dans les dispositions de la loi sur la possession annale[1], un expédient qui sert à résoudre, tant bien que mal, et temporairement, les questions de limite; mais cet expédient n'est pas même laissé au juge, lorsqu'il n'existe pas de culture proprement dite et qu'ainsi les actes de possession sont rares et incertains. C'est donc à tort qu'en parlant du cadastre de France, la commission de 1837 disait dans son rapport : « Le cadastre ne décrit que les faits existants; il « constate la possession, mais il ne constitue pas le « droit. » Il aurait été, en effet, plus exact de dire : *Le cadastre représente, en général, la possession existante, au moment de sa confection, lorsque cette possession a pu être facilement reconnue sur le terrain; autrement, le cadastre n'indique ni le droit de propriété, ni même la possession.*

Quoi qu'il en soit, on peut aisément se convaincre que le défaut de bornage est une des causes principales qui s'opposent à ce que le cadastre français actuel ait un degré suffisant d'exactitude, pour qu'il puisse s'appliquer à la détermination de la propriété entre voisins et à la tenue des registres des droits réels. Telle est l'opinion exprimée, soit par la Cour de Cassation, dans sa réponse

[1] Code de procédure français, art. 23. Loi sur la procédure civile de Genève, art. 262.

aux questions qui avaient été adressées, en 1841, par le ministre de la justice aux Cours et aux Facultés de France, soit par la commission de *réforme hypothécaire* de la dernière Assemblée législative française[1].

§ 32. Mais, tout en reconnaissant que le bornage est une des conditions nécessaires pour que le cadastre puisse produire des effets civils, je ne saurais admettre, avec la commission de 1837, ni avec les rédacteurs du projet de loi de 1846, sur le renouvellement et la conservation du cadastre, que le bornage obligatoire offrirait, en France, des obstacles insurmontables. Pourquoi, en effet, serait-il plus difficile de faire en France ce qu'on a fait dans le canton de Genève, dans la plupart des localités du canton de Vaud[2], dans le grand-duché de Hesse[3], la Bavière[4], etc.?

Tous ces pays contiennent cependant des portions de territoires où les propriétés sont aussi divisées qu'en France, et l'on peut même dire qu'il n'y a pas beaucoup de départements français où les petites parcelles soient proportionnellement aussi nombreuses que dans les cantons de Genève et de Vaud. Au reste, les habitants de plusieurs communes françaises ont procédé eux-mêmes, sans aucun secours officiel, à un bornage préalable au

[1] Voyez les *Documents relatifs au régime hypothécaire*, publiés en 1844 par ordre de M. Martin (du Nord), deuxième volume, p. 475, et le rapport fait par M. Vatimesnil à l'Assemblée législative, à la séance du 25 avril 1850, p. 91.

[2] Voyez le chapitre II de l'instruction du Conseil d'État du canton de Vaud du 6 décembre 1826 pour le levé des plans et l'établissement du cadastre.

[3] Loi du 23 octobre 1830 du grand-duché de Hesse sur la conservation des bornes.

[4] Art. 16 de la loi sur le cadastre de Bavière, du 15 août 1828.

levé des plans. Ce fait, qui est reconnu par les auteurs du projet de loi de 1846, sur le renouvellement et la conservation du cadastre, ne devait-il pas les rassurer sur les suites d'un bornage prescrit par la loi d'une manière générale? Dans le canton de Genève, qui est soumis au Code civil français et où les propriétés sont fort divisées, on avait aussi craint, lors de la promulgation de la loi de 1841, de voir surgir de nombreux procès à l'occasion du bornage; mais ces craintes ne se sont point réalisées; à la vérité, il s'est élevé, dans plusieurs communes, des difficultés assez nombreuses entre les propriétaires voisins, et c'est ce qui prouve combien le bornage était nécessaire pour obtenir des plans exacts; mais je crois pouvoir affirmer, d'un autre côté, que, pendant l'époque où j'étais directeur du cadastre, ces difficultés, à une ou deux exceptions près, ont été résolues par les prud'hommes, sans qu'il y ait eu besoin de les porter devant les tribunaux.

J'ajouterai encore que l'abornement obligatoire avait suscité, dans les premiers moments, des réclamations de la part des propriétaires et des conseils communaux, mais que ce bornage avait fini par être considéré avec une très-grande faveur par la population agricole.

II. *Des difficultés que le bornage a présentées dans le commencement de la mise à exécution de la loi.*

§ 33. Le bornage a occasionné, il est vrai, fort peu de procès, et l'on peut dire que, sous ce point de vue, l'espoir du législateur de 1841 a été fort dépassé; mais, d'un autre côté, cette opération a causé, dans les premières années, beaucoup plus de difficultés qu'on ne s'y était attendu; c'est là ce qui explique le grand nombre de règlements ou arrêtés qui ont été rendus sur cet objet par l'autorité chargée de la mise à exécution de la loi sur le cadastre de 1841. Ce n'est donc qu'à la suite de plusieurs essais qu'on est arrivé, en 1846, à la marche que je vais indiquer. Mais qu'il me soit permis auparavant de donner une idée succincte des principales difficultés qui se sont présentées et qu'il s'agissait de vaincre.

Et d'abord, on comprend qu'en admettant même la meilleure volonté de la part des propriétaires, il ne suffit pas, pour faire opérer ce bornage, que l'autorité ordonne aux propriétaires d'une commune, au moyen d'une publication, d'avoir à borner leurs propriétés dans un certain délai, car, pour limiter une parcelle, l'intervention du propriétaire de celle-ci n'est pas seulement nécessaire, mais il faut encore celle de tous les propriétaires limitrophes; en conséquence, celui qui désire borner sa propriété, doit s'entendre avec chacun de ses voisins, pour fixer avec eux le jour et l'heure où l'on devra procéder au bornage; mais ce qui conviendra au premier voisin, ne sera peut-être pas dans les convenances du second, du troisième, etc. De plus, chacune des personnes convoquées a aussi d'autres voisins, et il devient ainsi nécessaire qu'elle s'entende avec ces derniers sur l'heure du rendez-vous, afin de ne pas venir sur sa pièce de terrain autant de fois que celle-ci a de côtés. Or, sera-t-il possible de faire accorder toutes ces volontés, et n'arrivera-t-il pas, le plus souvent, que ces obstacles empêcheront toute initiative de la part des propriétaires? Il est d'ailleurs facile de comprendre que, si cette initiative était prise par le prud'homme et qu'il adressât à ces fins une sommation à chaque propriétaire, on multiplierait à l'infini le nombre de ces sommations et l'on se jetterait ainsi dans des difficultés judiciaires inextricables.

En second lieu, on ne peut pas procéder au bornage pendant que les blés sont sur pied, pendant que les prés marais sont sous l'eau, pendant que la terre est couverte de neige, etc. On ne peut pas non plus s'en occuper pendant les travaux de la moisson, de la fenaison, de la vendange, ni pendant les semailles, si celles-ci ont été retardées. Or, pendant tout ce temps, le géomètre s'impatiente, car on lui a interdit de commencer ses travaux d'arpentage avant que le bornage soit achevé.

En troisième lieu, par qui et comment fera-t-on borner les chemins publics? Les bornera-t-on de manière à leur donner la largeur indiquée par la loi, au risque d'anticiper, dans certains cas, sur la propriété particulière et d'abandonner, dans d'autres cas, une partie de la route? Faudra-t-il planter les bornes à ras des murs et des haies ou laisser un intervalle?

En quatrième lieu, comment procédera-t-on au bornage des chemins, qui, sans être publics, sont cependant nécessaires à l'exploitation de plusieurs propriétés voisines?

En cinquième lieu, enfin, comment bornera-t-on les rivières et les eaux courantes? Sera-t-il nécessaire de placer des bornes en pierre, qui seraient bientôt emportées par le torrent, et, si l'on se passe de bornes, quel sera le moyen d'y suppléer?

Telles sont les principales difficultés qu'on a rencontrées dans la pratique et qui ont occasionné la prescription de diverses règles sur le bornage. Ce sont ces règles que je vais exposer; mais, pour les faire mieux comprendre, il sera nécessaire de définir préalablement ce qu'on entend par *une parcelle*, dans le système du nouveau cadastre génevois, puisque c'est à la détermination du contour de cette parcelle que doivent s'appliquer les règles sur le bornage.

C'est donc à cette définition de la parcelle que je consacrerai l'article suivant.

III. *Définition de la parcelle dans le système du nouveau cadastre de Genève.*

§ 34. Afin d'indiquer aussi exactement que possible ce qu'on doit entendre par *une parcelle* dans notre nouveau système de cadastre, je citerai le texte de l'art. 5 de la loi (Règl., art. 9), article qui est ainsi conçu :

Tous les immeubles d'un propriétaire situés dans une même commune forment ensemble une seule parcelle, s'ils ne sont séparés par une rue, par un chemin, par une rivière ou par des fonds appartenant à autrui.

Pour justifier cette définition, je ferai observer que, pour qu'un cadastre soit toujours exact et puisse ainsi atteindre continuellement son but, il ne suffit pas que les plans représentent avec exactitude les objets tels qu'ils sont sur le terrain, à l'époque où ces plans sont levés, mais il faut encore qu'on puisse y tracer au fur et à mesure les changements qui pourraient être apportés à l'état de choses antérieur. Or, on comprend qu'il soit possible d'organiser un système de conservation du cadastre tel, qu'aucune altération de parcelle par vente, échange ou partage ne puisse avoir lieu, sans que ces faits soient constatés, sur le terrain, par la plantation de nouvelles bornes et, sur les plans, par un nouveau tracé.

On comprend encore qu'il ne sera pas plus difficile de tracer, sur les plans, les changements qui résulteraient de la rectification d'une route ou d'une rivière. Mais, si la configuration de la parcelle était déterminée par la culture, n'est-il pas évident qu'il serait alors extrêmement difficile, pour ne pas dire impossible, de tenir les plans du cadastre au courant des changements qui seraient opérés postérieurement à leur confection? car on ne saurait exiger d'un propriétaire qu'il fit une déclaration au cadastre quand il aurait diminué un bois de quelques mètres carrés, ou qu'il aurait arraché ou planté quelques ceps de vignes[1].

On peut dire, en second lieu, qu'en introduisant l'élément de la culture dans la formation des parcelles, les contours de celles-ci auraient été, dès l'origine, très-mal tracés sur les plans, car il importerait peu, par exemple, au propriétaire d'un champ et d'un pré contigu, que le géomètre diminuât l'étendue du champ de quelques ares, si, d'ailleurs, il augmentait l'étendue du pré de la même quantité; les géomètres auraient donc tracé les lignes séparatives de culture à peu près arbitrairement, lorsque ces cultures différentes se seraient trouvées dans une même propriété. Or, ce tracé inexact des lignes séparatives de culture aurait eu de très-grands inconvénients, lorsque, par l'effet de ventes ou de partages, les parcelles contiguës d'une même propriété auraient passé dans les

[1] D'après une ordonnance du 8 décembre 1852 du grand-duché de Hesse, § 4, les propriétaires sont tenus, sous peine de 3 florins d'amende, de faire lever par un géomètre le plan des changements partiels apportés par eux dans la culture de leurs propriétés et de remettre ce plan dans un certain délai au bureau du cadastre; or, il est douteux que cette disposition s'exécute dans tous les cas.

mains de propriétaires différents; car, les contours de ces parcelles ayant été tracés inexactement dans l'origine, ou ayant été modifiés ultérieurement sur le terrain, sans qu'on eût indiqué le changement sur les plans, il en serait souvent résulté que la parcelle désignée dans l'acte de vente ou de partage n'aurait point correspondu à la chose sur laquelle les parties auraient eu l'intention de contracter[1].

Les mêmes motifs qui ont fait rejeter la culture comme élément de la parcelle, s'appliquent avec plus de force à d'autres circonstances, telles que la nature du terrain, la clôture, ou encore, comme on l'avait proposé dans le Conseil représentatif, le désir manifesté par le propriétaire de diviser son domaine de telle ou telle manière.

§ 35. Cependant, pour donner satisfaction à ceux des membres du Conseil représentatif qui voyaient avec peine que les plans du nouveau cadastre ne fissent aucune mention de la culture, et pour ne pas compromettre le sort de la loi, on ajouta au projet proposé par la commission une disposition d'après laquelle il devait être établi des copies des plans du cadastre, contenant les indications des diverses cultures d'une même parcelle, lorsque ces cultures auraient un caractère de fixité et que leur étendue le comporterait (Loi, art. 8; Règl., art. 10); mais,

[1] Afin de remédier aux inconvénients qui résultent des parcelles de culture, on exige, dans le cadastre hessois, que, dans tous les cas où le contour d'un immeuble transmis par un acte n'est pas déterminé par des bornes, cet immeuble soit limité et tracé sur des plans supplémentaires préalablement à l'acte de mutation. C'est ainsi du moins que les choses se passent dans les communes où les plans du cadastre sont complétement achevés.

afin d'empêcher que ces indications ne pussent devenir une cause d'erreur, il fut ajouté qu'elles n'auraient aucun effet civil et qu'elles ne seraient point reproduites dans les certificats de propriété. En conséquence, ces indications ne se trouvent pas dans les plans officiels et ne donnent lieu à aucune subdivision numérotée.

C'est encore pour satisfaire à l'opinion de quelques membres du Conseil représentatif qu'on avait ajouté à la définition de la parcelle telle qu'elle résulte de l'art. 5 de la loi, un alinéa ainsi conçu :

Toutefois, lorsqu'une propriété se composerait de parties qui, quoique contiguës, seraient, par leur configuration, distinctes les unes des autres, le Conseil d'État pourra ordonner que ces parties forment autant de parcelles différentes.

Mais, ainsi qu'on pouvait s'y attendre, le Conseil d'État n'a fait aucun usage de cette autorisation.

§ 36. Toutefois, la loi du 11 juin 1845 sur la contribution foncière a accordé au Conseil d'État la faculté de déclarer séparatifs de parcelles les cours d'eau qui n'auraient pas été considérés antérieurement comme des rivières et n'auraient pas été soumis en conséquence aux règlements administratifs; mais cette modification de l'art. 5 ne portait, en réalité, aucune atteinte à l'économie de la loi, puisqu'un cours d'eau ne pouvait devenir séparatif de parcelle qu'autant que le Conseil d'État jugeait, d'après son importance, qu'il n'y avait aucun inconvénient à l'assimiler à une rivière, en ce qui concernait le cadastre. Au reste, pendant que j'étais directeur du cadastre, le Conseil d'État n'a pas eu l'occasion d'appliquer cette disposition de la loi du 11 juin 1845.

§ 37. Quoi qu'il en soit, on se convaincra facilement

par la lecture des autres chapitres de ce commentaire, combien il y avait d'avantages à définir la parcelle selon le principe posé par l'art. 5 de la loi de 1841 ; aussi voyons-nous que cette définition a été également admise par M. le président de Robernier dans l'exposé de son système sur la preuve du droit de propriété en fait d'immeubles, système dont le but est identique à celui du cadastre génevois.

Nous verrons, d'ailleurs, dans un chapitre suivant (§ 136) que la culture n'est pas un élément indispensable pour pouvoir appliquer le cadastre à la détermination de la contribution foncière ; que, du moins, on a pu, sans inconvénient, appliquer à l'impôt le cadastre créé par la loi génevoise du 1er février 1841, lors même que ce cadastre n'avait point admis de parcelles de culture.

IV. *Du bornage des routes cantonales et communales* [1].

§ 38. Un règlement du Conseil d'État du 26 novembre 1845 (Supplément n° 7, art. 2) autorise le département des travaux publics à faire borner les chemins d'une commune fort longtemps avant les propriétés particulières.

Voici les motifs de cette disposition.

En premier lieu, le bornage des chemins communaux exigeant un grand nombre de bornes et occasionnant ainsi, pour les communes, des frais plus ou moins considérables, ce bornage s'opérait, en général, avec plus de lenteur que celui des propriétés particulières ; il était

[1] On appelle à Genève *routes cantonales* celles dont l'entretien est à la charge du canton ou de l'État, et *routes communales* celles qui sont entretenues aux frais des communes.

donc nécessaire de s'y prendre assez d'avance pour qu'on pût être sûr que ce bornage serait terminé avant la fin du bornage des propriétés particulières. On comprend, en effet, que l'administration serait fort mal placée pour exiger que les particuliers achèvent le bornage de leurs propriétés, lorsque l'autorité municipale n'aurait pas achevé elle-même les bornages qui la concernent.

En second lieu, en procédant successivement au bornage des propriétés publiques et à celui des propriétés particulières, on pouvait exercer une surveillance plus active, réduire le personnel des agents du bornage de la commune et faire de meilleurs choix.

Ce bornage des routes et des propriétés publiques, fait longtemps d'avance, n'offrait d'ailleurs aucun inconvénient, car on n'avait point à craindre, comme dans le cas du bornage des propriétés particulières, que la ligne séparative ne vînt à changer avant le levé des parcelles, par suite d'une vente ou d'un partage; de plus, comme les bornes des routes et des propriétés publiques étaient en pierres taillées, et, dans tous les cas, fort ostensibles, la chance du déplacement des bornes plantées longtemps d'avance était peu considérable.

L'administration ayant donné l'ordre de procéder au bornage des routes et places publiques de la commune, un délégué de l'administration cantonale ou communale fait placer des piquets indicatifs dans tous les points où cela est nécessaire, pour fixer l'étendue des chemins cantonaux ou communaux, des rues ou places publiques situées dans la commune, et pour déterminer à qui appartiennent les portions de terrain non cultivées qui se trouvent sur leurs lisières. Ces piquets sont placés de manière que la ligne séparative passe par leur milieu, et ils doivent être en nombre suffisant, pour qu'en joignant deux piquets voisins, la flèche de la corde ainsi obtenue soit au-dessous de 0m,30 (Règl., art. 75 et 78) [1]. Le délégué donne avis à chaque propriétaire limitrophe, par lettre à lui adressée, du jour où les piquets indicatifs doivent être plantés sur la portion de route qui borde sa propriété, et il l'avertit en même temps que, si aucune réclamation n'est élevée avant le délai d'un mois, à partir du jour où les piquets auront été placés, ces piquets pourront être remplacés plus tard par des bornes en pierre (Règl., art. 79).

S'il s'élève une contestation entre le délégué et l'administration cantonale ou communale et le propriétaire limitrophe, relativement à la position d'un piquet indicatif, le délégué suspend le placement de la borne litigieuse jusqu'à ce que le prud'homme ait statué (Règl., art. 80).

Les contestations de ce genre n'ont pas été nombreuses; mais en, revanche, elles ont été parfois difficiles à juger, du moins dans les premiers temps de la mise à exécution de la loi, car, à cette époque, on n'avait pas encore établi de jurisprudence sur les questions qui se présentaient le plus fréquemment.

Je mentionnerai ici trois de ces questions, ainsi que la manière dont elles ont été résolues :

§ 39. *Première question.* Le délégué de l'État ou de la commune a-t-il le droit de faire placer les bornes le long d'une haie qui borde un chemin cantonal ou com-

[1] Il eût été inutile d'exiger une flèche plus courte, puisque les plans sont en général à l'échelle de 1/1000e et qu'une grandeur de 0m,30 correspond en conséquence sur le plan, à moins d'un tiers de millimètre.

munal, sans laisser l'espace de 50 centimètres entre la haie et la borne?

Cette question n'offrait aucune difficulté pour toutes les routes qui avaient été établies ou rectifiées à une époque où il existait des règlements ou ordonnances de voirie, ne permettant pas aux particuliers de planter des haies à une distance moindre de 50 centimètres; mais il en était autrement pour les chemins dont la création remontait à une époque fort ancienne.

On comprend d'ailleurs que, lorsque ces chemins n'avaient pas plus de 3 ou 4 mètres, ce qui était jadis un cas assez fréquent, il y avait de l'importance à ne pas diminuer encore cette largeur en plantant des bornes à 50 centimètres des haies. D'un autre côté, les propriétaires riverains, en se prévalant de l'art. 671 du Code civil, soutenaient que la haie n'avait pu être plantée qu'en observant la distance prescrite par cet article, et ils réclamaient, en conséquence, comme leur propriété, un espace de 50 centimètres le long de leur haie. Mais cette prétention fut écartée d'après les motifs suivants :

En premier lieu, aucune des législations qui régissaient, avant le Code civil, les communes génevoises, sardes et françaises, qui forment actuellement le canton de Genève, ne contenait une disposition analogue à celle de l'art. 671 du Code civil.

En second lieu, cet art. 671 a été tiré de l'art. 259 de la Coutume d'Orléans qui réglait la distance de la plantation de la haie à un pied et demi de l'héritage voisin. Or, Pothier[1] fait observer que la disposition de l'art. 259 ne serait pas applicable, si la plantation ne pouvait pas

[1] *Traité du contrat de société*, p. 177.

nuire à l'héritage du voisin, ce qui est évidemment le cas, lorsque la haie est plantée le long d'un chemin.

En troisième lieu, enfin, l'art. 671 du Code civil parle de deux *héritages*, et cette expression d'héritages ne saurait s'appliquer à un chemin public.

§ 40. *Seconde question.* Lorsqu'il existe un espace vide entre l'alignement de la route et les maisons d'un village, les propriétaires de ces maisons ont-ils le droit de réclamer cette portion de terrain comme leur propriété ?

Cette question a été résolue négativement sur les motifs exposés par Proud'hon dans son Traité du domaine public : « Ces places vides, dit-il, appartiennent au do- « maine de propriété communale, comme n'étant que « des fractions des communaux de village, et cela par « la raison qu'elles sont, dès le principe, restées en « dehors du partage des terres; que personne ne les « ayant acquises depuis, ou n'en ayant pris la possession « exclusive en les cultivant ou les mettant en clôture, il « n'y a rien de changé dans leur état; qu'en un mot, la « règle est qu'on doit réputer terrain communal tous les « fonds renfermés dans les territoires des communes, « tant qu'il n'est pas prouvé par titre ou possession qu'ils « appartiennent à des particuliers, attendu que la com- « munion des biens fut le premier état de choses[1]. »

Le propriétaire prétendait souvent avoir prescrit la propriété de la place vide qui était au devant de sa maison, par la jouissance qu'il en avait eue depuis de longues années, soit en y déposant certains objets de son commerce, soit en y exerçant habituellement cer-

[1] *Traité du domaine public*, de Proudhon, § 355.

tains travaux particuliers à son industrie, comme, par exemple, le ferrage des chevaux, le cerclage des tonneaux, etc. Mais ces prétentions furent également repoussées sur le motif que ce n'étaient là que des actes de simple tolérance; que d'ailleurs le domaine public est imprescriptible, tant que sa nature n'est pas changée, et que, pour opérer ce changement, il aurait fallu que celui qui invoque la prescription eût clôturé le terrain qu'il prétendait avoir acquis.

Cette doctrine est conforme à divers arrêts de la Cour de Cassation, et entre autres à un arrêt du 20 juin 1834, lequel est fondé sur le motif : « Que dans les communes « rurales, ainsi que dans les villes, l'espace compris « entre les lignes des maisons et désigné sous le nom « générique de rue, appartient de sa nature au domaine « public, et ne peut passer à la possession d'aucun par- « ticulier qu'à titre précaire de tolérance, à moins qu'il « n'y ait titre positif de propriété ou signe apparent de « délimitation contraire [1]. »

§ 41. *Troisième question.* Une commune peut-elle acquérir un chemin par prescription?

La question s'est présentée à l'occasion de chemins qui joignaient deux routes, en passant à travers une seule et même propriété, et sur lesquels les habitants d'une commune passaient depuis longtemps, afin d'abréger la distance à parcourir. Dans ces circonstances, le propriétaire intéressé prétendait presque toujours que le passage était une simple tolérance qui pouvait cesser par la simple volonté du propriétaire de l'immeuble traversé, puisqu'il s'agissait d'une servitude

[1] Dalloz 1834, p. 27.

continue non apparente, laquelle, à teneur de l'art. 691 du Code civil, ne peut être acquise que par titre. Or, ce système a été accueilli toutes les fois que le passage s'exerçait à travers une pièce de terre, tantôt à un endroit, tantôt à un autre, suivant la commodité du propriétaire; mais, lorsque le passage avait été exercé sur une même partie du sol, depuis plus de trente années et sans aucune opposition de la part des propriétaires, on a envisagé que le public avait acquis le sol même du chemin au moyen de la prescription.

A l'appui de cette doctrine, on a fait observer que, si l'autorité communale était forcée d'établir, par des titres, les droits du public sur les chemins de la commune, elle ne pourrait presque jamais le faire, puisqu'en général, tous les chemins de cette espèce ne sont établis que par l'effet de la possession; que d'ailleurs, en ce qui concerne les chemins, la possession ne peut s'exercer que par l'usage qu'en fait le public en y passant, qu'il y a dès lors prescription acquise, si la jouissance du public remonte à plus de trente années [1].

§ 42. Enfin, avant de terminer ce qui est relatif au bornage des chemins publics, je ferai observer que les bornes placées le long des chemins n'ont pas seulement pour but de bien déterminer leur largeur, mais aussi de servir de points de repères pour le cas où une contestation s'élèverait plus tard entre deux propriétaires voisins, et devrait être résolue par les plans du cadastre. Ces repères sont surtout utiles dans les localités où les parcelles sont très-étendues, car là où les parcelles sont

[1] Cette doctrine est conforme à celle de Proudhon. *Traité du domaine public*, §§ 631 et suivants.

très-petites et par conséquent très-nombreuses, on peut aussi trouver des repères commodes dans les bornes des parcelles voisines de celles qui font l'objet de la contestation. C'est afin de maintenir continuellement ces repères en bon état et en nombre suffisant que le géomètre du cadastre doit faire placer des bornes taillées dans tous les cas où il y a lieu à une subdivision de parcelles (Règl., art. 299 et 341).

V. *Du bornage des chemins vicinaux ou d'exploitation.*

§ 43. Les lois génevoises antérieures à celle de 1841, ayant qualifié de *routes cantonales* celles qui appartiennent à l'État et sont entretenues par l'État, soit le canton, et de *routes communales*, les chemins dont le sol appartient à la commune et qui sont entretenus aux frais de celle-ci, on a donné, par analogie, le nom de *chemins vicinaux* aux chemins dont le sol appartient aux propriétaires voisins et dont les frais d'entretien sont à la charge de ces derniers.

En résumé, on considère dans le cadastre génevois comme *chemin vicinal*, et l'on trace sur les plans : 1° Tout chemin qui, sans être cantonal ou communal, est nécessaire pour conduire à des immeubles appartenant à d'autres propriétaires que ceux dont la propriété est traversée par le chemin dont s'agit (Règl., art. 115 et suivants) ; 2° tout chemin ouvert au public et dont le sol appartient à un particulier et non à l'État, ni à la commune (Suppl., n° 12, art. 1er).

On voit donc que les chemins vicinaux dont il s'agit ici, sont toute autre chose que ceux dont s'occupe la loi française du 21 mai 1836.

§ 44. Quoique l'administration eût renoncé à mentionner les servitudes sur les plans du cadastre, ainsi que nous le verrons plus tard (§ 69), elle a estimé, cependant, qu'il était nécessaire de tracer sur ces plans tous les chemins qui servaient à l'exploitation de parcelles appartenant à plusieurs propriétaires. Si l'on eût négligé, en effet, de tracer ces chemins sur les plans et qu'on eût ainsi confondu leur sol avec celui des parcelles voisines, ainsi qu'on l'avait fait, en général, dans les plans du cadastre français, on aurait pu souvent mettre le propriétaire, qui avait un droit de passage, dans une position plus défavorable que celle où il se trouvait avant le cadastre; car le propriétaire à qui l'on aurait attribué le sol de tout ou partie d'un chemin, aurait trouvé, dans son inscription au nouveau cadastre, un titre qu'il n'avait pas auparavant, ce qui l'aurait beaucoup mieux placé en droit pour refuser le passage à ceux qui en avaient joui antérieurement. D'après ces motifs, le règlement consacre le principe que les chemins de cette catégorie seront toujours tracés sur les plans, à moins que tous les propriétaires qui passent par un chemin pour arriver à leurs parcelles, ne consentent par écrit à ce que le sol de ce chemin fasse partie d'une parcelle attribuée spécialement à un ou plusieurs propriétaires (Règl., art. 116 et suivants). L'administration ne crut pas non plus qu'il lui fût possible d'exiger, contre le gré du propriétaire, le tracé d'un chemin, lorsque celui-ci passait à travers une seule et même propriété et qu'il était d'ailleurs ostensible que la place du chemin n'avait aucun caractère de fixité. Mais lors même que ce caractère matériel de fixité ne se rencontrait pas, on n'en traçait pas moins le chemin, pour peu qu'il fût visible, s'il traversait plus d'une propriété, car, dans ce cas, la direction du chemin résultait de la position réciproque des propriétés traversées et ne dépendait plus du choix plus ou moins arbitraire d'une seule personne.

Enfin, dans les localités même où il résultait de la vue des lieux que les propriétaires des parcelles enclavées n'avaient jamais passé par une place déterminée, l'administration, dans l'intérêt de l'agriculture, comme aussi dans celui des propriétaires, s'est efforcée de provoquer la création des chemins vicinaux, toutes les fois du moins qu'elle ne rencontrait pas des difficultés presque insurmontables provenant de la petite étendue et du grand nombre des parcelles.

Cette nécessité de déterminer les chemins d'exploitation a été reconnue aussi dans d'autres pays. Dans le duché de Nassau, en particulier, il ne peut pas être procédé au levé du plan d'une localité, avant d'avoir régularisé les chemins nécessaires à l'exploitation des immeubles qui doivent être figurés sur ce plan [1].

§ 45. Pour faire mieux comprendre les motifs qui ont dirigé l'administration génevoise dans la détermination des chemins vicinaux, ainsi que les difficultés qu'elle a dû quelquefois éprouver à cet égard, je citerai les observations faites par M. le président de Robernier, sur les servitudes de passage [2]. « C'est à la fois, dit-il, la plus « commune dans les campagnes et la plus onéreuse au « cultivateur; car à son exercice s'attachent, par la force « des choses, des abus qu'il serait utile d'atténuer, et,

[1] *Die neueren wichtigen Gesetze und Verordnungen im Gebiete der Landwirthschaft.* Zeller 1853, p. 16.

[2] *De la preuve du droit de propriété*, t. II, p. 182.

« par la négligence des propriétaires, une extension « fâcheuse qu'il serait facile de restreindre. Parmi les « abus, presque inévitables, se placent la dévastation « des récoltes toujours exposées aux atteintes de l'homme « aussi bien qu'à la dent et aux piétinements vagabonds « des animaux, la solution de continuité pour le champ « et pour ses cultures, l'incommodité d'un passage jour- « nalier, la difficulté de clore le fonds asservi. L'extension « fâcheuse résulte soit de la tolérance, soit d'une écono- « mie mal entendue, soit des lacunes du titre constitutif, « et quelquefois de ces trois causes réunies. On stipule « une servitude de passage, et l'on ne songe pas toujours « à en préciser le siége; elle s'exerce indifféremment sur « toutes les parties du fonds; le propriétaire le souffre, « parce qu'il ne saurait quelle surface lui affecter exclu- « sivement; il le désire même et croit y gagner, car ses « assolements rendent libre tour à tour chaque partie « de l'héritage, et la condescendance du voisin accepte « volontiers la ligne des guérets en jachère. Et puis, le « sentiment de la propriété, jaloux et aveugle à la fois, « résiste à la concession d'une portion déterminée du « champ; on croirait n'en être plus le maître, s'il fallait « la livrer pour toujours à l'usage exclusif d'un étranger, « tandis qu'épars et variable, l'exercice du droit semble « ne rien coûter à cette illusion.

« C'est pourtant un mal, et les agronomes le signalent. « L'incommodité réelle s'en accroît, l'intrusion du voisin « est plus complète, le dommage est plus considérable. « Les animaux qui, eux aussi, obéissent à leurs habi- « tudes, contractent celle de vaguer dans tout le champ, « et foulent à discrétion, quand ils sont loin des yeux « de l'un et l'autre maître, souvent même sous l'œil

« demi-clos de l'un d'eux, les places où la végétation la « mieux fournie les attire. Mieux vaudrait, de beaucoup, « se séparer courageusement d'une étroite lanière de « terrain, la choisir sur les bords de la propriété, la « consacrer tout entière à l'exercice de la servitude, « l'utiliser néanmoins par des plantations d'arbres de « haute tige, la parquer même avec des palissades, et « jouir en repos de tout le reste. »

§ 46. C'est afin de couper court à certaines difficultés pratiques relatives au bornage des chemins vicinaux, et de faciliter ainsi leur création, que le Conseil d'État avait renoncé à faire borner ces chemins par les propriétaires intéressés et le géomètre, ainsi que le prescrivait d'abord le règlement de 1844 (Règl., art. 57 et 87), et qu'il avait autorisé l'administration du cadastre à les faire borner par un commissaire spécial, suivant un mode analogue à celui qui était prescrit pour le bornage des chemins communaux. En conséquence, le commissaire délégué plaçait d'abord des piquets pour déterminer les deux lisières du chemin vicinal, en suivant les instructions qui lui étaient données par l'administration du cadastre; puis il écrivait à chaque propriétaire intéressé que, faute par lui d'avoir réclamé contre le placement des piquets indicatifs, dans le délai d'un mois, ces piquets seraient remplacés par des bornes en pierre (Suppl. n° 7).

Nous verrons, dans la section qui traite spécialement des objets à porter sur les plans de détail (§ 62), que les chemins vicinaux ont été encore assimilés aux chemins communaux quant à l'attribution de la propriété de leur sol, c'est-à-dire que, comme les chemins communaux, ils ne portent jamais de numéro et que, dans la plupart des cas, les registres ni les plans n'indiquent point à qui appartient la propriété du sol.

VI. *Du bornage des propriétés situées le long du lac Léman, des rivières et autres cours d'eau.*

§ 47. Nous avons vu précédemment (§ 34), que les *parcelles* sont limitées par des fonds appartenant à autrui, par une rue, par un chemin ou par une rivière. Or, que doit-on entendre par le mot *rivière* et comment doit-on procéder à leur bornage? Telles sont les questions qui se sont présentées, lorsqu'on en est venu à la mise à exécution de la loi et qu'il a fallu résoudre.

Passant d'abord à ce qu'on doit entendre ici par le mot *rivière*, je rappellerai que, d'après la loi génevoise du 25 mars 1816, cette dénomination est applicable non-seulement aux eaux qui, comme le lac Léman, le Rhône et l'Arve, sont navigables ou flottables, mais aussi à tous les cours d'eau qui, à cause de leur importance, sont classés comme *rivières* par un arrêté du Conseil d'État. Je rappellerai encore que, d'après la même loi du 25 mars 1816, il est interdit de faire sur les bords des eaux courantes classées parmi les rivières, aucune nouvelle digue, jetée, excavation, prise de matériaux, ni autre nouvel établissement quelconque, sans une permission spéciale. Ainsi, quoique les rivières navigables et flottables soient les seules qui aient été classées par l'art. 538 du Code civil parmi les dépendances du domaine public, le législateur génevois a admis cependant que certaines eaux courantes ne pouvaient être complétement assimilées aux autres propriétés privées, lors même que ces eaux n'étaient ni navigables ni flottables. On ne peut pas dire, en effet, que l'eau courante soit une chose compatible avec le droit de propriété; dans tous les cas, il importe à l'intérêt général des propriétaires riverains d'une eau courante que l'administration puisse empêcher chacun de ceux-ci d'user de cette eau d'une manière qui serait nuisible aux autres propriétaires; aussi le droit de l'administration de réglementer les eaux courantes non navigables ni flottables, a-t-il été généralement reconnu par les auteurs, bien qu'il y ait eu de grandes discussions entre les jurisconsultes sur la question de savoir si le cours et le tréfonds des petites rivières font partie du domaine public. Ce droit a été, d'ailleurs, consacré implicitement par l'art. 645 du Code civil, car cet article suppose que *le cours et l'usage des eaux courantes* peuvent être soumis à *des règlements particuliers et locaux.*

Au reste, si je rappelle ici les motifs qui ont guidé le législateur génevois de 1816, c'est que ces motifs ont dû être pris en considération, lorsqu'il s'est agi de fixer le mode suivant lequel devaient être bornées les parcelles voisines des rivières. On a reconnu, en particulier, que, puisque l'administration était dans l'obligation de surveiller les nouvelles constructions faites sur les rivières, il était convenable de faire déterminer exactement, sur les plans du cadastre, la position de leurs bords, afin que, d'un côté, l'administration pût se rendre compte de la manière dont les prescriptions de la loi de 1816 étaient observées, et que, d'un autre côté, les propriétaires riverains pussent, au besoin, établir facilement qu'aucune violation de cette loi n'avait été commise par eux. Ce motif est, par lui-même, suffisant pour expliquer l'intervention de l'administration dans la délimitation des bords d'une rivière, sans qu'il soit nécessaire d'envisager l'État comme le propriétaire de l'eau courante, et comme obligé en conséquence, envers les riverains, à ne pas laisser déborder la rivière en dehors de son lit. Le bornage des rivières et leur tracé sur les plans ont donc seulement pour but de déterminer jusqu'à quel point le terrain est recouvert par l'eau de la rivière; mais cette détermination n'entraîne aucune attribution de propriété du lit de la rivière, en faveur de qui que ce soit, et ne porte, en particulier, aucun préjudice aux droits que les propriétaires riverains pourraient avoir sur tout ou partie des rivières non navigables ni flottables.

C'est pour éviter toute méprise, à cet égard, que le bornage des rivières doit s'opérer seulement par les agents de l'autorité, et qu'en cas de réclamation de la part des propriétaires riverains, elle n'est pas jugée par le prud'homme, mais par le département des travaux publics. Tels sont les principes qui ont servi de base à l'arrêté du Conseil d'État du 28 novembre 1845, et à l'instruction du département des travaux publics du 11 décembre de la même année (Suppl., n° 8 et n° 9). D'après cette instruction, le géomètre, avant de procéder au levé du plan d'une rivière, fait planter des piquets ou d'autres signes indicatifs le long de ses berges, si celles-ci sont suffisamment prononcées, et, dans le cas contraire, il fait placer ces signes indicatifs sur les lignes occupées en moyenne par les deux bords de l'eau courante, à l'époque de l'année où cette eau est la plus élevée; toutefois, les terrains en rapport agricole forment des parcelles en dehors du lit de la rivière, lors même que ces terrains sont inondés dans les hautes eaux. Ces signes indicatifs ayant été placés, le géomètre en donne connaissance au délégué du département des travaux publics qui examine s'ils sont placés convenablement, et fait opérer, s'il y a lieu, les rectifications nécessaires. Après cette opération, un avis, affiché et publié dans la commune, indique le délai dans lequel les propriétaires peuvent, s'il y a lieu, adresser leurs réclamations au département des travaux publics. Enfin, comme les signes indicatifs placés sur les bords d'une rivière sont exposés à être déplacés très-promptement, le plan dressé par le géomètre, en ce qui concerne le levé d'une rivière, peut être soumis à une vérification spéciale antérieurement à la vérification générale des plans de détail.

§ 48. Nous avons vu, dans un article précédent (§ 36), que la parcelle pouvait être limitée par un cours d'eau non classé parmi les rivières; or, comme ces cours d'eau n'étaient point soumis, ainsi que les rivières, à des règlements administratifs, il était inutile de prendre pour leur bornage les mêmes précautions que pour celui des rivières proprement dites; il suffisait donc que le milieu du cours d'eau fût, dans ce cas, exactement figuré; d'ailleurs, comme ce cas devait se présenter fort rarement, il n'était pas nécessaire de poser d'avance un grand nombre de règles à cet égard. Dans ce but, l'art. 9 de l'instruction du 11 décembre 1845 (Suppl., n° 9) statue, qu'avant de lever le plan des cours d'eau déclarés séparatifs de parcelles, le géomètre fera placer des signes indicatifs pour déterminer le milieu du cours, en se conformant aux instructions données par l'ingénieur cantonal, et que, quant à la largeur moyenne du cours d'eau, elle sera aussi déterminée, dans chaque cas particulier, par le département des travaux publics.

VII. *Du bornage des propriétés particulières.*

§ 49. Le bornage des chemins étant achevé dans une partie de la commune correspondante à une section de l'ancien cadastre, l'administration fixe, d'après les circonstances, l'époque du bornage des propriétés particulières de cette section; le commissaire au bornage qui est choisi parmi les personnes qui connaissent le mieux la commune, et qui le plus souvent est le même que le délégué du conseil municipal pour le bornage des chemins communaux, envoie à chaque propriétaire d'une même localité de la section un avis indiquant le jour et l'heure qui ont été fixés pour le bornage des parcelles de cette localité. Par cet avis qui est imprimé, le propriétaire est prévenu que, faute par lui ou par ses voisins d'opérer au jour et à l'heure indiqués dans la circulaire le bornage des pièces qu'ils possèdent dans la localité, il y sera procédé d'office par le prud'homme, et que les frais du bornage ainsi opéré seront mis à la charge des retardataires. Au jour fixé, le commissaire se rend lui-même sur les pièces à borner et fait procéder au bornage; il donne à ces fins les directions nécessaires, et cherche, au besoin, à concilier les voisins qui ne seraient pas d'accord.

§ 50. Le commissaire veille à ce que toutes les lignes séparatives soient déterminées par des bornes placées en nombre suffisant, pour qu'en joignant ces bornes par des lignes droites, on ait le contour exact de chaque parcelle. Toutefois, les bornes ne sont pas nécessaires, lorsque la ligne séparative est déterminée par un mur. De même, si sur la limite d'une propriété se trouvent une palissade, un fossé, un cours d'eau ou une haie, il suffit d'indiquer par deux bornes, convenablement placées, celle des deux propriétés limitrophes à laquelle ces objets appartiennent; mais, si ces objets forment une ligne sinueuse, le géomètre, avant de procéder au levé de cette ligne, plante des piquets aux armes de l'État à des distances assez rapprochées, pour qu'en joignant deux piquets successifs, la flèche de l'arc correspondant soit moindre de 0,30 dans les parties levées à l'échelle d'un millième, et moindre de 0,20 dans celles qui sont levées à l'échelle d'un 500e. Les piquets ainsi placés par le géomètre doivent rester en place jusqu'à la clôture des opérations du cadastre (Règl., art. 87 et 88).

§ 51. Les femmes mariées, les mineurs et les interdits sont représentés, dans l'opération du bornage, par leurs maris, leurs pères ou leurs tuteurs. Chaque propriétaire peut aussi se faire représenter par un mandataire, et l'on considère, dans ce cas, comme ayant reçu des pouvoirs suffisants, celui qui est porteur de la lettre de convocation adressée au propriétaire et qui en est le copropriétaire indivis, le père, le fils, l'oncle, le neveu, le fermier, le domestique ou le commis (Règl., art. 61).

Il n'était pas possible, en effet, de mettre une trop grande rigueur dans le mode suivant lequel les propriétaires pouvaient se faire représenter, car, autrement, on aurait risqué de prolonger indéfiniment les opérations du bornage; au reste, nous avons déjà fait observer (§ 29) que, le bornage s'opérant en présence du commissaire et d'un grand nombre de voisins, une collusion devenait fort difficile; nous verrons, en outre (§ 87), que, dans le cas où quelque fraude se serait commise à l'époque du bornage, elle pourrait être découverte lors de la reconnaissance des bulletins, celle-ci ne pouvant s'opérer que par le propriétaire lui-même ou par un mandataire muni d'une procuration régulière.

§ 52. Après cette première séance, la plupart des parcelles situées dans la localité ont été bornées, ou du moins les parties se sont entendues sur le placement de la plupart des bornes, et elles ont planté d'un commun accord des piquets, afin d'indiquer les places où les bornes doivent être posées lorsqu'on se sera procuré des pierres convenables. Il se passe d'ailleurs encore plusieurs jours avant qu'on appelle le géomètre à vérifier le bornage des parcelles de la section, et le commissaire au bornage profite de cet intervalle pour presser les retardataires et pour exhorter ceux qui seraient en désaccord à se concilier.

Le directeur du cadastre donne ensuite l'ordre au géomètre de procéder à la reconnaissance des parcelles de la section. Dans ce but, le bureau du cadastre fournit au géomètre un calque du plan sectionnaire de l'ancien cadastre, et le contrôleur lui remet un état des propriétaires de cette section. Il se fait, en outre, accompagner dans sa tournée par l'indicateur et par un agent spécial du cadastre[1], et il peut ainsi dresser facilement l'état des parcelles de la section qui sont encore à limiter. Il certifie cet état et le remet au directeur du cadastre. Celui-ci s'entend alors avec le prud'homme, de manière que les appels en conciliation et les sommations soient envoyés assez à temps pour que le bornage des parcelles

[1] Lorsque le commissaire au bornage ne remplissait pas ses fonctions gratuitement, il exerçait aussi le plus souvent celles d'indicateur et d'agent du cadastre.

s'opère dans les sept semaines qui suivent la reconnaissance du géomètre (Suppl., n° 11, art. 5).

Le prud'homme ayant ainsi arrêté les jours et heures auxquels il procédera, l'appariteur remet à chacun des retardataires ou des contestants une sommation aux fins de les prévenir que, si le bornage de telle ou telle pièce n'est pas exécuté avant un certain jour, il sera procédé au bornage d'office. Il est en même temps donné avis à chacun des propriétaires cités, qu'avant l'époque fixée dans la sommation pour le bornage d'office, le prud'homme se rendra sur la propriété qu'il s'agit de limiter, afin de faire procéder, si cela est possible, à un bornage volontaire. Au jour fixé pour ce bornage volontaire, le prud'homme cherche à concilier les parties, si elles sont en désaccord, ce à quoi il réussit le plus souvent; mais, dans le cas contraire, comme aussi en cas de non-comparution des parties ou de l'une d'elles, il donne suite à la sommation et fait procéder au recouvrement des frais occasionnés par le bornage d'office.

Telle est, en abrégé, la marche simple qui, après plusieurs essais[1], avait définitivement été adoptée. Cette marche paraît d'ailleurs avoir été justifiée par l'expérience; car, depuis son adoption, le nombre des sommations et celui des bornages d'office avait considérablement diminué. Parmi les causes qui avaient essentiellement contribué à accélérer et à simplifier les opérations du bornage des propriétés, je dois surtout mentionner la ponctualité des prud'hommes à observer les délais une fois fixés, ainsi que la rigueur déployée par l'administration dans le recouvrement des frais occasionnés par les bornages opérés d'office par les prud'hommes. Ces frais se montaient à dix francs pour chaque bornage opéré entre deux propriétaires et à un franc en sus pour chaque piquet planté d'office. Le prud'homme fixait dans son procès-verbal la part de frais que devait supporter chaque propriétaire; toutefois, les frais étaient supportés en entier par l'une des parties, si l'autre, en cas de désaccord, n'avait succombé sur aucun point de la demande ou de la défense, ou si, en cas de retard, elle s'était rendue à toutes les convocations du commissaire et du prud'homme (Règl., art. 70 et suiv.).

VIII. *Conséquences légales du bornage opéré par le prud'homme.*

§ 53. Le prud'homme ayant déterminé la ligne séparative de deux parcelles limitrophes, cette fixation sert de base à la confection des plans du cadastre, lesquels établissent une présomption légale contre celui qui ne peut invoquer ni titre ni prescription contraires. Cette présomption ne peut d'ailleurs être invoquée avant l'époque où le cadastre de la commune est déclaré définitif par un arrêté qui est publié dans la forme prescrite pour la promulgation des lois, et qui ne doit être rendu qu'après que l'administration s'est assurée que les plans et registres de la commune sont tous achevés, et que les erreurs signalées et reconnues ont été redressées. Il s'écoule donc plus d'une année entre l'époque du bornage et celle où le cadastre est déclaré définitif, et jusqu'à ce moment, la partie qui se croit lésée par une décision du prud'homme peut intenter une action devant le tribunal civil, afin d'empêcher qu'on ne puisse se prévaloir contre elle du jugement du prud'homme, soit de la ligne tracée sur les plans du cadastre en vertu de ce jugement; car, d'après l'art. 49 de la loi, la disposition de l'art. 53

sur les effets civils du cadastre ne peut être invoquée contre les actions qui auraient été intentées à une époque antérieure à la déclaration du cadastre définitif (Règl., art. 270 et 271 et art. 1er).

Les jugements du prud'homme n'étaient donc rendus qu'en premier ressort, et le délai pour en appeler était d'une année au moins; fort peu de personnes cependant ont appelé des décisions rendues contre elles par ces magistrats ruraux. Or, il est impossible d'attribuer uniquement cette circonstance à la confiance que les prud'hommes avaient su inspirer aux parties; car, quel que fût le mérite de MM. les prud'hommes qui ont coopéré à la confection du cadastre génevois, mérite que j'ai pu apprécier mieux que tout autre, pendant que j'exerçais les fonctions de directeur, on reconnaîtra sans doute, avec moi, que le savoir et la probité du juge de première instance ne sont pas toujours des motifs suffisants pour empêcher les parties de recourir en appel. Il n'y a donc rien de désobligeant pour MM. les prud'hommes à soutenir que cette extrême rareté des appels formés contre leurs sentences ne provient pas seulement du mérite personnel du juge, mais encore et surtout du genre d'affaires sur lesquelles il était appelé à statuer. Il ne faut pas perdre de vue, en effet, que, dans la plupart des cas soumis au prud'homme, ni l'une ni l'autre des parties ne pouvait invoquer en sa faveur un titre opposable à son adversaire, ni une possession certaine; dès lors, quoique les parties ne fussent pas d'accord, elles répugnaient néanmoins l'une et l'autre à prendre le rôle de demanderesse, car chacune d'elles, guidée, pour ainsi-dire, par un certain instinct de propriétaire, avait le sentiment de la difficulté qu'elle aurait à fonder sa demande ou même à la formuler, et elle attendait peut-être qu'il se présentât plus tard une circonstance qui lui permettrait de se prévaloir contre son voisin de la théorie des faits accomplis ou, en d'autres termes, de la possession annale. Ainsi, lors même que la partie condamnée par le prud'homme n'était pas satisfaite du jugement, elle hésitait cependant à entamer un procès tout à fait incertain et à débourser pour les frais une somme qui, même en cas de gain, aurait dépassé, le plus souvent, la valeur de l'objet litigieux. On a donc rendu, selon moi, un grand service aux parties, en faisant juger par le prud'homme les questions de délimitations, sans les renvoyer d'office au tribunal, comme le propose M. de Robernier, dans l'exposition de son système de terrier perpétuel, et comme le proposait aussi le premier projet de loi sur la cadastre génevois. Il est évident, en effet, qu'une fois que les parties auraient été amenées d'office devant le tribunal, il eût été souvent difficile de terminer le procès autrement que par un jugement rendu à la suite de procédures longues et coûteuses, comme elles le sont, en général, dans les procès en délimitation de propriété. D'un autre côté, on n'ajourne pas indéfiniment la régularisation ou l'achèvement complet des plans et registres du cadastre, ainsi qu'on l'aurait fait, si, en cas de contestation, on eût suspendu de fixer la ligne séparative entre deux parcelles, jusqu'à ce que les parties se fussent mises d'accord entre elles ou qu'un jugement définitif eût été rendu.

§ 54. Sans doute que l'ajournement des questions de limite facilite, à certains égards, la confection des plans et registres du cadastre; mais il a, d'un autre côté, l'immense inconvénient de créer, dans le cadastre, de nombreuses lacunes et de diminuer ainsi, dès l'origine, son importance auprès des géomètres, des tribunaux et des propriétaires. Je reconnais cependant que c'est là peut-être le seul parti qu'il y ait à prendre, une fois qu'on n'ose pas établir une magistrature et une procédure spéciales, pour trancher les questions de limites, ainsi qu'on l'a fait dans la loi génevoise de 1841. Aussi ne suis-je point étonné que cet ajournement ait été adopté dans divers cadastres, et, en particulier, dans celui du canton de Vaud[1]. D'après la loi hessoise du 29 octobre 1830, sur la consolidation de la propriété immobilière et des hypothèques[2], les plans et registres du cadastre sont soumis, pendant six mois, à l'examen des propriétaires intéressés, et si, pendant ce délai, aucune réclamation n'a été faite contre l'attribution d'une parcelle, la personne inscrite est présumée propriétaire jusqu'à preuve contraire. Toutefois, pour que cette inscription puisse être invoquée contre le propriétaire voisin, relativement à la position de la ligne séparative, il est nécessaire que cette ligne ait été déterminée par un bornage régulier. Or, d'après la même loi du 29 octobre 1830, ce bornage ne pouvait être réclamé que par les particuliers, conformément aux prescriptions du droit civil; mais on ne tarda pas à reconnaître la nécessité d'une mesure générale et obligatoire; aussi une loi postérieure du 11 janvier 1831 décide-t-elle que le bornage est obligatoire dans une commune, s'il est réclamé par le conseil communal ou par un nombre de propriétaires possédant entre eux plus de la moitié de la propriété territoriale de la commune.

[1] Instruction du Conseil d'État du canton de Vaud sur le cadastre du 6 décembre 1826, art. 19. — [2] *Gesetz zur Sicherung des Grundeigenthums und des Hypothekenwesens.*

D'après le projet français de 1846, sur le cadastre, ainsi que d'après la loi badoise du 25 mars 1852, sur le même objet, les parties sont également renvoyées à se pourvoir, comme elles aviseront, toutes les fois qu'il s'élève une question de limites entre les propriétaires voisins. Mais, quoique le projet français et la loi badoise adoptent l'un et l'autre l'ajournement, ils diffèrent essentiellement sur le mode de fixer la ligne séparative, en attendant l'issue du procès. D'après l'art. 8 du projet français, en effet, le plan demeure provisoirement établi conformément à la jouissance, tandis que, d'après l'art. 2 de la loi badoise, les parcelles dont la ligne séparative n'a pu être déterminée, sont considérées provisoirement comme une seule et même parcelle qui porte autant de numéros qu'il y a de propriétaires différents. Or, il est facile de voir que l'on peut faire, contre chacune de ces méthodes, de sérieuses objections. Et d'abord, quant au projet français, la fixation de la limite, d'après la jouissance, serait le plus souvent impossible, car les contestations sur les lignes séparatives ne s'élèvent guère que dans le cas où la jouissance est incertaine; ainsi le géomètre procéderait, le plus souvent, sans avoir d'autre base que l'appréciation du dire des parties ou des titres réciproquement produits par elles; or, on comprend que, quelle que soit l'habileté du géomètre, il n'est pas aussi bien placé que le prud'homme pour faire convenablement cette appréciation; toutefois, comme cette décision du géomètre n'a aucune conséquence légale, il serait assez indifférent qu'elle fût, dans certains cas, moins conforme au droit que ne l'aurait été celle du prud'homme; le mal n'est donc pas là, mais il vient surtout de ce que le cadastre est incomplet, sous le rapport de la détermination de la propriété, et de ce qu'on laisse ainsi la porte ouverte à une foule de discussions qu'il aurait été pourtant très-facile de trancher. Quant au mode prescrit par la loi badoise, il a l'inconvénient de livrer un cadastre incomplet; cependant ce mode a un avantage sur le projet français, en ce qu'il offre un moyen de faire résoudre ultérieurement les questions de limite. Au reste, les prescriptions de la loi badoise de 1852 et du projet français de 1846 n'ont rien statué sur le cas qui est le plus fréquent, soit celui où le silence est gardé par les deux parties. A la vérité, la loi badoise statue que, si le bornage n'est réclamé par aucun des propriétaires limitrophes, la ligne séparative est fixée autrement que par des bornes[1]; mais elle ne dit point de quelle manière on devra s'y prendre, et elle n'indique, d'ailleurs, aucune précaution pour constater, dans ce cas, l'accord exprès ou tacite des propriétaires intéressés.

IX. *De la délimitation des propriétés dans la ville de Genève*[2].

§ 55. Le bornage proprement dit ne pouvant évidemment avoir lieu, lorsqu'il s'agit de délimiter des maisons contiguës, le règlement général de 1844 prescrit, dans ce cas, un autre mode de délimitation. D'après ce mode, le géomètre lève d'abord un premier plan provisoire des rues, ruelles et places publiques qui bordent une île de maisons; ce plan provisoire est soumis ensuite à une vérification contradictoire des délégués de l'auto-

[1] *Die Grenzen sonst festgestellt werden.* Voyez le rapport de M. le baron de Marschall à la première chambre badoise sur le projet de loi relatif à l'établissement d'un cadastre, p. 15.

[2] Voyez le Règlement, art. 183 à 200.

rité municipale et des divers propriétaires de l'île, en ce qui concerne les droits réciproques des uns et des autres; la ligne séparative entre chaque propriétaire de l'île et le domaine public ou municipal étant ainsi fixée par le consentement des parties intéressées ou, au besoin, par une décision du prud'homme, le géomètre dresse le plan définitif du contour de l'île.

Les divers propriétaires de l'île sont ensuite appelés successivement à donner, sur les lieux mêmes, et en présence du géomètre et d'un commissaire nommé par l'administration, toutes les explications nécessaires, afin de prouver leur qualité de propriétaire, d'indiquer exactement leurs noms, prénoms, etc., et de désigner les limites de leur propriété, ainsi que les droits réciproques de chaque propriétaire sur les bâtiments, cours, escaliers ou corridors indivis. Enfin, le commissaire, en cas de désaccord entre les parties, cherche à les concilier, et, s'il ne peut y réussir, il les renvoie devant le prud'homme, qui statue définitivement, en ce qui concerne le cadastre. Le géomètre, ayant pris note de toutes les données fournies par les parties, ainsi que du résultat des décisions du prud'homme, procède au levé des parcelles et à la confection des registres préparatoires.

Les dispositions réglementaires relatives au cadastre de la ville de Genève, n'ont point encore été mises à exécution jusqu'à présent; il serait donc possible que l'expérience prouvât la nécessité d'introduire quelques modifications dans cette partie du règlement de 1844.

CHAPITRE IV.

Des opérations de la deuxième période, soit du levé et de la vérification des plans et de l'établissement des registres préparatoires.

SECTION I. *Des instruments à employer par le géomètre pour le levé des plans.*

§ 56. D'après l'art. 89 du règlement, le géomètre peut se servir, pour le levé des parcelles, d'instruments de son choix. En conséquence de cette disposition, quelques géomètres ont, dans les premiers temps, fait usage de la planchette, qui était l'instrument employé dans le cadastre vaudois, dont les plans sont, en général, fort soignés; on a fini, cependant, par renoncer à la planchette, d'autant plus que, sur quatre communes dont les plans étaient levés d'après cette méthode, et qui ont été soumis à la vérification pendant que j'étais encore directeur du cadastre, les plans de deux communes ont été refusés. On s'est donc généralement servi plus tard de la *méthode des alignements.* D'après cette méthode, on fait une troisième triangulation, de manière à obtenir des côtés plus petits et plus nombreux que ceux qui sont résultés de la seconde; on mène ensuite sur le terrain découvert et dans toutes les directions des lignes auxiliaires qu'on détermine facilement par leur intersection avec les côtés de la deuxième et de la troisième triangulation; puis, au moyen de ces lignes auxiliaires et des côtés des triangles, on détermine des lignes secondaires passant aussi près que possible des bornes ou piquets indicatifs dessinant les contours des parcelles; le géomètre dresse alors un croquis figurant les côtés des triangles, les lignes auxiliaires et secondaires, ainsi que les divers points qu'il s'agit de déterminer; il abaisse ensuite de ces points des perpendiculaires sur les lignes secondaires, et, en cotant sur son croquis les longueurs des coordonnées, il obtient ainsi tous les éléments nécessaires pour dresser le plan des parcelles, à quelque échelle que ce soit et en autant d'exemplaires qu'il le désire; il peut, en outre, corriger facilement les erreurs reconnues, sans s'exposer, comme dans la planchette, à en commettre de nouvelles; enfin, le géomètre a ainsi le moyen d'indiquer sur le plan les cotes des diverses distances, de manière que la position des bornes et les contours des parcelles soient déterminés indépendamment des procédés graphiques et de la grandeur de l'échelle. Tels sont les motifs qui doivent faire considérer cette méthode comme fort préférable à celle de la planchette, surtout dans les terrains qui sont à peu près horizontaux.

On a proscrit, dans le cadastre de la Hesse, tout autre instrument que le théodolite et la chaîne, ou plutôt la règle en bois de cinq mètres (deux *Klafter*).

SECTION II. *De l'échelle des plans de détail.*

§ 57. Les plans de détail de chaque commune ont été levés à l'échelle de 1/1000; mais l'échelle de 1/500 a été employée pour la ville de Carouge, les bourgs, les villages et les terrains fractionnés en un très-grand nombre de petites parcelles.

On peut se convaincre, d'après l'inspection des plans du cadastre génevois, qu'en supposant ces plans faits avec soin, l'échelle de 1/1000 pour les parcelles ordinaires, et celle de 1/500 pour les petites parcelles, suffisent pour faire connaître l'étendue et le contour des propriétés. Mais c'était là ce qu'il n'était pas possible d'obtenir avec l'échelle de 1/2000 ou de 1/2500, qui était adoptée dans le cadastre français[1]. Cette grande échelle du cadastre génevois était d'autant plus nécessaire que, sans cela, il n'aurait pas été possible d'opérer, sur les plans, les divisions des parcelles, au fur et à mesure que celles-ci étaient divisées sur le terrain, par suite de ventes partielles ou de partages entre cohéritiers.

On a aussi adopté, dans les cadastres du canton de Vaud et de la Hesse, l'échelle de 1/1000 et de 1/500, et nous avons également vu (§ 1) que dans les plans de Mayer, créés avant 1792, sous l'ancienne République, dans un but analogue à celui du cadastre génevois, on avait adopté l'échelle d'un pouce sur dix toises de huit pieds, soit de 1/960.

On a cru cependant que l'échelle de 1/500 n'était pas encore suffisamment grande pour représenter convenablement certains détails; en conséquence, d'après l'art. 3 de la loi (Règl., art. 211), les plans de détail de la ville de Genève doivent être levés à l'échelle de 1/250, ce qui permettra de faire connaître, sur ces plans, les sinuosités des places et des rues, les dimensions des contreforts extérieurs, et, en général, les parties saillantes

[1] D'après l'art. 11 de la loi du 15 août 1828 sur le cadastre de Bavière, l'échelle est de 1/5000 pour les parcelles ordinaires et de 1/2500 pour les détails.

des bâtiments. Nous verrons aussi que, d'après un arrêté du 11 avril 1845 (Suppl., nº 1 et § 66), on a employé l'échelle de 1/250 pour le tracé des bâtiments divisés en parties distinctes appartenant à des propriétaires différents.

§ 58. Je ferai, enfin, observer que la grandeur de l'échelle adoptée pour les plans du cadastre genevois a empêché qu'on ne pût diviser les communes en sections, ainsi qu'on l'a fait dans le cadastre français. En effet, quatre feuilles de ce cadastre levé à l'échelle de 1/2500, occupent vingt-cinq feuilles du cadastre genevois levé à l'échelle de 1/1000; dès lors, à moins de diviser une commune en un grand nombre de sections et de donner à celles-ci des limites tout à fait arbitraires, une même section aurait occupé plusieurs feuilles, en sorte que cette division aurait eu plus d'inconvénients que d'avantages. C'est sans doute pour les mêmes motifs qu'on ne trouve pas non plus des sections dans le cadastre du canton de Vaud et qu'on n'en proposait point dans le projet de loi de 1846, sur la conservation du cadastre français.

SECTION III. *Des diverses indications à porter sur les plans-minutes, soit plans de détail dressés par le géomètre.*

§ 59. Ce serait allonger inutilement ce commentaire que d'exposer ici les règles concernant les objets à porter par le géomètre sur les plans de détail, car plusieurs de ces règles se justifient par elles-mêmes, et se retrouvent dans les instructions relatives à la confection des cadastres des autres pays, et en particulier du cadastre français. Je m'en référerai donc pour les dispositions réglementaires de cette catégorie au règlement de 1844 (art. 92 à 134; 212 à 228), et je me contenterai de donner quelques explications, afin de faire ressortir et de motiver celles de ces règles qui sont spéciales au cadastre genevois.

1° De la numérotation des parcelles.

§ 60. D'après l'art. 94 du règlement, chaque parcelle est désignée sur le plan par un numéro particulier; mais il peut arriver que, par suite du principe posé par l'art. 5 de la loi (Règl., art. 9), divers embranchements d'une même parcelle ne se touchent que par un espace de quelques mètres, et se trouvent ainsi presque enclavés dans d'autres parcelles; or, afin d'éviter toute erreur, l'art. 128 du règlement statue que, dans ce cas, le numéro de la parcelle doit être inscrit dans le centre de la parcelle, et répété dans le milieu de chaque embranchement, avec un signe propre à indiquer que le même numéro est répété plusieurs fois, et qu'il s'agit en conséquence d'une seule parcelle.

2° Des signes conventionnels aux fins d'indiquer à qui appartiennent les murs, haies, fossés, ruisseaux ou cours d'eau qui confinent les parcelles.

§ 61. D'après l'art. 98 du règlement, les plans indiquent à qui appartiennent les murs, les haies, les fossés, les ruisseaux ou cours d'eau qui confinent les parcelles, et ils font connaître, en particulier, si ces objets sont mitoyens entre les deux propriétés. Cette indication était indispensable, une fois que le cadastre servait de titre; mais, comme malgré la grandeur de l'échelle des plans, il n'eût pas été possible de déduire ces indications de la seule position des lignes séparatives, il a fallu recourir à des signes conventionnels, de manière à empêcher toute espèce d'incertitude. Nous verrons (§ 102) que les registres contiennent, en outre, des désignations analogues en ce qui concerne la mitoyenneté des murs de maisons.

Quant aux haies, aux fossés, aux murs de clôture qui ne sont pas séparatifs de parcelles, ils ne sont point indiqués sur les plans, car, ceux-ci étant destinés à recevoir plus tard de nouvelles lignes, afin d'indiquer les divisions ultérieures des parcelles, il était nécessaire d'éviter tout ce qui pouvait les surcharger inutilement. Si l'on veut, d'ailleurs, que le cadastre représente exactement, dans l'avenir, l'état des lieux, il ne faut indiquer sur les plans, lors de leur confection, que ce qui pourra y être changé, au fur et à mesure des modifications qui auront lieu sur le terrain. C'est pour ce motif qu'on n'indique sur les plans du cadastre, ni les chemins qui traversent un immeuble, si ces chemins appartiennent uniquement au propriétaire de l'immeuble, ni les cours d'eau non séparatifs de parcelles, si ces cours d'eau n'ont pas assez d'importance pour qu'on puisse envisager leur direction comme constante.

3° *Du tracé des chemins vicinaux, soit d'exploitation.*

§ 62. On trace sur les plans du cadastre les chemins vicinaux, c'est-à-dire ceux qui servent de communication entre la voie publique et des parcelles appartenant à divers propriétaires (§ 43). D'après le règlement de 1844 (art. 115 et suiv.), le sol de ces chemins n'est attribué à personne, bien que ce sol ne soit pas une propriété publique. Or, comme cette disposition a été souvent attaquée, je vais chercher à la justifier.

Lorsqu'il s'agit d'une portion de terrain cultivée ou cultivable, la propriété n'est presque jamais incertaine, et, dans les cas très-rares où il peut s'élever quelque doute à cet égard, il est toujours possible de trancher la difficulté, en attribuant la propriété à celui dont les actes de possession sont les plus récents. Mais, lorsqu'il s'agit de chemins bien déterminés et où passent plusieurs propriétaires, on ne sait, le plus souvent, à qui attribuer le sol de ces chemins, et la possession ne peut être d'aucun secours. On ne pourrait d'ailleurs répartir le sol d'un chemin vicinal entre les propriétaires intéressés et proportionnellement au droit de chacun, sans compliquer extraordinairement les registres du cadastre et se jeter dans des difficultés inextricables.

Supposons, par exemple, un chemin servant à l'exploitation de dix parcelles, il y aura dix propriétaires qui passeront sur la partie du chemin la plus rapprochée du chemin public; il y en aura neuf, qui passeront sur la portion suivante, huit sur la troisième et ainsi de suite, jusqu'au propriétaire le plus éloigné qui passera sur les neuf portions précédentes, et qui, en outre, passera sur la partie du chemin la plus éloignée de la voie publique. Or, si l'on ne connaît point les droits réciproques des intéressés, et qu'on veuille cependant répartir le sol du chemin entre les divers ayants droit, eu égard à la position de chacun, il faudra diviser le chemin commun en neuf parcelles; l'une de ces parcelles serait portée au compte collectif de dix personnes; la seconde, au compte collectif de neuf et ainsi de suite, jusqu'à la dernière qui serait au compte collectif de deux personnes ; on serait donc obligé d'ouvrir sur les registres neuf comptes collectifs, de les mentionner au compte particulier de chaque intéressé, et de modifier enfin ces divers comptes toutes les fois que l'un des propriétaires viendrait à transmettre sa parcelle à un autre par vente, échange ou succession.

Il est donc de toute évidence qu'en adoptant un principe contraire à celui qui est consacré par le règlement de 1844, on aurait compliqué extraordinairement les registres du cadastre, ainsi que la besogne du conservateur, sans qu'il en fût résulté, d'ailleurs, aucun avantage. A quoi servirait, en effet, la répartition du sol d'un chemin vicinal entre les propriétaires intéressés, tant que ce chemin subsisterait, et qu'en conséquence, aucun des intéressés n'aurait le droit de mettre en culture la part qui lui serait échue ?

Tels étaient les motifs qui, après divers essais infructueux pour mentionner au cadastre la propriété des chemins vicinaux, avaient fait adopter la marche indiquée par les art. 115 à 120 du règlement de 1844. Toutefois, comme les dispositions de ces articles avaient soulevé plusieurs réclamations, le Conseil d'État décréta, le 6 juillet 1846, un règlement additionnel sur les chemins vicinaux (Suppl., n° 12), règlement où l'on s'est efforcé de concilier les prétentions par fois un peu exorbitantes des propriétaires, avec les précautions qu'il était indispensable de prendre dès l'origine du cadastre, afin d'y éviter, autant que possible, les causes d'erreur et de confusion.

D'après l'art. 2 de ce règlement additionnel, la mention du droit de propriété sur le sol d'un chemin vicinal peut s'opérer au cadastre, dans le cas où le propriétaire d'une parcelle est le même que le propriétaire du sol de toute la partie du chemin vicinal qui longe ladite parcelle ; cette mention a lieu sur la demande du propriétaire intéressé, si son droit est reconnu par tous les propriétaires ayant droit de passage, ou s'il justifie de sa demande par des preuves suffisantes ; mais, s'il s'élève quelque doute à cet égard et que les autres propriétaires refusent leur consentement, le sol du chemin vicinal n'est attribué à personne, sauf au réclamant à porter sa demande devant les tribunaux et à faire opérer une rectification, s'il obtient un jugement qui lui soit favorable.

Les titres établissant un droit de propriété sur le sol d'un chemin vicinal, ne donnent lieu à aucune mention au cadastre, s'il s'agit d'un autre cas que celui qui est mentionné plus haut ; de plus, d'après le nouveau règlement, comme d'après l'ancien, les chemins vicinaux ne portent point de numéros et leur surface ne fait point partie de la contenance de la parcelle voisine ; on évite ainsi des complications inutiles pour le cas où cette parcelle serait ultérieurement partagée.

4° Du tracé des bâtiments.

§ 63. Le but essentiel du nouveau cadastre génevois étant de déterminer la propriété, il n'était pas indispensable de représenter sur les plans les bâtiments situés dans l'intérieur des parcelles, ni d'y indiquer, autrement que par tout ou partie de leur contour, ceux qui se trouvaient sur la limite d'une propriété voisine. En suivant cette marche, on aurait beaucoup simplifié les plans du cadastre et considérablement facilité les travaux nécessaires pour indiquer, sur les plans et registres, les modification successives qui ont lieu sur le terrain.

Néanmoins, quelque puissantes que soient ces considérations, le législateur génevois a cru qu'il ne pouvait se dispenser de faire tracer les bâtiments sur les plans du cadastre.

En effet, et d'abord, on ne peut se dissimuler qu'aux yeux d'un très-grand nombre de personnes, l'absence des bâtiments sur les plans eût rendu l'utilité du nouveau cadastre beaucoup moins sensible.

En second lieu, les bâtiments offrent des repères commodes, soit pour la confection du cadastre, soit pour faciliter, en cas de contestation future, les moyens de retrouver à l'aide des plans les lignes séparatives des propriétés limitrophes.

En troisième lieu, l'impôt sur un bâtiment devant être modifié, lorsque celui-ci subit des changements qui le font passer dans une autre classe, l'administration a intérêt à connaître les modifications successives qui peuvent survenir dans les propriétés bâties; or, la surveillance que doit exercer, dans ce cas, l'administration financière, offre un moyen de tenir le bureau de conservation du cadastre au courant de tous les changements relatifs aux bâtiments, et de les mentionner, sur les plans et registres, de telle sorte que le cadastre soit constamment un tableau fidèle de ce qui existe sur le terrain. C'est ainsi qu'en Hollande on indique au cadastre les diverses modifications survenues dans les propriétés bâties. Dans le cadastre génevois, l'administration est tenue au courant des changements de cette catégorie, non-seulement à raison de l'impôt sur les bâtiments, mais encore et surtout à raison de l'assurance réciproque des propriétés bâties, assurance qui est organisée par la loi elle-même. En effet, d'après la loi génevoise du 19 janvier 1827, tous les bâtiments du canton de Genève sont estimés séparément et portent, à leur extérieur, un numéro spécial qui correspond à celui sous lequel ils sont désignés dans le registre d'assurance des bâtiments de la commune; cette loi statue, en outre, que le propriétaire d'un bâtiment nouveau n'a droit, en cas d'incendie, à aucune indemnité, à raison de cette nouvelle construction, tant que le bâtiment n'a pas été numéroté et porté sur le registre d'assurance: les propriétaires ont donc un intérêt très-puissant à indiquer les constructions nouvelles qu'ils élèvent sur leur propriété, et l'administration a, de son côté, l'obligation de surveiller tous les changements qui pourraient avoir lieu, sous le rapport des bâtiments, afin que chaque propriétaire contribue au paiement de l'assurance, proportionnellement à la valeur réelle de son immeuble, et qu'aucun d'eux ne reçoive, en cas d'incendie, une indemnité supérieure au dommage qui a été causé.

D'après ces circonstances, le législateur génevois a pu admettre, en 1841, qu'il serait possible à l'administration de tenir les plans et registres du cadastre au courant des changements successifs qui auraient lieu dans les bâtiments, et il a pu, en conséquence, ordonner que les changements dans la superficie du sol d'une propriété bâtie, ainsi que les nouvelles constructions, seraient indiqués sur les plans (Loi, art. 81; Règl., art. 315 et suiv.).

§ 64. Toutefois, le Conseil d'État a dû, postérieurement à la loi, et même au règlement général sur le cadastre, ordonner certaines mesures, pour forcer les particuliers, sous peine d'amende, à donner connaissance des nouvelles constructions qu'ils auraient élevées et pour empêcher, de leur part, toute confusion dans les numéros d'assurance des bâtiments. Ainsi, d'après l'arrêté du 30 juin 1845 (Supplément n° 5), le propriétaire qui aurait fait construire un bâtiment nouveau, qui aurait supprimé un bâtiment existant, ou qui en aurait changé la superficie, par des travaux quelconques, doit en informer, dans le plus bref délai, le département des contributions publiques; de plus, il est défendu aux particuliers de supprimer, de modifier, d'altérer ou de masquer, de quelque manière que ce soit, les numéros d'assurance d'un bâtiment et d'en apposer, eux-mêmes, sur les bâtiments nouveaux, et, lorsque, par vétusté ou par toute autre cause, les numéros d'assurance sont endommagés ou effacés, les propriétaires doivent en donner connaissance immédiatement au département des contributions publiques. En troisième lieu, les numéros d'assurance des nouveaux bâtiments, ainsi que ceux qui sont destinés à remplacer les numéros supprimés, endommagés ou effacés, sont apposés par un agent du cadastre, d'après les ordres et sous la direction du département des contributions publiques. Enfin, le géomètre du cadastre doit se rendre, une fois au moins par année, dans chaque commune, afin d'examiner tout ce qui est relatif aux nouvelles constructions et aux numéros des bâtiments, et de signaler à l'administration toutes les constructions nouvelles qui n'auraient pas été indiquées par les particuliers, ainsi que les bâtiments où les numéros auraient été supprimés ou altérés, sans qu'aucun avis en ait été donné au département des contributions publiques.

§ 65. Ces numéros d'assurance étant ainsi constamment apposés à l'extérieur de chaque bâtiment, il est moralement impossible que le propriétaire ignore quel est le numéro de son bâtiment. Or, comme ces numéros sont reproduits sur les plans du cadastre, on fournit ainsi à chaque propriétaire un nouveau moyen de reconnaître, sur les plans, la parcelle qui lui appartient; le numéro d'assurance du bâtiment n'étant d'ailleurs pas le même que le numéro de la parcelle où ce bâtiment est situé, la combinaison de ces deux chiffres, en cas d'erreur commise dans l'un d'eux, ne saurait, en général, s'appliquer à aucune autre parcelle bâtie, ce qui fournit au conservateur un moyen commode de reconnaître immédiatement les erreurs qui auraient eu lieu dans l'indication du numéro de la parcelle, ou dans celle du numéro d'assurance du bâtiment.

§ 66. Nous verrons dans la seconde partie (§ 133) de quelle manière les changements successivement apportés dans les constructions sont indiqués sur les plans et registres du cadastre; je ne mentionnerai donc ici que les mesures qui ont été prises lors de la confection du cadastre, afin d'empêcher que l'indication des bâtiments sur les plans ne devînt plus tard une cause d'erreurs.

En premier lieu, lorsqu'une maison se divise en deux, trois ou quatre portions dont les parties se projettent sur une même partie du sol et qui appartiennent à deux, trois ou quatre propriétaires différents, on devrait, d'après la définition de la parcelle, en faire autant de parcelles distinctes. Toutefois, comme ces divisions d'une même maison sont sujettes, en général, à être réunies, plus tard, dans les mains d'un même propriétaire, ou à subir encore d'autres modifications, par suite de ventes, d'échanges et de partages entre les intéressés, on a reconnu que, si l'on mentionnait ces changements successifs sur les plans, on s'exposerait à rendre ceux-ci méconnaissables au bout de très-peu de temps; on a d'ailleurs jugé que, pour constater avec précision ces diverses subdivisions, il était nécessaire d'employer une plus grande échelle que celle de 1/500; en conséquence, d'après un arrêté du 11 avril 1845 (Suppl., n° 1), le géomètre chargé de l'arpentage doit reproduire à l'échelle de 1/250, sur des feuilles à part, les bâtiments divisés entre plusieurs propriétaires, lorsque les portions appartenant à chacun d'eux sont distinctes; bien plus, afin d'éviter toute incertitude, le géomètre devait tracer sur ces feuilles spéciales le plan des divers étages d'un bâtiment, toutes les fois que cela était nécessaire pour donner une indication claire des portions attribuées à chaque intéressé.

En second lieu, comme les portions de cours et d'allées attribuées à l'un des copropriétaires d'un bâtiment divisé en plusieurs parties forment, en général, des parcelles d'une très-petite étendue, et que ces parcelles sont également sujettes à plusieurs modifications, l'arrêté du 11 avril 1845 statue que, dans ce cas, on considérera comme faisant partie de la même parcelle que le bâtiment les portions de terrain non bâties attenantes à ce bâtiment, si elles appartiennent à l'un des copropriétaires dudit bâtiment, et si leur surface est au-dessous de 25 mètres; ces portions de terrain sont donc reproduites par le géomètre, en même temps que le bâtiment indivis, sur les feuilles à ce destinées.

Il résulte, d'ailleurs, de la définition de la parcelle, que les bâtiments ne forment point de parcelles à part, ainsi que cela avait lieu dans le cadastre français; de cette manière, les indications des nouvelles constructions s'opèrent sur les plans seulement et à des époques fixes pour chaque commune, et elles ne produisent aucun changement dans les registres; mais si, au contraire, chaque bâtiment eût constitué une parcelle distincte, toute nouvelle construction aurait occasionné un remaniement des registres, car il aurait été nécessaire d'y constater la création d'une parcelle nouvelle, ainsi que la diminution de contenance de la parcelle où le nouveau bâtiment aurait été construit.

V. *Des cotes et de l'indication des bornes.*

§ 67. Afin de faciliter dans la suite, et en cas de contestation, la détermination sur le terrain des lignes séparatives, par le secours des plans du cadastre, ceux-ci doivent non-seulement représenter le contour de chaque parcelle, mais encore la position de chaque borne qui a servi à déterminer ce contour. On a reconnu aussi que, dans le même but, il convenait d'indiquer, autant que possible, par des cotes, les longueurs des diverses lignes figurées sur les plans, afin d'atténuer les vices résultant de l'imperfection des procédés graphiques; l'administration s'était réservé en conséquence, par des conventions postérieures passées avec les géomètres, le droit d'exiger de ceux-ci l'indication de ces cotes, dans tous les cas où elle le jugerait convenable, sous la condition de leur payer une indemnité supplémentaire d'un centime par cote.

VI. *De l'indication des servitudes.*

§ 68. On avait pensé, lors de la confection des règlements provisoires, à mentionner les servitudes sur les plans et registres du cadastre; mais on y a renoncé, vu la difficulté qu'on éprouvait à vérifier, si tous ceux auxquels une servitude était due avaient eu le soin de la faire inscrire au cadastre; il n'en est pas, en effet, d'une servitude comme d'une parcelle de terrain, car, avec du zèle et de l'attention, on finit par trouver le véritable propriétaire d'une parcelle, mais il n'y a aucun moyen de connaître s'il existe ou non une servitude sur un immeuble. Or, une fois que l'on reconnaissait l'impossibilité d'inscrire toutes les servitudes existant à l'époque de la confection du cadastre, aussi longtemps que l'on recourait seulement à des mesures réglementaires, il était préférable de n'en inscrire aucune, afin d'empêcher les erreurs qui pouvaient résulter d'une publicité incomplète. C'est dans ce but que le règlement (art. 113) statue que les plans ne doivent contenir aucune indication relative aux servitudes. Le tracé des chemins vicinaux sur les plans n'est point une exception à cette règle, puisque ces chemins ne font jamais partie d'une parcelle et qu'ainsi, malgré l'indication sur les plans d'un chemin vicinal, il n'y a pas lieu à considérer la parcelle qui longe ce chemin comme étant grevée d'une servitude de passage en faveur des parcelles voisines.

Nous verrons dans la cinquième partie (§§ 178 et suivants), que le cadastre, une fois achevé, fournira un moyen extrêmement commode pour déterminer non-seulement la propriété immobilière, mais encore les autres droits réels, tels que les servitudes, les hypothèques, etc.; toutefois, l'on devait se borner, lors de la confection du cadastre, à la détermination de la propriété immobilière, sans s'occuper d'autres droits réels, car le travail nécessaire pour la détermination exacte de la propriété étant déjà, à lui seul, fort long et fort délicat, il eût été de toute imprudence de le compliquer encore par l'adjonction d'autres objets qui pouvaient facilement s'ajourner à une autre époque.

VII. *Dans quel cas les lieux dits sont indiqués sur les plans et registres du cadastre.*

§ 69. On voit, par l'énonciation des art. 94 et suivants du règlement général, que les lieux dits ne sont point indiqués sur les plans du cadastre ; on a reconnu, en effet, que bien souvent ces lieux dits changent suivant le caprice des propriétaires et peuvent être ainsi une source d'erreurs, bien loin d'être un moyen de classification. En comparant, entre autres, les plans du cadastre français commencé, en 1806, dans les communes du canton de Genève, avec ceux du cadastre de Savoie qui dataient du milieu du dernier siècle, je me suis convaincu que, le plus souvent, les lieux dits indiqués par l'un des cadastres étaient tout différents de ceux qui étaient indiqués par l'autre cadastre, dans la même localité. Cette suppression des lieux dits n'ayant pas été vue favorablement par quelques propriétaires du canton de Genève, je crois devoir faire observer que plusieurs auteurs et entre autres M. le président de Robernier[1] et Puchta, l'un des jurisconsultes pratiques les plus distingués de l'Allemagne[2], ont également proscrit l'indication des lieux dits, en s'appuyant sur des motifs analogues à ceux qui les ont fait proscrire dans le cadastre génevois.

[1] *De la preuve du droit de propriété en fait d'immeubles,* t. I, p. 220 et suiv.

[2] *Einiges von meinen Erfahrungen bei Anlegung und Führung der Hypotheken-Bücher zur Beherzigung für Gesetzgeber und Praktiker. Zeitschrift für Civilrecht und Prozess,* t. IX, p. 176.

Toutefois, on a pensé que les objections faites contre l'inscription des lieux dits sur les plans du cadastre de Genève, s'appliquaient seulement à ceux qui désignaient des pièces de terre sans bâtiments habités, car, dans le cas où les lieux dits désignent des localités renfermant des habitations, ils sont, en général, très-peu variables, et ils sont, en outre, connus par tous les habitants des environs. En conséquence, ces espèces de lieux dits figurent sur les plans et registres du cadastre (Règl., art. 265 et 266). On a pensé également que si, dans les autres cas, on devait proscrire les lieux dits, en tant que désignation officielle, il ne pouvait y avoir aucun inconvénient à les faire figurer sur les copies des plans déposées dans les mairies, pour y être mises à la disposition du public. C'est dans ce sens que l'indication des lieux dits a été admise par les art. 160, 2° et 258 du règlement général.

Section IV. *De la vérification des plans.*

§ 70. Le cadastre genevois produisant des effets civils, on a dû opérer la vérification des plans avec une rigueur beaucoup plus grande que celle qui était exigée dans la confection du cadastre français, dont le but principal était la fixation de l'impôt. C'est ce dont on se convaincra très-facilement, en parcourant les art. 135 à 156 du règlement général, lesquels traitent spécialement de la vérification des plans.

Et d'abord, ainsi que je l'ai déjà fait observer (§ 28), la vérification des plans peut se faire avec beaucoup plus de rigueur que dans le cadastre français, car la ligne séparative entre deux parcelles est, dans le cadastre genevois, exactement déterminée par des bornes ou des piquets, et ne présente, en conséquence, aucune espèce d'incertitude, ainsi que cela pouvait arriver dans le cadastre français.

En second lieu, d'après le recueil méthodique de 1811, la tolérance des grandes lignes s'élève à 1/200 ou même à 1/100 et celle des détails va jusqu'à 1/50; mais, dans le cadastre génevois, la tolérance des grandes lignes ne dépasse pas 1/500 et celle des détails ne va pas au delà de 1/64 pour les plans à l'échelle de 1/1000, et 1/85 pour ceux qui sont à l'échelle de 1/500 (Règl., art. 151 et 152). Il va d'ailleurs sans dire que ces tolérances ne s'appliquent point aux cotes, les chiffres de celles-ci devant exprimer exactement les longueurs indiquées.

En troisième lieu, on a pris dans le règlement général de 1844 diverses précautions, soit pour prévenir toute collusion entre le géomètre chargé de l'arpentage d'une commune et le commissaire vérificateur, soit pour éviter de la part de celui-ci toute espèce de laisser-aller. C'est dans ce but que les mesurages sur le terrain des lignes choisies pour la vérification, et le mesurage de ces mêmes lignes sur les plans doivent se faire par deux personnes différentes, et que celle qui est chargée de mesurer, sur les plans et avec le compas, les lignes à vérifier, ne prend connaissance des mesures prises sur le terrain qu'après avoir livré son propre travail (Règl., art. 142 et suivants).

En quatrième lieu, nous avons vu que, dans le cas où les bornes ne sont pas suffisantes pour dessiner le contour d'une ligne sinueuse, le géomètre doit y suppléer par des piquets, qui restent sur le terrain jusqu'à la clôture des opérations du cadastre et qui doivent être représentés sur les plans. Or, ceci fournit le moyen de pouvoir vérifier très-exactement ces lignes sinueuses ; dans ce but, on détermine sur le terrain une ligne droite, dans la direction de la ligne sinueuse qu'il s'agit de vérifier, de manière qu'on puisse tracer cette même ligne sur le plan ; on abaisse ensuite des perpendiculaires à partir des bornes et des piquets qui déterminent la ligne sinueuse, puis, enfin, on mesure les longueurs de ces diverses perpendiculaires (Règl., art. 139). Telles sont les précautions qui permettent d'exiger, dans la vérification de ces lignes, la même rigueur que dans la vérification des lignes droites.

Toutefois, quelle que soit la précision qui ait été exigée par le règlement pour la vérification des plans, il ne faut pas se dissimuler que ces dispositions réglementaires seraient par elles-mêmes insuffisantes, si l'administration supérieure du cadastre n'en surveillait l'observation rigoureuse. On comprend, en effet, que, dans ces circonstances, la sévérité est un devoir strict, puisque toute condescendance pourrait, plus tard, occasionner une injustice. D'après ces considérations, on a refusé, pendant que j'étais directeur du cadastre, les plans de deux communes faits par des géomètres qui avaient travaillé jadis, avec succès, au cadastre du département du Léman, et qui n'avaient pu, malgré cela, satisfaire à toutes les exigences du nouveau cadastre génevois.

SECTION V. *Du système des plans numériques, proposé par M. le président de Robernier.*

§ 71. Désigner les immeubles avec une précision telle qu'il ne puisse y avoir aucune incertitude sur leur étendue et leurs limites. Tel est le problème que s'est proposé le législateur génevois de 1841, et dont la solution n'avait pas été tentée, jusqu'alors, d'une manière complète, si ce n'est dans quelques communes du grand-duché de Hesse[1]. Plus tard, en 1843, M. de Robernier, président du tribunal d'Alais, sans avoir eu connaissance des travaux faits à Genève et dans la Hesse, a cherché à résoudre le même problème dans son ouvrage sur la preuve du droit de propriété, ouvrage digne de l'attention des publicistes et des jurisconsultes, et que je me suis permis de citer dans diverses occasions. Pour atteindre son but, M. de Robernier définit la parcelle de la même manière que la loi génevoise, et il emploie des moyens qui, sans être identiques, sont cependant analogues à ceux que prescrit cette loi, pour procéder à l'abornement de toutes les parcelles et fixer ainsi leur contour, pour les désigner par des numéros spéciaux et pour indiquer, d'une manière exacte, à qui elles appartiennent. Mais ce en quoi diffère son système du nôtre, c'est qu'au lieu de tracer, sur des plans graphiques, les contours des diverses parcelles, il indique, sur des registres, la longitude et la latitude des sommets des angles des périmètres de ces parcelles, relativement au méridien passant par un point déterminé de la commune; ainsi, par exemple, au lieu de dessiner sur un plan le contour de la parcelle n° 100, qui aurait la forme d'un pentagone, M. de Robernier mentionne sur un registre à ce destiné que la parcelle n° 100 a cinq angles, dont les sommets, relativement au méridien communal, sont compris dans la partie sud-ouest et ont des longitudes et des latitudes qui se suivent

[1] Le législateur génevois de 1841 ne connaissait point les travaux faits dans la Hesse, en vertu des lois des 13 avril 1824 et 29 octobre 1830.

dans l'ordre suivant, en commençant par l'angle le plus occidental et en remontant au nord :

Longitudes	186m,50	Latitudes	950m,15
—	215m,20	—	819m,50
—	250m,60	—	812m,15
—	256m,02	—	816m,22
—	255m,30	—	935m,65

On comprend, d'ailleurs, qu'en admettant, avec M. de Robernier, la possibilité de déterminer mathématiquement ces longitudes et ces latitudes, et de retrouver plus tard, sur le terrain, les points correspondants aux longitudes et aux latitudes mentionnées, on sera en état de reconnaître, avec une rigueur mathématique, les contours d'une parcelle donnée, malgré la disparution des bornes ou de tout autre signe extérieur qui aurait servi, antérieurement, à déterminer ce contour. Voici maintenant les moyens qu'emploie M. de Robernier pour arriver à la détermination de ces longitudes et latitudes.

Et d'abord, il établit comme point central de la commune un objet remarquable et perpétuel donné par la nature ou artificiellement construit vers le centre de la commune, et, pour l'ordinaire, au milieu même des habitations agglomérées du chef-lieu communal. Par ce point invariable, il suppose une ligne fictive et indéfinie tirée du nord au sud : ce sera le premier méridien de la commune; par le même point, il tire une ligne également indéfinie, perpendiculaire au méridien : ce sera l'équateur de la carte communale. La commune sera donc divisée en quatre quartiers ou régions désignées par leur situation respective : nord-est, nord-ouest, sud-est et sud-ouest; dans chacune de ces quatre régions on place des *termes*, soit des pierres établies d'une manière solide, en assez grand nombre pour qu'il n'y ait aucun point du territoire de la commune d'où l'on n'aperçoive pas trois termes au moins; ceux-ci sont d'ailleurs distribués sur la surface communale de manière qu'on puisse les considérer comme les points d'une même triangulation, et qu'il soit ainsi facile de déterminer leur position par rapport au méridien communal. Ces termes, sur lesquels on indique la latitude et la longitude, sont établis d'une manière permanente; mais on comprend, cependant, que, si par l'effet de quelque circonstance il y avait lieu à déplacer l'un d'eux, on pourrait toujours lui substituer un nouveau terme dont on fixerait également la position par rapport au méridien communal. Cela posé, deux géomètres, munis chacun d'un théodolyte, déterminent la longitude et la latitude des sommets des angles de chaque parcelle; ces géomètres opèrent isolément et prêtent serment de ne point se communiquer leur travail, avant de l'avoir remis au magistrat délimitateur; celui-ci compare les deux résultats obtenus, et, s'ils sont identiques ou si, du moins, ils ne diffèrent entre eux que d'une quantité inférieure à la tolérance prescrite, on prend les moyennes des deux calculs, et on obtient ainsi les chiffres qui indiquent, d'une manière sensiblement exacte, la position des sommets de chaque parcelle; mais, si les résultats des deux géomètres diffèrent entre eux d'une quantité plus grande que la tolérance, on recommence l'opération jusqu'à ce qu'on ait obtenu le degré requis d'approximation.

Tel est, d'une manière succincte, l'exposé du système que propose M. de Robernier et qu'il appelle *système des plans numériques*, par opposition à celui des *plans linéaires* qu'il rejette complétement, soit à cause des imperfections attachées aux procédés graphiques, soit encore à cause des difficultés qu'on éprouverait, selon lui, à tenir les plans au courant des changements successifs provenant des divisions et réunions de parcelles, tandis que, d'après M. de Robernier, ces changements pourraient être très-facilement constatés au moyen des plans numériques. Postérieurement à son ouvrage *Sur la preuve du droit de propriété en fait d'immeubles*, M. de Robernier a encore publié, en 1845 et 1846, deux opuscules, où il cherche à établir la supériorité de sa méthode. Ces divers ouvrages étant écrits avec un talent remarquable et avec une connaissance du sujet qu'on ne retrouve pas, à mon avis, dans la plupart des écrits qui ont été publiés sur l'application du cadastre à la détermination de la propriété, je ne regarde point comme superflu de consacrer ici quelques pages à combattre le système de M. de Robernier dans ce qu'il a, selon moi, de trop exclusif.

§ 72. Je reconnais, à la vérité, avec M. de Robernier :

1° Qu'avec l'aide des instruments et des calculs mathématiques, il est facile de déterminer, d'une manière sensiblement exacte, les distances des sommets d'une parcelle à la méridienne et à la perpendiculaire passant par un point central;

2° Que, si les termes qui auraient servi à fixer originairement les positions de ces sommets demeuraient continuellement sur le terrain, on pourrait ainsi retrouver le contour de cette parcelle, lors même que les bornes qui auraient déterminé ce contour auraient disparu;

3° Que, quoiqu'on puisse estimer avec une échelle et un compas les distances qui existent réellement sur le terrain, entre les divers points figurés sur un plan, ce ne peut être là qu'une estimation dont le degré d'approximation est fort inférieur à celui qui résulte des calculs trigonométriques, car, ainsi que l'observe M. de Robernier, « le défaut de rectitude de la règle du géomètre, le « jeu indocile de son compas, la rouille de son tire-ligne, « l'inégale graduation de son échelle et de son rapporteur, « la taille de sa plume de corbeau, la boue de son encre, « le grain de son papier, l'hésitation de sa main, sont « autant de causes d'erreurs ; »

4° Que le nombre des termes qu'il faudrait établir pour déterminer les positions de chaque parcelle ne dépasserait guère celui d'un terme par huit hectares ; nombre qui est indiqué par M. de Robernier, pourvu toutefois que, comme il le propose, on fasse servir plusieurs bâtiments, par le moyen d'une ligne verticale incrustée sur une de leurs faces, au même usage que les termes proprement dits, en sorte que ces derniers ne seraient élevés que dans les portions éloignées des habitations ;

5° Que la connaissance de la longitude et de la latitude des divers sommets d'une parcelle, par rapport à un même point, fournit pour le calcul des contenances des parcelles un moyen plus facile et plus commode que les méthodes employées actuellement.

Enfin, je reconnais que, si le système de M. de Robernier entraîne à des frais beaucoup plus élevés que ceux qu'on a faits en France pour l'établissement du cadastre actuel, il est probable que ces frais ne dépasseraient cependant pas ceux qu'on devrait faire pour établir, dans le même pays, un cadastre analogue au cadastre génevois; cette augmentation de frais, en effet, provient en grande partie de l'abornement préalable, qui est obligatoire dans le système génevois comme dans celui de M. de Robernier; d'un autre côté, il ne faut pas oublier que, si l'établissement des termes de M. de Robernier entraîne à un excédant de frais assez considérable, cet excédant serait probablement compensé par les dépenses qui ont été faites pour dresser les plans-minutes et les quatre copies que prescrivent les règlements du cadastre génevois et qui n'existent pas dans le système de M. de Robernier.

Après avoir ainsi indiqué les points de vue sous lesquels le système des plans numériques peut être envisagé comme avantageux et réalisable, je me permettrai d'énumérer les objections qui, selon moi, peuvent être faites contre ce système.

§ 73. En premier lieu, il ne serait pas possible de placer tous les termes des champs dans des parties du domaine public; il faudrait donc en établir une partie dans les propriétés particulières; or, quoique je reconnaisse que, dans la plupart des cas, le placement d'un terme dans une propriété n'occasionnerait aucun dommage appréciable, il est bien probable cependant que très-peu de propriétaires se prêteraient volontiers à faire ce léger sacrifice à l'intérêt général; car le placement d'un terme dans une propriété entraînerait l'obligation, de la part du propriétaire, de laisser les géomètres aller et venir, pour placer leurs instruments près du terme, toutes les fois que cela serait nécessaire; or, une pareille obligation serait acceptée, en général, avec répugnance, car on sait combien est grande la susceptibilité des propriétaires, surtout lorsqu'il s'agit de l'établissement d'une servitude.

§ 74. En second lieu, chaque ligne d'un plan étant en

général liée à un grand nombre d'autres du même plan, il en résulte que l'erreur commise sur la position ou la grandeur d'une ligne influe sur la position ou la grandeur des côtés de plusieurs parcelles, en sorte que le géomètre peut apercevoir plus facilement l'erreur qu'il a commise, et que l'ingénieur chargé de la vérification a également plus de facilité pour la découvrir; mais, dans le système de M. de Robernier, l'erreur commise par le géomètre dans l'estimation de la longitude ou de la latitude d'un des sommets d'une parcelle n'influerait pas sur l'estimation de la longitude et de la latitude des autres sommets; on ne pourrait donc, en général, découvrir l'erreur qu'en refaisant directement toute l'opération; or, c'est là un grave inconvénient; il est vrai que, pour y remédier, M. de Robernier fait opérer les calculs par deux géomètres, lesquels doivent prêter serment de ne point se communiquer leur travail, avant de l'avoir livré au magistrat délimitateur; mais ce serment serait-il toujours observé et les géomètres ne succomberaient-ils jamais à la tentation de diminuer leur travail de moitié? C'est ce qu'il serait difficile d'affirmer.

§ 75. En troisième lieu, la reproduction, dans un acte de mutation, du numéro d'une parcelle est, sans doute, sujette à erreur de la part du rédacteur de l'acte; mais cette chance d'erreur est infiniment moindre que celle qu'on court dans le système de M. de Robernier; car, d'après ce dernier système, il faudrait mentionner, dans tout acte relatif à une parcelle, non-seulement la région de la commune où se trouve cette parcelle, mais encore les nombres exprimant la latitude et la longitude de chaque sommet; en sorte que, si une parcelle avait 10 à 15 sommets, comme cela peut souvent arriver, sa désignation exigerait l'énonciation de 20 à 30 nombres dont chacun serait, en général, composé de 5 ou 6 chiffres.

Ce n'est pas tout, si l'ordre dans lequel on détermine la longitude et la latitude de chaque sommet est indifférent, lorsque la parcelle est un polygone à angles saillants, il n'en est point de même, lorsque le polygone offre des angles rentrants; car, dans cette dernière hypothèse, on peut, avec des sommets identiques, obtenir deux ou plusieurs parcelles tout à fait dissemblables, selon qu'on observe un ordre plutôt qu'un autre dans l'énonciation des angles. D'après M. de Robernier, on doit toujours commencer par l'angle le plus occidental, puis continuer d'un angle à l'autre, en remontant au nord, et poursuivre ainsi, sans interruption, jusqu'à ce qu'on soit retourné au point de départ; or, l'énonciation de cette règle montre évidemment que l'auteur n'a pas prévu la difficulté que je signale, quoiqu'elle puisse se présenter assez fréquemment dans un système où la parcelle se compose de tous les immeubles contigus appartenant à un même propriétaire.

Toutes ces chances d'erreur sont d'ailleurs d'autant plus grandes que ces chiffres n'ont aucune liaison les uns avec les autres, et qu'il n'y a pas d'autre moyen de vérification que de collationner chacun de ces chiffres sur l'original.

§ 76. En quatrième lieu, quelque parfaits que soient les calculs trigonométriques, je crois qu'à moins de se jeter dans des minuties qui compliqueraient outre mesure les travaux de délimitation, il sera impossible d'indiquer si un fossé, un cours d'eau, une haie et, à plus forte raison, un mur sont mitoyens, ou s'ils appartiennent exclusivement à tel ou tel propriétaire; or, c'est ce qui se fait très-facilement, dans le cadastre génevois, au moyen des signes conventionnels; je crois également qu'à moins d'augmenter à l'infini le nombre des sommets de certaines parcelles, il serait impossible d'indiquer les longitudes et les latitudes des divers points par lesquels passent les lignes sinueuses[1], et j'en conclus que, pour ces lignes, le système de M. de Robernier fournirait moins de données que n'en offriront des plans faits avec soin à l'échelle de 1/1000 ou de 1/500; enfin, je ne comprendrais guère comment il serait possible d'appliquer le système des latitudes et des longitudes à la description des diverses portions d'un bâtiment appartenant à plusieurs propriétaires, description qui peut se faire très-facilement et très-exactement dans le cadastre génevois.

§ 77. En cinquième lieu, il serait presque impossible, dans le système de M. de Robernier, de vérifier si, dans l'attribution des parcelles d'une commune aux divers propriétaires, on n'en a point omis quelques-unes, et si aucune d'elles n'a été mise, en tout ou en partie, au compte de deux ou plusieurs personnes différentes. Or, c'est là une vérification qui est très-facile avec la méthode des plans linéaires. On peut s'assurer, en effet, à l'inspection des plans d'une commune, qu'il n'y a aucune partie de la surface communale qui ne soit pourvue d'un numéro, et que, de plus, tous ces numéros se suivent sans interruption. D'un autre côté, pour vérifier si chacun de ces numéros a été attribué à un propriétaire et s'il n'a pas été répété plusieurs fois, on récapitule les contenances

[1] Il arrive assez fréquemment dans le cadastre génevois que des parcelles bornées en partie par des chemins ont sur leur contour plus de 50 bornes; leur description exigerait donc, dans le système de M. de Robernier, l'énonciation de plus de cent nombres, de cinq ou six chiffres chacun.

des parcelles figurées dans les divers comptes, et on additionne les montants de ces comptes; si aucune erreur n'a été commise, le chiffre total ainsi obtenu sera identique avec celui qui exprime la surface totale des parcelles.

§ 78. En sixième lieu, on a vu que, dans le système du cadastre genevois, toutes les bornes sont rapportées sur les plans, et j'ai fait observer quelle influence salutaire cette indication devait exercer sur le respect des bornes, de la part des propriétaires limitrophes; or, rien de semblable ne saurait avoir lieu dans le système des plans numériques, car les chiffres donnés par ces plans n'indiquent que les sommets des angles, lesquels sont rarement pourvus d'une borne. On sait, en effet, que pour fixer le contour d'une parcelle on place, en général, deux bornes sur chacun des côtés de celle-ci, et que, pour mieux déterminer la ligne droite, ces bornes sont près des extrémités de la ligne, mais non à l'angle même du polygone, parce qu'elles se trouveraient ainsi, le plus souvent, sur la lisière d'un chemin et seraient sujettes à être culbutées. Je reconnais, à la vérité, avec M. de Robernier que, dans son système, les bornes ne sont pas nécessaires pour fixer la ligne séparative; mais n'y a-t-il pas, cependant, une grande utilité à ce que les deux propriétaires limitrophes ne puissent pas se tromper sur la ligne qui les sépare et à ce que la possession soit ainsi toujours d'accord avec le droit?

§ 79. En septième lieu, et c'est là l'objection la plus forte au système des plans numériques, il ne suffit pas que les procédés employés pour déterminer les contours des parcelles soient parfaits, sous le rapport de l'art, mais il importe, surtout, qu'aucune erreur indépendante des procédés géométriques ne soit commise dans la fixation des lignes séparatives et dans l'attribution des parcelles aux divers propriétaires; or, je dis que, sous ce rapport, le système des plans numériques est bien loin de présenter une sécurité suffisante, et qu'en particulier, il est beaucoup moins sûr que le système des plans linéaires. On comprend, en effet, que, quelles que soient les précautions prises pour empêcher les erreurs, lors de la délimitation faite sur le terrain, il arrivera souvent qu'on prendra une ligne pour une autre, et que, plus souvent encore, on confondra la parcelle qui appartient à l'un avec celle qui appartient à l'autre; c'est pour remédier à ces erreurs que, dans le système du cadastre génevois, les propriétaires sont convoqués, immédiatement après l'achèvement des plans, devant le géomètre qui rectifie alors un grand nombre d'erreurs; que, de plus, les plans et registres sont déposés, après cette première rectification, à la mairie de la commune, pendant un mois au moins, et que là, chaque propriétaire peut vérifier, sur les plans et registres, les parcelles qui lui sont attribuées; qu'enfin le propriétaire n'est appelé à reconnaître, par sa signature, l'exactitude des indications cadastrales concernant sa propriété que lorsque le commissaire, en présence duquel cette signature est donnée, s'est assuré que ce propriétaire a reconnu, sur les plans mêmes, les parcelles inscrites en son nom. Or, je puis dire que toutes ces précautions n'étaient point superflues, et que les gens, même illittérés, reconnaissaient très-bien eux-mêmes leurs parcelles et celles de leurs voisins, en sorte que leur déclaration, ainsi que celle des témoins qui étaient appelés, dans ce cas, n'étaient point une vaine formalité. Mais si, au lieu de soumettre des plans aux propriétaires, on leur eût donné la liste des longitudes et des latitudes des sommets des angles de leurs parcelles, je ne crains pas d'affirmer que, le plus souvent, il n'y aurait pas eu un seul propriétaire en état de vérifier l'exactitude des données qui le concernaient, et qu'il s'en serait à peine trouvé deux ou trois sur cent, qui se fussent souciés de les faire vérifier par un géomètre.

Aussi peut-on dire que la signature qui, d'après le projet de règlement de M. de Robernier, devrait être apposée par chaque délimitant sur le procès-verbal de délimitation, prouverait seulement que le signataire a cru sur parole les géomètres employés a l'opération; mais elle ne prouverait point qu'il aurait lui-même reconnu comme vrais les faits énoncés dans ce procès-verbal; car cette énonciation ayant lieu dans une langue qui lui est complétement inconnue, il lui serait absolument impossible de relever les erreurs matérielles qui auraient été commises. Or, les chances d'erreurs sont pourtant très-nombreuses, non-seulement par les motifs que j'ai énoncés plus haut, mais encore parce que le procès-verbal de délimitation ne pourrait être rédigé qu'après coup, c'est-à-dire sur des notes prises sur le terrain, au milieu d'un rassemblement de plusieurs personnes, tantôt à l'ardeur du soleil, tantôt par la pluie ou la neige, très-souvent sur un sol humide et boueux. C'est cependant ce procès-verbal qui aurait force d'acte authentique et qui servirait de base aux registres de la propriété.

M. de Robernier, dans son ouvrage *Sur la preuve du droit de propriété*, ainsi que dans les opuscules qui l'ont suivi, a beaucoup insisté sur la supériorité des plans numériques relativement aux plans linéaires, et il compare entre autres les premiers au langage articulé et les seconds au langage hiéroglyphique[1]. Or, il aurait été, selon moi, beaucoup plus juste de dire que, si les plans linéaires sont un langage qui n'a pas, il est vrai, un très-grand degré de précision, c'est pourtant un langage que tout le monde comprend, et que, si les plans numériques, au contraire, forment une langue où chaque mot a un sens propre et bien déterminé, il y a, d'un autre côté, fort peu de gens qui puissent comprendre le sens de ces mots, et que, dans tous les cas, on ne peut y parvenir qu'après un temps plus ou moins long. Au reste, tout en parlant contre les plans linéaires, M. de Robernier les emploie lui-même, lorsqu'il veut se rendre intelligible à son lecteur, et il reconnaît implicitement, dans maintes occasions, que ces plans sont indispensables.

M. de Robernier dit encore, avec beaucoup de raison, que, puisqu'il y a des architectes qui ne commettent aucune erreur dans la distribution de l'ensemble et des détails d'un édifice, on devra trouver également des géomètres qui rendront compte de tous ces objets avec la même précision; mais ne sait-on pas que, pour se faire comprendre du propriétaire et des divers ouvriers chargés de la construction d'un édifice, l'architecte ne manque jamais de dresser un plan; or, pourquoi le géomètre n'emploierait-il pas le même procédé? pourquoi voudrait-on qu'au lieu de se servir d'un moyen facile et à la portée de tous, il recourût à un moyen plus long et plus difficile pour lui, et qui, dans la plupart des cas, ne se présenterait aux propriétaires intéressés que sous la forme d'une énigme indéchiffrable?

Ce n'est pas tout; lorsqu'il s'agira d'un acte de muta-

[1] *Examen critique du nouveau projet de loi sur le cadastre.* 1846, p. 26.

tion, comment le vendeur qui possède plusieurs parcelles pourra-t-il distinguer parmi tous ces chiffres la parcelle qu'il a l'intention de vendre, et n'arrivera-t-il pas ainsi très-souvent qu'on vendra une chose pour une autre?

§ 80. D'après M. de Robernier, la méthode des plans numériques aurait un grand avantage sur celle des plans linéaires, parce que, dans le cas où il y aurait lieu à diviser une parcelle, les parties elles-mêmes pourraient opérer ce partage et déterminer les longitudes et les latitudes des nouvelles parcelles, sans l'intervention d'un géomètre; or, c'est là, selon moi, une erreur complète, à moins, toutefois, qu'il ne s'agisse de diviser la parcelle par une simple diagonale, ce qui est un cas extrêmement rare; aussi suis-je persuadé que, si une déclaration des parties suffisait pour faire opérer un changement dans le registre parcellaire, ce registre contiendrait bientôt une foule d'erreurs, c'est-à-dire que, dans bien des cas, la possession non contestée serait en désaccord avec le titre[1].

§ 81. Je crois aussi que le mode de numérotation des nouvelles parcelles que propose M. de Robernier est impraticable; mais, comme ce mode n'est pas une conséquence du système des plans numériques, je renverrai à une autre partie de ce commentaire (§ 97) ce que j'ai à dire à ce sujet.

§ 82. Après avoir ainsi exposé les motifs qui doivent, à mon avis, faire repousser la méthode des plans numériques, en tant que celle-ci serait exclusive des plans linéaires, je dois reconnaître que la réunion des deux méthodes offrirait de très-grands avantages. Ainsi, sup-

[1] Voyez § 118.

posons qu'au lieu de dresser une simple liste des nombres exprimant les longitudes et les latitudes des sommets des angles de chaque parcelle, ainsi que le propose M. de Robernier, on indiquât ces nombres sur les plans-minutes où ces parcelles seraient figurées, les chances d'erreurs seraient par là fort diminuées et les désignations des parcelles seraient tout à la fois claires, faciles et d'une précision parfaite[1]. Toutefois, on n'indiquerait point les longitudes et les latitudes des parcelles bâties, ni celles des petites parcelles voisines des bâtiments, car, pour cette sorte de parcelles, on obtiendrait plus facilement et à moins de frais des désignations précises, en les traçant sur une plus grande échelle, en employant des signes conventionnels, pour représenter certains objets, et en indiquant, par des cotes, les longueurs de quelques lignes. Rien n'empêcherait, au reste, d'élever plus tard des termes dans le canton de Genève, de calculer, par ce moyen, les longitudes et les latitudes des sommets des nouvelles parcelles non bâties, par rapport au point central qui a déjà été choisi, et d'indiquer, sur les plans-minutes, ces distances au méridien et à la perpendiculaire.

§ 83. Je suis cependant persuadé que, si les plans du cadastre génevois sont exécutés avec toutes les précautions prescrites par les règlements, ils pourront, malgré l'absence des indications trigonométriques, atteindre complétement leur but. On a déjà vu, en effet, que, quant aux parcelles bâties et aux petites parcelles voisines des bâti-

[1] Dans ceux des plans du cadastre de la Hesse grand-ducale, qui doivent faire foi entre voisins, chacune des bornes fixant le contour d'une parcelle est tracée sur le plan avec un numéro spécial, lequel est reporté sur un registre indiquant les données trigonométriques propres à déterminer la position de chaque borne.

ments, telles que les cours, les passages, etc., les plans et registres du cadastre génevois suffisent complétement; on pourra, d'ailleurs, perfectionner les plans, sous ce point de vue, en ayant soin d'indiquer, par des cotes, les longueurs des lignes que le géomètre sera appelé à mesurer, à l'occasion des divisions de parcelles et des tracés des nouveaux bâtiments. Quant aux parcelles non bâties, je reconnais que, dans le cas où l'on obtiendrait, au moyen des calculs trigonométriques, la position mathématique d'un point, à un ou deux centimètres près, cette position ne serait peut-être donnée par les plans qu'avec une différence de 30 ou 40 centimètres; mais cette imperfection ne saurait sérieusement infirmer la foi due au cadastre, car un plus haut degré d'approximation sera complétement inutile dans la plupart des contestations, et, dans tous les cas, le dommage qui pourrait résulter pour l'une des parties d'une erreur commise, entre des limites aussi étroites, serait tout à fait insignifiant.

CHAPITRE V.

Opérations de la troisième période ou confection des registres préparatoires et reconnaissance des bulletins.

SECTION I. *Confection des registres préparatoires.*

§ 84. Dès que les plans-minutes et les contenances des parcelles ont été vérifiés et reconnus exacts, et que le géomètre a complété ses registres provisoires, au moyen des renseignements qui lui ont été fournis par l'indicateur ou par les intéressés eux-mêmes, il convoque successivement tous les propriétaires de la commune dans une localité désignée, et là, assisté de l'indicateur, et, s'il est nécessaire, du maire ou d'un membre du Conseil municipal, il indique à chaque propriétaire les parcelles qui lui sont attribuées, s'informe des noms, prénoms, profession et domicile, ainsi que des droits de chacun, et prend note de toutes les rectifications demandées.

Après avoir opéré les corrections indiquées, le géomètre dresse le registre préparatoire des propriétaires de la commune, en mentionnant, au compte de chacun, les numéros et les contenances des parcelles qui lui sont attribuées, ainsi que toutes les désignations concernant les bâtiments qui lui appartiennent, en tout ou en partie. Le géomètre dresse également le registre préparatoire des numéros suivis, dans lequel on indique le numéro du compte du registre préparatoire des propriétaires où se trouve chaque parcelle.

§ 85. D'après l'art 10 (Règl., art. 263 et 277), chaque propriétaire est désigné par son nom et ses prénoms, par les prénoms de son père, par son état ou profession et son domicile; et, s'il s'agit d'un établissement public, d'une association ou de tout autre corps moral, les registres contiennent la qualification sous laquelle ce corps est légalement reconnu, et l'indication du domicile social ou du siége de l'établissement. Les règles ci-dessus avaient d'abord paru suffisantes pour déterminer le mode d'après lequel on devait ouvrir les divers comptes du registre des propriétaires; mais lorsqu'on en vint à l'exécution, on ne tarda pas à s'apercevoir qu'il y avait encore d'autres précautions à prendre, pour prévenir les erreurs. Ainsi, par exemple, il fallait éviter qu'on ne confondît les immeubles propres au mari ou à la femme avec ceux de la communauté; il fallait aussi empêcher qu'en cas d'une propriété commune ou indivise, on n'attribuât à l'un des copropriétaires ce qui appartenait à plusieurs, ou qu'on n'envisageât comme divisible ce qui n'était que commun; il fallait encore éviter, qu'en cas de changement d'état du mineur, de la fille majeure, de la femme mariée ou de la veuve, on n'ouvrît deux comptes, sous deux désignations différentes, à une seule et même personne. Il fallait, enfin, poser des règles absolues sur l'ordre dans lequel les désignations prescrites devaient être énumérées, afin de faciliter la confection des répertoires alphabétiques et d'y prévenir les doubles emplois, les omissions et les répétitions qui auraient surchargé inutilement les registres et augmenté les chances d'erreurs. Dans ce but, le Conseil d'État rendit, le 2 mai 1845, un arrêté relatif à la distinction entre les biens du mari et ceux de la communauté (Suppl., nº 2), et le département de l'intérieur et des travaux publics régla, par divers arrêtés ou instructions, le mode suivant lequel les propriétaires inscrits au cadastre devaient y être désignés. Ces arrêtés ou instructions sont en date des 24 mai, 7 août et 18 décembre 1845 (Suppl., nᵒˢ 3, 6 et 10), et ils s'expliquent assez d'eux-mêmes, sans qu'il soit besoin d'entrer, à cet égard, dans de plus grands détails. Je ferai cependant observer, qu'en s'occupant de ces arrêtés et instructions, on reconnut qu'un des meilleurs moyens d'éviter toute erreur et toute confusion dans la désignation des propriétaires, eût été d'indiquer dans les registres la date et le lieu de naissance de chaque personne inscrite; mais on dut renoncer à cette indication, parce qu'elle n'avait pas été prévue par la loi elle-même.

SECTION II. *De la reconnaissance des bulletins.*

§ 86. Le registre préparatoire des propriétaires étant dressé, le bureau du cadastre envoie à chaque propriétaire un *bulletin de propriété,* soit une copie de l'article qui le concerne, avec invitation d'en vérifier l'exactitude pendant le mois qui suivra cet envoi (Loi, art. 38; Règl., art. 161). A cet effet, chaque propriétaire peut consulter, à la mairie, ou au lieu désigné par le maire, les copies des plans et les répertoires nécessaires pour connaître à quelle personne a été attribuée telle ou telle parcelle non portée dans son bulletin et qu'il prétendrait y avoir été omise (Règl., art. 162 et suiv.). Afin de rendre ce dépôt des plans et des registres aussi utile que possible, ce dépôt est mis sous la garde d'un agent du cadastre chargé de donner toutes les explications qui lui sont réclamées; de plus, les propriétaires d'une même localité sont convoqués pour le même jour et la même heure, afin qu'ils puissent s'éclairer mutuellement. Enfin, l'administration ayant reconnu qu'il y avait plusieurs chances d'erreurs dans les désignations des portions d'une parcelle bâtie, divisée entre plusieurs propriétaires, elle faisait reproduire sur le bulletin de chacun des propriétaires le dessin du bâtiment, à l'échelle de 1/250, avec ses divisions, et l'indication des propriétaires respectifs des diverses parties.

§ 87. Après l'expiration du délai d'un mois fixé par l'art. 161 du règlement, les propriétaires sont convoqués devant un commissaire délégué par le Conseil d'État, aux fins de reconnaître ou de contredire leur bulletin (Loi, art. 39; Règl., art. 164 et suiv.). C'est là l'opération la plus importante, puisqu'elle sert de base à la confection des plans et registres définitifs du cadastre. Aussi ne considère-t-on un bulletin de propriété comme approuvé que lorsque cette approbation est signée par le commissaire et par le propriétaire, par son représentant légal ou son mandataire. Dans le cas où le propriétaire ne sait ou ne peut signer, il en est fait mention, et sa signature est remplacée par celle de deux témoins (Règl., art. 168). Quant aux mandataires, leur procuration est annexée au procès-verbal, à moins qu'elle ne soit une procuration expédiée en forme authentique, auquel cas on se contente de prendre note de la date de la procuration et du nom du notaire qui l'a passée (Règl., art. 169). Enfin, dans le cas où le propriétaire ne comparaît pas ou refuse de signer, parce qu'il élève une contestation, il est procédé à une sommation régulière, à la suite de laquelle le prud'homme rend un jugement contradictoire ou par défaut qui est annexé au procès-verbal (Loi, art. 44 et 45; Règl., art. 176 et suiv.). Les citations aux propriétaires domiciliés dans l'étranger sont envoyées, par la voie du parquet, de la même manière qu'un exploit ordinaire de citation, car on n'a pas admis, comme pour le bornage, que le porteur de la lettre de convocation adressée au propriétaire fût censé avoir reçu de ce dernier des pouvoirs suffisants, lorsqu'il en était le père, le fils, l'oncle, le neveu, le fermier, le domestique ou le commis (§ 51). Il importait, en effet, de s'assurer que le propriétaire absent avait connaissance de la demande qui lui était faite et qu'il avait pu prendre les précautions nécessaires pour empêcher qu'on ne commît des erreurs à son préjudice. Au reste, le devoir du commissaire ne se borne pas à justifier que son procès-verbal repose sur un jugement ou sur une déclaration des parties intéressées; mais il doit aussi faire en sorte que ces déclarations soient conformes aux droits de chacun. Dans ce but, il doit d'abord s'assurer que le propriétaire a reconnu, sur les plans mêmes, les parcelles qui lui sont attribuées; de plus, il doit s'enquérir de la provention de la propriété, et se faire exhiber les titres d'acquisition, afin d'empêcher que, par fraude ou par erreur, l'usufruitier n'usurpe les droits du propriétaire, que le père ne s'attribue le bien de ses enfants, que le mari ne se donne comme propriétaire de l'immeuble de sa femme, ou que le frère ne fasse inscrire en son nom la part de sa sœur. Enfin, le commissaire doit exiger la production de l'acte de naissance du propriétaire, afin de désigner celui-ci sous ses véritables noms et prénoms. La besogne du commissaire est donc fort délicate et quelquefois fort difficile; il importe, en conséquence, de le choisir parmi ceux des hommes de loi de la localité qui inspirent le plus de confiance par leur expérience, leur probité et leurs lumières. C'est, au reste, afin d'empêcher que le travail du commissaire ne fût trop long et trop compliqué, que, par des instructions particulières et postérieures au règlement de 1844, les géomètres ont dû procéder à une première reconnaissance sur des registres provisoires, en sorte que ce n'était qu'après cette première épuration qu'ils dressaient les registres préparatoires dont les bulletins de propriété étaient extraits.

Cette marche a augmenté les travaux des géomètres et par conséquent le coût du cadastre; mais elle a été jugée nécessaire, pour empêcher que les bulletins envoyés aux propriétaires ne fussent trop inexacts; autrement, en effet, la confiance des propriétaires dans le cadastre eût risqué d'être ébranlée, et il eût été, en outre, bien difficile que, dans le cas où les registres préparatoires auraient contenu plusieurs erreurs, le commissaire n'en laissât pas échapper quelques-unes; d'ailleurs, le géomètre qui a fait l'arpentage de la commune est mieux placé que tout autre pour expliquer les plans aux divers propriétaires et faire reconnaître à chacun d'eux les parcelles qui lui sont attribuées.

§ 88. Quant aux contestations qui peuvent s'élever à l'occasion de la reconnaissance des bulletins entre les propriétaires limitrophes, elles sont fort rares, puisque les difficultés de ce genre ont déjà été vidées lors du bornage; toutefois, d'après l'art. 40 de la loi (Règl., art. 173), les décisions rendues par le prud'homme à l'occasion du bornage n'empêchent pas le propriétaire de contester ensuite l'exactitude de son bulletin. On ne connaissait pas encore, en effet, au moment du bornage, les contenances des parcelles dont la ligne séparative faisait l'objet de la difficulté, et il était possible que ces contenances étant une fois connues, on s'aperçût que la ligne séparative aurait été mal fixée. C'est par les mêmes motifs que, lors même que les bornes auraient été placées d'un commun accord entre deux propriétaires limitrophes, l'un de ceux-ci est cependant admis à contester son bulletin, s'il établit par la comparaison des contenances des deux parcelles qu'une erreur a été commise. Ainsi, par exemple, supposons que les deux propriétaires limitrophes soient les cohéritiers de celui qui était originairement propriétaire de la pièce dont se composent les deux parcelles, et supposons, en outre, qu'il résulte des actes de partage que cette pièce a dû être divisée également entre les deux cohéritiers, il est clair que, si, après avoir levé le plan des deux parcelles et en avoir calculé les contenances, on reconnaît que la ligne séparative a été mal fixée, cette ligne doit être changée, lors même que, par suite d'une erreur commune aux deux parties, l'une d'elles aurait joui, pendant plusieurs années, d'une étendue de terrain supérieure à sa part, pourvu, toutefois, que la durée de cette jouissance ne dépasse pas le temps nécessaire pour prescrire. Mais il en serait autrement, si l'un des propriétaires se prévalait de la contenance mentionnée par un acte de vente, dans lequel le propriétaire de la parcelle voisine, ainsi que ses auteurs, ne seraient point intervenus; dans ce cas, en effet, cet acte ne saurait être opposé au propriétaire voisin, ou, du moins, on ne pourrait point en tirer une présomption contraire à la possession non contestée.

§ 89. Avant de terminer ce qui est relatif à la reconnaissance des bulletins, je ferai observer que la signature du propriétaire est apposée sur le registre dont le bulletin a été tiré et non sur le bulletin lui-même; ce dernier reste donc en mains du propriétaire, comme une espèce de certificat de son inscription au cadastre, car les numéros attribués par le bulletin à chaque parcelle ne sont plus changés, tant que cette parcelle reste intacte. Mais, si une parcelle était divisée en deux ou plusieurs autres ou qu'elle fût réunie à la parcelle voisine, les nouvelles parcelles seraient désignées, sur les plans-minutes et sur le registre préparatoire des propriétaires, par des numéros provisoires, qui seraient ensuite remplacés par des numéros définitifs faisant suite à la série des numéros de la commune (Règl., art. 248 et 249). Nous verrons, dans le chapitre suivant (§ 97), qu'on désigne de la même manière les nouvelles parcelles provenant de mutations postérieures à la confection définitive du cadastre, et nous examinerons alors les motifs qui ont fait adopter ce mode de numérotation.

CHAPITRE VI.

Opérations de la quatrième période ou achèvement des plans et registres du cadastre d'une commune et publication du Conseil d'État, aux fins de déclarer que le cadastre est définitif dans cette commune.

SECTION I. *De l'arrêté rendu par le Conseil d'État, aux fins d'ordonner l'achèvement des plans et la confection des registres définitifs d'une commune.*

§ 90. La reconnaissance des bulletins de toute la commune étant achevée, et les prud'hommes ayant statué sur toutes les contestations et procédé à toutes les sommations, le directeur du cadastre fait opérer sur les registres préparatoires et sur les plans-minutes les corrections mentionnées par le commissaire, lors de la reconnaissance des bulletins, ainsi que celles qui sont le résultat d'une décision du prud'homme; le Conseil d'État rend ensuite un premier arrêté, aux fins d'ordonner l'achèvement des plans et la confection des registres définitifs, et il ne peut plus, dès lors, être fait de rectification ou de changement, sur les registres et sur les plans, qu'en vertu d'un acte authentique (Loi, art. 46; Règl., art. 247, 250 et 251).

Néanmoins, tant que les plans et registres définitifs de la commune ne sont pas achevés, et que le Conseil d'État n'a pas déclaré le cadastre de la commune définitif, le cadastre ne produit aucun effet civil, en sorte qu'on ne peut se prévaloir d'une inscription au cadastre pour repousser une instance introduite antérieurement à ce second arrêté (Loi, art. 49, et Règl., art. 271). Quant aux mutations qui auraient lieu avant l'époque du premier arrêté rendu par le Conseil d'État, aux fins d'ordonner l'achèvement des plans et registres, mais postérieurement à l'époque où l'on a commencé la reconnaissance des bulletins, les art. 348 et suivants du règlement général ont prescrit certaines règles, pour que les registres du cadastre concordent avec les actes qui constatent ces mutations.

Je vais maintenant examiner, dans les deux sections suivantes, quels sont les plans et les registres que prescrit le règlement général, pour que le cadastre d'une commune rurale puisse être considéré comme complétement achevé, et, en conséquence, déclaré définitif.

SECTION II. *Des plans définitifs du cadastre.*

§ 91. Les plans définitifs du cadastre sont au nombre de cinq, savoir :

1° Le plan-minute dressé par le géomètre.

Après qu'on a opéré, sur ce plan-minute, les corrections mentionnées par le commissaire chargé de la reconnaissance des bulletins, il reste déposé au bureau de la conservation du cadastre, pour y être consulté dans le cas où il y aurait contestation entre deux propriétaires limitrophes.

2° et 3°. Deux copies du plan-minute dites *mises au net*, destinées, l'une au bureau de la conservation du cadastre, et l'autre à la mairie de la commune. Ces mises au net sont semblables aux plans-minutes, mais elles ne portent ni divisions de cultures, ni cotes, ni indications des points de la triangulation secondaire, à moins que ces points ne soient indiqués par des bornes. C'est sur la mise au net déposée au bureau du cadastre qu'on indique les changements survenus par suite de divisions ou de réunions de parcelles, au fur et à mesure que ces changements ont lieu; on les reproduit ensuite à des époques fixes, et, au moins une fois par année, sur la mise au net déposée à la mairie de la commune. On indique aussi, sur ces mises au net, les nouvelles constructions de bâtiments; mais quant aux changements apportés dans les parts d'un bâtiment qui appartient à plusieurs propriétaires, on les indique sur des feuilles séparées; si l'on eût reproduit, en effet, sur les mises au net les changements de cette espèce, on les aurait surchargées, au bout de peu de temps, d'un très-grand nombre de lignes, et l'on aurait été ainsi forcé de les renouveler trop fréquemment. C'est par les mêmes motifs qu'on ne reproduit point sur les mises au net les cotes de longueur indiquées sur les plans-minutes; je pense également qu'on ne devra point y reproduire les cotes que le géomètre du cadastre ne manquera pas, sans doute, de mentionner sur les plans qu'il est appelé à dresser, pour constater les changements résultant d'une division de parcelles. On comprend d'ailleurs que, quoique les cotes indiquées sur les plans-minutes, ainsi que celles qui seront indiquées sur les plans de divisions de parcelles, soient extrêmement utiles ou même quelquefois indispensables pour faire retrouver exactement sur le terrain la limite entre deux parcelles, il suffit que ces cotes soient indiquées sur les plans originaux, car on aura très-rarement besoin d'y avoir recours.

4° et 5°. Deux copies, qui peuvent être de simples calques, contenant les désignations de culture et destinées, l'une à la mairie de la commune et l'autre au bureau de la conservation du cadastre. On subdivise les parcelles, dans ces copies, d'après leur nature de culture, si ces subdivisions ont une étendue de 25 ares au moins; les cultures donnant lieu à une subdivision forment quatre catégories, savoir : les bois, les vignes, les prés naturels et les autres terrains, et sont désignées sur les plans par les lettres B, V, P et T. Ces subdivisions ne portent d'ailleurs aucun numéro; enfin, lorsqu'une parcelle consiste en entier, ou presque en totalité, en bois ou en vigne, on l'indique de la même manière. Ces copies portent, en outre, les principaux lieux dits, et n'ont que deux lignes d'orientation; elles sont d'ailleurs, à tous autres égards, exactement semblables aux mises au net; mais on n'y mentionne point, comme dans celles-ci, les changements successifs provenant soit des nouvelles constructions de bâtiments, soit des divisions ou réunions de parcelles (Règl., art. 255 et suiv.).

SECTION III. *Des registres définitifs du cadastre.*

§ 92. Les registres principaux du cadastre sont au nombre de quatre, savoir :

1° Un registre des mutations;

2° Un registre des numéros suivis;

3° Un registre des bâtiments;

4° Un registre des propriétaires.

Ce sont ces quatre registres que je vais décrire d'une manière succincte:

1° *Registre des mutations.*

§ 93. Ce registre est destiné à indiquer les changements successifs survenus par suite des mutations et des rectifications opérées dans les communes où le nouveau cadastre a été achevé, ainsi que dans celles où, les plans et registres préparatoires étant complétement terminés, le Conseil d'État a rendu un premier arrêté, aux fins d'ordonner l'achèvement des plans et registres définitifs (Règl., art. 261, 6°). Nous verrons, plus tard (§§ 114 et suiv.), que le registre des mutations n'est autre chose que l'extrait du registre des transcriptions, en sorte que si, d'une part, on n'opère aucun changement sur les plans et registres du cadastre, avant de l'avoir mentionné, au rang de sa date, sur le registre des mutations, on ne peut inscrire, d'autre part, sur ce dernier registre que ce qui a été inscrit préalablement sur celui des transcriptions.

Le registre des mutations doit être tenu jour par jour, sans blanc ni interligne, et le conservateur du cadastre doit attester à chaque article, 1° que la mutation indiquée est conforme au registre des transcriptions; 2° qu'il a opéré cette mutation sur le registre des numéros suivis et sur le registre des bâtiments, si la mutation est relative à une parcelle bâtie; 3° qu'il l'a encore opérée sur le registre des propriétaires (Règl., art. 335 et 336).

2° *Registre des numéros suivis.*

§ 94. Le registre des numéros suivis contient la suite

des parcelles, avec les contenances de celles-ci, et les noms des propriétaires de chacune d'elles. Ce registre correspond au *Tableau indicatif* du cadastre français, mais il en diffère essentiellement quant à la forme; la tenue de ce registre diffère beaucoup également de celle qui avait été proposée par plusieurs auteurs, mais elle a plus d'analogie avec celle qui a été adoptée par les instructions relatives au cadastre hollandais; car, là aussi, l'expérience a démontré que telle ou telle règle qui paraissait fort simple, au premier coup d'œil, était en réalité inexécutable. Aussi n'est-ce qu'après plusieurs essais qu'on est arrivé à adopter les dispositions du règlement qui déterminent la forme et la tenue des registres des numéros suivis (Règl., art. 264, 303 et suiv.). Ce sont ces dispositions que je vais énumérer.

§ 95. En premier lieu, le registre des numéros suivis est un livre solidement relié, formant, suivant les communes, un, deux ou trois volumes; car on a considéré, qu'il serait tout à fait incompatible avec la responsabilité qui doit peser sur les conservateurs successifs du cadastre, d'admettre pour ce registre des feuilles volantes, ainsi que l'ont proposé certains auteurs, et en particulier M. Decourdemanche.

§ 96. En second lieu, les numéros des parcelles d'une commune forment une seule série; nous avons vu, en effet, que la grandeur des plans de détail ne nous avait pas permis de diviser la commune en sections, à chacune desquelles aurait été destinée une feuille spéciale, comme cela a lieu en général dans le cadastre français; le classement des numéros, par ordre de sections, n'était donc pas possible, en sorte qu'il fallait adopter une seule série de numéros par commune ou autant de séries qu'il y avait de feuilles. Or, en prenant ce dernier parti, il aurait fallu créer autant de cahiers que de feuilles, ce qui aurait nécessité, dans certaines communes, l'établissement de plus de quatre-vingts volumes ou cahiers de numéros suivis, dont quelques-uns auraient contenu jusqu'à 200 numéros, tandis que plusieurs autres n'en auraient eu que deux ou trois.

Il serait résulté, en outre, de ce mode, que plusieurs parcelles appartenant à diverses feuilles auraient porté des numéros semblables, et cette similitude aurait multiplié les chances d'erreurs ou augmenté au moins la difficulté de les reconnaître. Si l'on suppose, au contraire, que les numéros de la commune forment une seule série, les parcelles auront toutes des numéros différents; dès lors, si une erreur était commise dans le chiffre de la feuille ou dans celui de la parcelle, la réunion de ces deux chiffres ne pourrait, dans la plupart des cas, s'appliquer à aucune parcelle, et l'erreur serait ainsi immédiatement reconnue par le conservateur.

Nous avons vu également (§ 65), que la double indication du numéro d'assurance des bâtiments et de celui de la parcelle fournissait au conservateur un moyen analogue pour reconnaître les erreurs qui auraient été commises.

§ 97. En troisième lieu, les numéros des parcelles nouvelles créées par la subdivision d'une parcelle en plusieurs autres font suite au dernier numéro de la série. Ainsi, par exemple, si la parcelle n° 12 est subdivisée, par suite de vente ou de partage, en trois parcelles, et si, au moment de la mutation, le dernier numéro de la série est 1000, le n° 12 cessera de subsister et les trois nouvelles parcelles porteront les n°s 1001,

1002 et 1003. De même, si deux parcelles portant les nos 20 et 21 sont réunies dans les mains d'un même propriétaire, et si, à l'époque de la réunion, le dernier numéro de la série est 1100, les nos 20 et 21 disparaîtront, et la nouvelle parcelle formée par la réunion des deux anciennes portera le no 1101. D'après ce mode, on introduit dans une même feuille des numéros qui ne se suivent pas; mais, malgré cette circonstance, la recherche d'une parcelle sur les plans ne peut souffrir aucune difficulté, ni même aucune longueur, parce qu'on indique à côté de chaque numéro la feuille où il se trouve, ainsi que les numéros qui ont servi à le former, et ceux qui en proviennent. Dans tous les cas, l'inconvénient, s'il existe, est infiniment moindre que celui qui résulterait du mode proposé par MM. Decourdemanche et de Robernier, et d'après lequel les nouvelles parcelles conserveraient le chiffre de la parcelle originaire et seraient distinguées les unes des autres par des lettres qui, en cas de subdivisions, seraient, suivant M. Decourdemanche, remplacées par d'autres lettres, ou, suivant M. de Robernier, seraient affectées d'exposants, puis d'exposants d'exposants, et ainsi de suite[1].

Quant à moi, je suis convaincu qu'un pareil mode serait, au bout de peu de temps, une source abondante d'erreurs et de confusion. Aussi voyons-nous que la commission qui avait été chargée en 1837 de présenter un projet sur le cadastre français, avait formellement

[1] Dans le cadastre du grand-duché de Hesse, les numéros des nouvelles parcelles se composent du chiffre originaire et d'une fraction; ainsi, par exemple, si la parcelle no 100 était divisée en neuf parties, les parcelles nouvelles porteraient les nos 100 1/9, 100 2/9, etc.; ce mode offre aussi des inconvénients.

proscrit l'usage de ce mode. De même, en Hollande, où les plans sont, comme en France, divisés en sections, les numéros des nouvelles parcelles font suite, dans chaque section, aux numéros de la série. Enfin, un mode analogue était également prescrit par les instructions annexées au projet de loi proposé, en 1846, par le gouvernement français.

Ce n'est pas tout, les méthodes de MM. Decourdemanche et de Robernier supposent qu'on laisse, lors de l'établissement du cadastre, après chaque numéro primitif, un blanc suffisant pour pouvoir y intercaler plus tard les nouvelles parcelles qui viendraient à être créées par suite de ventes ou de partages.

Or, comme il est impossible de connaître d'avance si une parcelle sera ou non subdivisée en un grand nombre d'autres, il faudrait laisser au-dessous de chacune un blanc très-considérable, et multiplier ainsi indéfiniment le nombre des volumes, sans aucune utilité. Bien plus, à moins de consacrer à chaque parcelle un peu étendue un grand nombre de pages blanches, il est fort probable que, pour quelques-unes, les blancs deviendraient un jour insuffisants, et qu'il faudrait finir par recourir à des renvois ou à des intercalations de nouveaux feuillets.

§ 98. En quatrième lieu, nous avons vu, plus haut, que, pour mieux distinguer les anciennes et les nouvelles parcelles, on indiquait à côté de chacune d'elles, dans des colonnes à ce destinées, les numéros des parcelles qui en étaient émanées, ainsi que ceux dont cette parcelle était issue. De plus, lorsqu'il y a lieu à modifier la configuration d'une parcelle primitive, on désigne sur les plans, par des lettres écrites en petits caractères, les sommets des angles de la parcelle ou des parcelles qui doivent subir un changement, ainsi que ceux des parcelles limitrophes et des parcelles nouvellement créées; puis on mentionne au registre des numéros suivis, dans une colonne à ce destinée, et à côté de chacune des parcelles anciennes et nouvelles et des parcelles limitrophes, le polygone formé par chacune d'elles. On évite par ce procédé toute espèce de confusion (Règl., art. 264, 307 et 308).

§ 99. En cinquième lieu, les désignations concernant les parcelles bâties et, en particulier, celles où se trouvent des bâtiments communs à plusieurs propriétaires sont sujettes à beaucoup de modifications et exigent une place assez considérable. D'un autre côté, ces parcelles bâties forment, dans chaque commune, moins de la dixième partie du nombre total des parcelles, et il est d'ailleurs impossible de connaître d'avance si une parcelle qui ne contient, en un moment donné, aucun bâtiment, ne recevra pas dans la suite une construction; il aurait donc été nécessaire de laisser, à chaque article du registre des numéros suivis, un blanc assez considérable pour les désignations concernant les bâtiments, si l'on eût voulu indiquer, dans le registre des numéros suivis, les nouvelles constructions, ainsi que les modifications apportées successivement dans la répartition des diverses parties d'un bâtiment commun à plusieurs propriétaires; le registre des numéros suivis d'une commune se serait alors composé de vingt à vingt-cinq volumes et non de trois volumes au plus, comme cela a lieu aujourd'hui. C'est pour éviter cette complication et ces frais énormes qu'on a établi un registre spécial destiné aux bâtiments, et que l'on se contente d'indiquer, s'il y a lieu, au registre des numéros suivis, dans une colonne à ce destinée, le numéro d'ordre de l'article du registre des bâtiments qui concerne la parcelle dont s'agit.

§ 100. En sixième lieu, on indique, dans une colonne spéciale et sur le verso de la feuille, le nom, les prénoms, les prénoms du père, la profession et le domicile des propriétaires successifs de chaque parcelle. La désignation de chaque propriétaire est suivie : 1° du numéro du compte qui lui est ouvert sur le registre des propriétaires; 2° de la date de la mutation en vertu de laquelle la parcelle a été inscrite sous son nom; 3° enfin, du numéro d'ordre du registre des mutations où cette mutation est constatée. Dans le cas où le propriétaire vient à changer d'état, de profession ou de domicile, on ne l'indique pas dans le registre des numéros suivis, mais on le mentionne au registre des propriétaires, et c'est surtout pour ce motif qu'on relate le numéro d'ordre de ce compte. De plus, dans le cas où la parcelle est indivise entre plusieurs propriétaires, on se contente, pour économiser la place, d'indiquer le nom et les prénoms de chaque propriétaire, en faisant suivre ces noms et prénoms du numéro d'ordre de son compte.

La colonne destinée à l'indication des propriétaires successifs est assez spacieuse pour recevoir les noms de cinq ou six personnes, et il y a, en outre, à la fin de chaque feuille un compartiment destiné à recevoir la suite des noms des propriétaires de celles des parcelles de la feuille pour lesquelles le compartiment ordinaire ne serait pas suffisant.

§ 101. En septième lieu, on tire un trait rouge sur les numéros des parcelles qui ont disparu, ainsi que sur les noms des propriétaires qui ont cessé de l'être, mais de façon qu'on puisse encore lire ce numéro ainsi que ces noms. On n'admet d'ailleurs aucune rature ni aucun interligne.

3° *Registre des bâtiments.*

§ 102. Le registre des bâtiments est, comme nous venons de le voir, une espèce de complément du registre des numéros suivis, pour les parcelles où se trouvent des bâtiments.

Ce registre se subdivise en autant d'articles, portant un numéro d'ordre particulier, qu'il y a de parcelles contenant un ou plusieurs bâtiments.

On indique dans chaque article :

1° Les numéros d'assurance des bâtiments contenus dans la parcelle;

2° Le nom du bourg, du village, du hameau ou de la rue dont les bâtiments d'habitation font partie, ou le nom particulier de ces bâtiments, si, étant isolés, ils ne font partie d'aucun bourg, village ou hameau;

3° La surface de chacun de ces bâtiments;

4° Leur destination et la nature de leurs matériaux;

5° L'indication de la part qui doit être attribuée à chacun des copropriétaires d'un mur mitoyen, dans le cas où ces parts ne sont pas égales.

6° Les mentions relatives aux droits respectifs des particuliers et de l'État ou de la commune sur les constructions élevées dans une partie du domaine public (Règl., art. 265).

Enfin, dans le cas où un même bâtiment se compose de plusieurs parties distinctes appartenant à des propriétaires différents, on reproduit ce bâtiment, avec ses divisions, à l'échelle de 1/250, sur la feuille même du registre qui correspond à l'article dont s'agit, et l'on indique, sur la même feuille, la nature de la séparation des diverses parties, la surface de chacune d'elles et les noms de leurs propriétaires (Arrêté du 11 avril 1845; Suppl., n° 1).

On mentionne successivement, au même article du registre, les nouveaux propriétaires de la parcelle, ainsi que les nouvelles constructions; mais si la parcelle est modifiée dans sa configuration, ou s'il est apporté quelque changement dans l'attribution des portions d'un bâtiment commun à plusieurs propriétaires, on crée un nouvel article qui porte un autre numéro d'ordre. Il va sans dire que l'ancien et le nouvel article se relatent l'un l'autre, en sorte qu'on peut toujours connaître très-facilement l'état des bâtiments d'une parcelle à une époque donnée.

IV. *Registre des propriétaires.*

§ 103. Le registre des propriétaires contient les comptes ouverts à chaque propriétaire de la commune.

En tête de chaque compte se trouve le nom du propriétaire, son prénom et celui de son père, ou, si le père est inconnu, celui de sa mère. Ces désignations ne peuvent être changées que par un jugement, et elles sont suivies de celles qui sont relatives à l'état personnel, à la profession et au domicile. Ces dernières sont précédées de l'indication de l'année où elles ont été inscrites, et, dans le cas où le même propriétaire serait mentionné dans un acte postérieur par d'autres désignations, celles-ci sont ajoutées aux précédentes, avec la date de leur inscription. De cette manière, les changements dans l'état, la profession et le domicile des personnes, bien loin d'occasionner des erreurs, offrent, au contraire, un moyen de désigner, avec plus d'exactitude, les personnes inscrites au cadastre (Règl., art. 263; Suppl., n° 6, art. 2 et suiv.).

Les comptes du registre des propriétaires ont deux *verso;* sur celui de gauche se trouvent les parcelles qui entrent dans le compte du propriétaire, et sur celui de droite, celles qui en sortent pour passer dans un autre compte.

On trouve ainsi sur le verso de gauche :

1° Les numéros des parcelles attribuées au propriétaire désigné dans le compte et leur contenance en mesures métriques et en mesures anciennes;

2° Les numéros des feuilles où se trouvent ces parcelles;

3° Les numéros d'ordre des articles du registre des bâtiments correspondant à chacune des parcelles portées dans le compte et le nom de la localité où sont situés les bâtiments d'habitation;

4° Enfin, la date et le numéro d'ordre de la mutation qui a donné lieu à l'inscription d'une parcelle dans le compte dont s'agit.

Sur le verso de droite, on trouve :

1° Les numéros des parcelles qui sortent du compte;

2° La date et le numéro d'ordre de la mutation qui a fait sortir du compte la parcelle dont s'agit;

3° La désignation du nouveau propriétaire au compte duquel cette parcelle a été portée et le numéro du compte qui lui est ouvert.

Dans le cas où une propriété est indivise entre plusieurs propriétaires, on ouvre un compte collectif à l'ensemble des propriétaires indivis et on le mentionne au compte individuel de chacun de ceux-ci ; mais, pour éviter tout double emploi, on n'indique point dans le compte individuel la contenance de la parcelle (Règl., art. 266).

§ 104. On peut employer, pour la vérification des registres des numéros suivis et des propriétaires, un moyen analogue à celui qui est connu dans le commerce sous le nom de balance du journal et du grand livre. Pour cela, on additionne, dans le registre des numéros suivis, les contenances de toutes les parcelles non disparues ; puis on ajoute, d'une part, les contenances de toutes les parcelles inscrites dans le verso de gauche, et, d'autre part, les contenances des parcelles inscrites sur le verso de droite ; en retranchant la somme des contenances des parcelles du verso de droite de la somme du verso de gauche, le résultat, si aucune erreur n'a été commise, doit être identique avec la somme des contenances du registre des numéros suivis.

§ 105. Le registre des numéros suivis, ainsi que celui des bâtiments, sont faits en deux exemplaires : l'un d'eux est destiné au bureau du cadastre et est continuellement à jour, l'autre est déposé aux archives de la commune, et l'on y reproduit, à des époques déterminées et au moins une fois par an, tous les changements opérés sur le premier exemplaire.

Quant au registre des propriétaires, il n'en existe point dans les archives de la commune ; mais il y est suppléé par un répertoire alphabétique des propriétaires indiquant les numéros des parcelles attribuées à chacun d'eux ; ce répertoire est tenu à jour, en même temps que le registre des numéros suivis déposé à la mairie de la commune.

§ 106. Indépendamment des quatre registres principaux que nous venons d'énumérer, le bureau du cadastre doit faire confectionner :

1° Deux exemplaires du répertoire alphabétique des principaux lieux dits de la commune, et destinés, l'un au bureau de la conservation du cadastre, et l'autre à la mairie de la commune ;

2° Un extrait du registre des propriétaires de la commune destiné au département des contributions publiques ;

3° Un extrait du registre des bâtiments destiné au département des contributions publiques (Règl., art. 262 et 269).

SECTION IV. *De la clôture des opérations du cadastre.*

§ 107. Les plans et registres d'une commune étant achevés, le directeur du cadastre doit vérifier si ces registres sont conformes aux données fournies par les registres préparatoires qui lui ont été remis. C'est là une vérification très-importante et pour laquelle les règles absolues dont j'ai parlé plus haut (§ 85) sont fort utiles. Ces règles permettent, en particulier, de confier la confection des deux exemplaires d'un même registre, par exemple du registre des numéros suivis, à deux employés travaillant séparément, de manière qu'en comparant entre eux les deux exemplaires, on a un moyen facile de vérifier s'ils sont l'un et l'autre conformes aux données du registre préparatoire; on comprend, en effet, que, pour que ce travail séparé puisse se faire sans qu'il en résulte aucune bigarrure dans les deux exemplaires, il est indispensable de prescrire, d'une manière absolue et dans les plus petits détails, le mode d'après lequel le travail doit s'exécuter.

Le directeur du cadastre ayant certifié la conformité des plans et registres définitifs avec les plans et registres préparatoires, le Conseil d'État déclare le cadastre définitif pour la commune. Cet arrêté est publié suivant la forme prescrite pour la promulgation des lois ; car c'est seulement à dater de cette promulgation que l'inscription au cadastre produit les effets civils mentionnés dans la loi (Loi, art. 48; Règl., art. 270).

CHAPITRE VII.

Dispositions pénales.

§ 108. L'art. 438 du Code pénal punit d'un emprisonnement de trois mois à deux ans et d'une amende de 16 fr. au moins, celui qui, par des voies de fait, se serait opposé à la confection des travaux autorisés par le gouvernement. D'un autre côté, l'art. 456 du même Code punit d'un emprisonnement de deux mois à un an et d'une amende de 50 fr. au moins, celui qui aurait déplacé ou supprimé des bornes ou pieds corniers, ou autres arbres plantés ou reconnus pour établir les limites entre différents héritages.

Ces dispositions du Code pénal n'étaient pas rigoureusement applicables au cas où l'on aurait simplement déplacé des piquets ou jalons placés par le géomètre arpenteur; il était donc nécessaire de prévoir ce cas dans la loi sur le cadastre. En conséquence, l'art. 50 de la loi (Règl., art. 272) statue que quiconque, pendant les opérations du cadastre, supprimera ou déplacera des bornes, des jalons ou d'autres signes indicatifs, placés par les géomètres ou autres agents du cadastre, sera puni d'un emprisonnement qui ne pourra excéder un mois, et d'une amende qui pourra s'élever à 50 fr., sans préjudice des dommages-intérêts auxquels le délinquant pourrait être condamné envers l'État ou toute personne intéressée.

Il résulte, d'ailleurs, du rapport fait au Conseil représentatif que, par cet article de la loi sur le cadastre, on n'a point voulu abroger les dispositions des art. 438 et 456 du Code pénal. Aussi ces articles étaient-ils rappelés dans les publications prescrites par l'art. 47 du règlement et destinées à annoncer, dans une commune, le commencement des travaux du cadastre.

Le législateur du grand-duché de Hesse [1] ne s'est pas contenté de prévenir par des peines le déplacement des pierres ou bornes indiquant les points trigonométriques ou déterminant les contours des parcelles; mais il a institué, en outre, dans chaque commune, des experts jurés (*Feldgeschworene*), qui doivent s'assurer, par des inspections périodiques, de l'état des diverses bornes de la commune.

[1] Loi du 23 octobre 1830.

DEUXIÈME PARTIE.

Des règles applicables au cadastre déclaré définitif.

---

§ 109. La loi de 1841 distingue trois espèces de cas où il y a lieu à indiquer un changement sur les plans et registres du cadastre, afin que ceux-ci représentent continuellement l'état exact de chaque propriété.

Ces trois espèces sont :

1° Les *mutations*, c'est-à-dire les cas où, à la suite d'un contrat ou d'une succession, un nouveau propriétaire est substitué à l'ancien propriétaire de tout ou partie d'une parcelle ;

2° Les *rectifications*, c'est-à-dire les actes dans lesquels on reconnaît l'existence d'une erreur dans les lignes séparatives des propriétés ou dans la désignation des propriétaires, et où l'on autorise le conservateur du cadastre à la rectifier ;

3° Les changements qui ne proviennent ni d'une mutation, ni d'un acte de rectification, comme, par exemple, l'indication d'un bâtiment, d'un fossé, d'un mur ou d'une haie séparative de parcelles, qui n'existaient pas lors du premier établissement du cadastre.

Ce sont ces trois espèces de cas que nous allons passer en revue successivement.

CHAPITRE PREMIER.

Des mutations.

SECTION I. *De la transcription des actes entre-vifs concernant la propriété immobilière, d'après les lois genevoises antérieures à la loi sur le nouveau cadastre.*

§ 110. Sous l'ancienne république de Genève, la vente des immeubles ne pouvait avoir lieu que par acte authentique; il en était de même d'après les constitutions sardes, sous l'empire desquelles se trouvaient jadis les communes qui, en 1816, furent détachées de la Savoie pour être réunies au canton de Genève; mais ni l'une ni l'autre législation n'avaient admis une mesure analogue à celle de la transcription de l'acte sur des registres publics. Toutefois, la vente n'existait, à l'égard des tiers, que lorsque, conformément au Droit romain, elle se trouvait réalisée par l'effet d'un acte extérieur, qui rendît la transmission notoire et publique. Cet acte extérieur était la tradition de la chose vendue; mais, comme la tradition réelle des immeubles n'était pas toujours facile, la jurisprudence et la pratique y substituèrent une tradition feinte qui résultait tantôt des formes symboliques, telles que la remise des clefs ou celle des titres de propriété, tantôt de pures clauses formulaires, telles que celles de *désaisine* et de *saisine*, qui se retrouvent dans tous les anciens actes.

§ 111. En 1799, c'est-à-dire lorsque les communes qui forment aujourd'hui le canton de Genève faisaient partie de la France, parut la loi connue sous le nom de *loi du 11 brumaire an VII;* cette loi substitue à la tradition réelle ou feinte la transcription du contrat sur les registres publics du bureau des hypothèques. Ainsi, d'après la loi du 11 brumaire an VII, ce n'est qu'à dater de cette transcription que la vente est réputée consommée à l'égard des tiers, de manière qu'entre deux acquéreurs du même immeuble, la préférence est accordée non à l'antériorité du contrat, mais à l'antériorité de la transcription.

Tel est le système qui existait en France en mars 1804, lorsqu'il fut remplacé par celui du Code civil. D'après ce Code, ce n'est plus à dater de la tradition ou de la transcription que la vente est parfaite à l'égard des tiers, mais c'est du jour où a été souscrite la convention par acte authentique ou sous seing privé, et cela quand même l'immeuble n'aurait pas été livré par le vendeur et que le prix n'en aurait pas été payé par l'acquéreur. Ainsi, sous le Code civil, celui qui aurait acquis par acte authentique, qui aurait fait transcrire cet acte au bureau des hypothèques et qui aurait payé intégralement le prix stipulé, pourrait néanmoins être évincé par un acquéreur antérieur de quelques jours, lors même que l'acte d'acquisition de celui-ci serait sous seing privé, lors même que cet acquéreur n'aurait rien fait pour faire connaître son titre, lors même qu'il n'aurait payé le prix, ni en tout, ni en partie; lors même, enfin, que l'immeuble vendu serait resté en possession pleine et entière du second acquéreur, pendant dix ans moins quelques jours, ou même, en cas d'absence du premier acquéreur, pendant près de vingt années.

Telles sont les anomalies consacrées par le Code civil, anomalies qu'un illustre écrivain a attribuées à une *omission non motivée, à un malentendu ou à un escamotage*[1]. Aussi le retour à la loi de brumaire an VII a-t-il été réclamé, en 1841 et 1842, par la Cour de Cassation, par vingt-deux cours d'appel et par toutes les facultés de droit de France, lorsque les unes et les autres furent consultées par le ministère de la justice sur les réformes à introduire dans les titres des hypothèques du Code civil. Le même principe était également consacré par tous les projets de réforme hypothécaire présentés à l'assemblée législative de France en 1850 et 1851; enfin, il a été admis par un grand nombre de législations qui ont pris pour base le Code civil français, telles que celles du grand-duché de Bade, de la Hollande et de la Sardaigne.

Voici maintenant ce qui s'est passé à Genève.

§ 112. Une loi rendue le 13 juin 1816, sur les droits d'enregistrement, de timbre et d'hypothèque, avait réduit de un et demi à un pour cent le droit perçu jusqu'alors pour la transcription des actes entre-vifs, translatifs de propriété ou d'usufruit, et avait rendu en même temps cette transcription obligatoire, de facultative qu'elle était. La loi genevoise du 13 juin 1816, qui était une loi de finances, fut remplacée, en ce qui concernait la transcription, par la loi du 28 juin 1820, sur la publicité des droits immobiliers; d'après cette loi, qui existe encore à Genève dans la plupart de ses dispositions, sont assujettis à la transcription au bureau des hypothèques :

1° Les actes entre-vifs portant transmission ou résolution de la propriété d'immeubles situés dans le canton;

[1] Troplong, *Préface du commentaire des priviléges et hypothèques*, 20.

2° Les actes de partage et tous les autres actes entre-vifs déclaratifs de ladite propriété.

D'après la même loi, la transcription de ces actes doit avoir lieu, sous peine d'amende, dans les quinze jours de leur date, pour les actes présentés par les notaires et les greffiers.

Les lois génevoises des 13 juin 1816 et 28 juin 1820 fournirent un moyen plus sûr et plus facile de connaître les propriétaires successifs d'un immeuble, et elles mirent ainsi le conservateur des hypothèques en état de trouver, avec plus de facilité qu'auparavant, les charges dont cet immeuble était grevé; elles étaient, en particulier, fort préférables à la loi française du 28 avril 1816, car cette loi avait rendu obligatoire, non la transcription elle-même, mais le droit de transcription seulement. Toutefois la loi génevoise de 1820, en introduisant l'obligation de la transcription, n'avait rien statué sur les effets de celle-ci, quant à la propriété elle-même, car cette loi n'avait point modifié, quant aux tiers, la disposition de l'art. 1583 du Code civil, d'après laquelle la vente d'un objet mobilier ou immobilier est parfaite, dès qu'on est convenu de la chose et du prix, quoique la chose n'ait pas encore été livrée, ni le prix payé. Cette loi avait donc laissé subsister une grande lacune, en ce qui concernait la consolidation de la propriété; or, c'est cette lacune qui a été comblée par la loi du 28 juin 1830, laquelle consacre le principe de la loi du 11 brumaire an VII et statue, en conséquence, que les actes soumis à la transcription par les lois antérieures ne pourront être opposés aux tiers qu'à dater de la transcription.

§ 113. Indépendamment de cette disposition principale, sur l'utilité de laquelle je regarde comme superflu d'insister, la loi du 28 juin 1830 a introduit une autre modification du Code civil qui a aussi son degré d'importance : je veux parler de la disposition d'après laquelle les actes authentiques sont seuls admis à la transcription.

Les motifs à l'appui de cette exclusion des actes sous seing privé ont été exposés, avec beaucoup de force, par notre célèbre professeur Bellot, dans son rapport sur la loi du 28 juin 1830, et je me permettrai d'y renvoyer le lecteur[1]. Je crois cependant nécessaire d'insister sur deux motifs qui ont trait plus spécialement à la loi sur le cadastre.

En premier lieu, le but de la loi genevoise sur le cadastre est d'établir un registre des propriétaires qui soit continuellement à jour; or, pour que ce registre, qui est lui-même tiré de celui des transcriptions, puisse inspirer une certaine sécurité, il faut, avant tout, que la réalité des actes transcrits ne puisse pas être mise en doute, ce qui ne saurait avoir lieu, si l'on admettait les actes sous seing privé, dont l'écriture et la signature peuvent être désavouées ou méconnues par les parties ou par leurs héritiers, vingt, trente ou quarante ans après leur date; dont il ne reste ni minute ni dépôt, et dont la disparition ou la perte peut ainsi faire disparaître toute preuve de mutation.

Je dis, en second lieu, que, si l'on n'eût pas exclu les actes sous seing privé, il eût été presque impossible de mettre à exécution la loi sur le nouveau cadastre, car

[1] Voyez ce rapport dans l'ouvrage de MM. Schaub, Odier et Mallet : *Sur la Procédure civile de Genève*, p. 701 à 716.

cette dernière loi a dû assujettir les actes de mutation de propriété foncière à plusieurs règles, afin d'empêcher toute erreur et toute lacune dans les registres; or, ces règles ne pouvaient évidemment être imposées qu'à des officiers publics responsables, et dont le métier consiste essentiellement à rédiger certains actes et à observer les formalités prescrites par les lois et les règlements pour la validité des actes dont la rédaction leur est confiée; aussi voyons-nous que les divers auteurs qui se sont occupés de rechercher un mode de conservation des registres de la propriété immobilière, ont supposé l'intervention d'un officier public dans les actes de mutation [1].

On voit encore que dans les pays, tels que le canton de Vaud et la Hollande, où les contrats relatifs à la propriété immobilière sont soumis à certaines règles concernant les désignations cadastrales, les lois de ces pays ont admis, comme la loi génevoise, que les contrats de vente immobilière devaient être passés par-devant notaire. Enfin, l'on sait que dans ceux des États de l'Allemagne où les droits réels n'existent, à l'égard des tiers, qu'autant qu'ils sont inscrits dans des registres publics, on ne peut opérer ces inscriptions que si les actes qui les constatent ont été passés devant l'autorité judiciaire, laquelle exerce, dans ces pays, la juridiction volontaire que les lois françaises et les nôtres confèrent aux notaires.

Au reste, la loi génevoise du 28 juin 1830 ne prononce point, comme d'autres lois, la nullité des actes sous seing privé, car ce serait accorder une prime à la

[1] Loreau, Decourdemanche, de Robernier.

mauvaise foi; mais elle ne refuse à ces actes que l'action réelle, c'est-à-dire la faculté de transférer la propriété immobilière à l'égard des tiers; l'acte sous seing privé produit, en conséquence, tous ses effets entre les parties contractantes, et peut ainsi être considéré comme une promesse de vente qui les lie réciproquement. Dès lors, en cas de retard ou de refus, de la part d'une des parties, d'accomplir cette promesse, l'autre partie a une action personnelle en dommages-intérêts, et elle peut même demander que, si, sans empêchement légal, l'autre partie persiste dans son refus de passer un acte authentique, il soit rendu un jugement qui tienne lieu de l'acte notarié.

Ainsi tombent les objections qui ont été faites par quelques Cours, et, entre autres, par la Cour de Cassation, contre l'intervention obligatoire des notaires dans les conventions relatives aux immeubles, car ces Cours ont seulement jugé qu'on ne pouvait prescrire les actes sous seing privé sans violer la liberté des contrats, mais elles ne se sont point posé la question de savoir, si, la transcription une fois admise, il ne convenait pas que les actes de vente remis au conservateur des hypothèques, pour être transcrits, fussent authentiques, comme le sont déjà, d'après le Code civil, les actes présentés au conservateur en vue de faire opérer une inscription ou une radiation d'hypothèque.

La loi génevoise n'a point non plus, comme d'autres lois, fixé un délai après lequel les parties étaient tenues de convertir un acte sous seing privé en acte authentique, car les parties qui auraient été d'accord entre elles auraient toujours pu échapper à cette disposition, en faisant un nouvel acte sous seing privé, et c'eût été, en cas de désaccord, faciliter la mauvaise foi de l'une d'elles.

Enfin, je crois devoir faire observer que ce serait tout à fait méconnaître l'esprit et le but de la loi du 28 juin 1830, si l'on admettait à la transcription un acte de vente où le mandataire du vendeur ne serait pas porteur d'une procuration authentique; à quoi servirait, en effet, que cet acte de vente fût notarié, si le soi-disant mandataire ou ses héritiers pouvaient, au bout d'un grand nombre d'années, méconnaître la procuration qui aurait servi de base à l'acte authentique?

SECTION II. *Insuffisance des lois antérieures à celle de 1841, en ce qui concerne la tenue des registres de la propriété.*

§ 114. On vient de voir que, d'après les lois génevoises antérieures à celle de 1841, le registre des transcriptions fournissait déjà un moyen de connaître toutes les mutations de propriétés immobilières résultant de ventes, d'échanges, de donations ou de partages. Aussi l'administration avait-elle, depuis plusieurs années, pris le registre des transcriptions comme la base des modifications que devait subir la matrice cadastrale. Toutefois, bien que, grâce à nos lois de 1820 et 1830, sur la transcription, le mode d'opérer les mutations au cadastre fût supérieur à celui qu'on pourrait obtenir sous une législation qui, comme celle du Code civil, n'exige ni l'authenticité ni la transcription des actes à titre onéreux, relatifs à la transmission des immeubles, on reconnut bientôt que ce mode ne suffisait plus, dès qu'on voulait apporter une précision rigoureuse dans la tenue des registres de la propriété.

En effet, et en premier lieu, d'après la loi du 28 juin 1830, tout acte de mutation entre-vifs était transcrit, sans qu'on vérifiât, sur les registres du cadastre ou sur celui des transcriptions, si la personne qui se présentait dans l'acte, comme cédant une parcelle, en était devenue propriétaire, par suite d'un acte entre-vifs antérieur, ou si les auteurs dont cette personne prétendait l'avoir obtenue, à titre de succession, l'avaient acquise précédemment. On ne pouvait donc pas être sûr, sous la loi du 28 juin 1830, de connaître, dans tous les cas, la suite non interrompue des propriétaires d'une parcelle, lors même qu'il eût été possible de dépouiller, dans le registre des transcriptions, tous les actes où cette parcelle était mentionnée.

En second lieu, lorsqu'à la suite d'une vente ou d'un partage une parcelle se trouvait subdivisée entre plusieurs propriétaires, il n'existait aucun moyen d'indiquer, sur les registres et sur les plans, la portion de parcelle qui était attribuée à chaque acquéreur ou à chaque copartageant.

En troisième lieu, l'administration n'avait, avant la loi sur le cadastre, aucun moyen légal pour forcer les notaires à désigner, dans leurs actes, les immeubles et leurs propriétaires avec exactitude et d'une manière conforme aux désignations fournies par les registres du cadastre.

En quatrième lieu, enfin, le registre des transcriptions n'offrait, d'après la loi du 28 juin 1830, que les mutations résultant des actes entre-vifs, en sorte que les mutations par décès ne s'opéraient au cadastre qu'au gré des héritiers et à des époques tout à fait indéterminées, et que, même le plus souvent, les héritiers partageaient entre eux ou vendaient l'immeuble du défunt, avant d'avoir fait opérer la mutation au cadastre en leur propre nom.

Telles sont les quatre lacunes qui s'opposaient, en 1841, à ce qu'au moyen du registre des transcriptions on pût établir un registre exact de la propriété. Ce sont ces quatre lacunes qui ont été comblées par diverses dispositions contenues dans la loi et les règlements sur le cadastre, et que je vais examiner dans les quatre sections suivantes.

SECTION III. *Vérification de la qualité de propriétaire de celui qui intervient, comme tel, dans un acte de mutation entre-vifs.*

§ 115. Afin d'empêcher qu'une mutation ne soit consentie par une autre personne que celle qui, d'après les registres du cadastre, ou celui des transcriptions, est censée propriétaire de la parcelle vendue ou échangée, la loi statue qu'aucun titre constatant une mutation entre-vifs ne sera transcrit, s'il n'est accompagné d'un certificat constatant que celui du chef duquel la mutation est opérée, est inscrit au cadastre comme propriétaire des immeubles qui font l'objet de la mutation (Loi, art. 65; Règl., art. 4). Cette disposition a non-seulement pour effet d'empêcher tout stellionat, mais encore de prévenir ces ventes, par acte sous seing privé, qui avaient lieu quelquefois, entre propriétaires limitrophes, sans autre garantie que la possession annale, et qui avaient l'immense inconvénient de mettre la possession en désaccord avec les titres.

Personne, en effet, ne voudra plus acheter sans un acte régulier; car, autrement, il ne pourrait transmettre à ses héritiers le terrain qu'il aurait acheté, ni le revendre à un tiers par acte entre-vifs. Or, c'est ce qui n'était point impossible sous la loi du 11 brumaire an VII, cette loi n'ayant pris aucune précaution, afin d'obliger le vendeur à justifier qu'il était réellement le propriétaire de la totalité de l'immeuble vendu.

Le certificat exigé par la loi de 1841, à l'appui des actes de mutations, forcera aussi le conservateur à tenir ses registres continuellement à jour, puisque autrement il courrait le risque de délivrer des certificats de propriété incomplets ou inexacts.

SECTION IV. *Du mode d'opérer les mutations, sur les plans et les registres du cadastre, en cas de division ou de réunion de parcelles.*

1° Division d'une parcelle.

§ 116. Les art. 299 et suiv. du règlement déterminent le mode d'après lequel la mutation doit être opérée, lorsqu'elle a pour résultat de diviser le terrain d'une même parcelle entre deux ou plusieurs personnes. D'après les prescriptions de ces articles, des bornes en pierre taillée sont posées sur le terrain, pour fixer les nouvelles lignes séparatives; de plus, un plan indiquant les subdivisions à opérer est dressé, sur la même échelle que le cadastre, par un géomètre attaché au bureau du cadastre, et doit être remis au bureau des hypothèques, en même temps que l'acte; enfin, la parcelle qui fait l'objet de la mutation est divisée, conformément au plan annexé à l'acte, en autant de parcelles qu'il y a de portions attribuées à des propriétaires différents, et ces nouvelles parcelles portent de nouveaux numéros à la suite du dernier des numéros suivis de la commune. Nous avons vu, dans un chapitre précédent (§§ 97 et 98), les précautions qui avaient été prises pour empêcher toute confusion entre les anciennes et les nouvelles parcelles, et nous avons examiné, en même temps, les motifs du mode de numérotation qui avait été adopté.

Les rédacteurs du premier projet avaient admis que le plan destiné à indiquer la subdivision d'une parcelle était dressé par un géomètre choisi et payé par les parties ; mais cette disposition fut rejetée par la commission, parce qu'en laissant aux parties le droit de choisir elles-mêmes un géomètre pour la confection du plan de subdivision d'une parcelle, ce plan n'aurait pas toujours eu le degré de perfection et d'exactitude qu'on devait attendre d'un géomètre choisi par l'administration. Au reste, les plans nécessités par la division d'une parcelle ne sont, en réalité, que la continuation de ceux qui ont été dressés pour la confection primitive du cadastre; on ne pouvait donc pas, mieux que pour ceux-ci, s'en rapporter aux particuliers ou à des géomètres sans caractère officiel[1].

Enfin, en chargeant de la confection de ces plans un géomètre spécial, on peut faire supporter par l'État la plus grande partie des frais de cette opération; le cadastre, en effet, étant aussi utile aux propriétaires fonciers qui vendent ou qui achètent des parcelles entières qu'à ceux qui transigent sur des fractions de parcelles, il ne serait pas juste de mettre uniquement à la charge

[1] Dans le cadastre de Hesse, la confection des plans de subdivision est confiée à un géomètre choisi par les parties parmi les géomètres nommés par le gouvernement ; ce qui n'offre pas plus d'inconvénient, dans ce cas, que de laisser aux parties le choix du notaire chargé de donner à une convention la forme authentique.

de ceux-ci les frais occasionnés par la division des parcelles et qui sont nécessaires pour que le cadastre soit toujours exact ; autrement, dans la première confection des plans, les propriétaires auraient dû payer à raison de la difficulté que présentait l'arpentage de leur domaine, et non à raison de leurs cotes foncières. Ces réflexions sont d'autant plus justes que les frais dont il s'agit seraient, dans plusieurs cas, hors de proportion avec l'importance de la transaction qui les aurait occasionnés, car le travail nécessaire pour la division d'une parcelle est aussi considérable dans la vente de quelques ares que dans celle de plusieurs hectares. Toutefois, on a pensé que si l'on mettait les frais de toute espèce à la charge de l'État, les particuliers pourraient en abuser, soit en exigeant du géomètre des déplacements ou des travaux qui ne seraient pas indispensables, soit en faisant lever des plans qui ne seraient suivis d'aucune mutation. C'est dans ce but que l'art. 58 de la loi statue que le salaire du géomètre se compose d'une somme payée par l'État et d'un casuel mis à la charge des parties et déterminé par un réglement (voyez le tarif des frais, Suppl., nº 18).

§ 117. D'après les règlements sur le cadastre de Hollande, ainsi que d'après les divers projets qui ont été proposés en France sur la conservation du cadastre, et en particulier celui de 1846, le plan relatif à une division de parcelles n'est dressé par le géomètre que postérieurement à l'acte qui constate cette division. Dans le cadastre du grand-duché de Hesse [1] et dans celui de Bavière [2], ce plan doit être fait en même temps que l'acte,

[1] Ordonnance du 8 décembre 1852, § 4.

[2] Art. 71 et 81 de la loi bavaroise du 15 août 1828.

ou plutôt il doit précéder sa rédaction. Il en est de même d'après la loi génevoise du 1er février 1841 : « En effet, disais-je dans le rapport, si ce plan ne devait « être exécuté qu'après la transcription du titre consta- « tant la mutation, il arriverait très-souvent que les dé- « signations fournies par l'acte seraient insuffisantes, ou « même contradictoires; le géomètre ne pourrait alors « dresser le plan qu'après avoir vu les lieux et entendu « les parties, et comme ce plan serait en désaccord avec « l'acte, il faudrait rectifier ce dernier, c'est-à-dire faire « en deux reprises et à grands frais ce qu'on aurait pu « exécuter par une seule opération, si l'on eût suivi une « marche plus méthodique. » Après avoir cité cette partie de mon rapport, M. de Robernier a ajouté[1] : « Ainsi « donc, pour suivre une *marche méthodique,* pour obéir « aux exigences de l'arpentage et de l'assignation du nu- « méro, il faudra que les contractants ne soient plus « maîtres du moment où la convention sera liée par un « écrit public! Il faudra sacrifier la liberté des transac- « tions, ou, du moins, les soumettre et comme les river « au bon plaisir d'un fonctionnaire négligent et irres- « ponsable! Que de projets avortés! que d'engagements « verbaux éludés ou trahis! quelle amorce pour la mau- « vaise foi! quelles ressources pour l'esprit de chicane! »

Pour répondre à ces objections de M. le président de Robernier, je ferai observer, en premier lieu, que l'auteur a admis une hypothèse erronée, savoir que les parties ne sont liées, l'une à l'égard de l'autre, que lorsqu'elles ont passé un acte authentique, tandis qu'au

[1] *Examen critique du nouveau projet de loi sur le cadastre,* par M. de Robernier; 1846, p. 41.

contraire la loi génevoise permet aux parties de se lier préalablement par un acte sous seing privé. Aussi y a-t-il à Genève peu de ventes de quelque importance qui ne donnent lieu préalablement à un compromis, c'est-à-dire à une promesse de vente où chaque partie s'engage, par acte sous seing privé, à passer un acte authentique, aussitôt qu'elle en sera requise par l'autre partie.

En second lieu, le reproche du savant auteur de la *Preuve du droit de propriété* est ici d'autant plus mal fondé, que la loi génevoise n'empêche pas la transcription d'un acte de mutation relatif à la division d'une parcelle et qui ne serait pas accompagné d'un plan, en sorte que cet acte serait non-seulement valable entre les parties, mais encore à l'égard des tiers; en effet, l'art. 69 de la loi (Règl., art. 302) ordonne seulement que, dans le cas où l'acte présenté à la transcription ne serait pas accompagné d'un plan, la mutation soit suspendue au cadastre et que l'acte soit retenu au bureau des hypothèques, jusqu'à ce qu'on ait présenté un acte rectificatif, avec le plan qui s'y rapporte.

§ 118. Au reste, tout en critiquant cette disposition de la loi génevoise, M. de Robernier trouve que c'est bien pire encore dans le projet français de 1846, car le conservateur n'y est soumis qu'à des pérégrinations annuelles: « Comment concilier, dit-il, avec ces opérations « périodiques, une obligation que doit faire naître à « tout instant l'incessante activité des transactions im- « mobilières. » D'après M. de Robernier, tous ces inconvénients seraient évités par le système des plans numériques; car, suivant lui, en combinant le dire des parties avec les coordonnées déjà connues des sommets de la parcelle à diviser, un *calcul facile sur les chiffres donnés indiquera ceux par lesquels devront être désignés les points angulaires des nouvelles divisions.* Or, quelque *facile* que ce calcul paraisse à M. de Robernier, je suis persuadé, quant à moi, qu'à fort peu d'exceptions près, ce calcul ne pourra être effectué que par un géomètre, ou, du moins, par une personne qui ait plus d'habitude des calculs mathématiques que n'en peut avoir un notaire, lors même que celui-ci aurait appris, dans sa jeunesse, les éléments de géométrie et de trigonométrie. Je suis aussi persuadé que, dans la plupart des cas, le géomètre, chargé de l'opération, ne pourrait parvenir à connaître exactement la volonté des parties qu'en se rendant sur la propriété à partager, et en faisant indiquer, par des piquets ou d'autres signes apparents, les contours des nouvelles parcelles. Enfin, personne ne niera que si l'on dressait un plan des nouvelles parcelles et que les désignations de l'acte se rapportassent à celles du plan, les parties auraient la certitude que cet acte est conforme à leur volonté réciproque, certitude qu'elles ne sauraient avoir si les parcelles étaient seulement désignées par les coordonnées de leurs sommets. Quoi qu'il en soit, il est évident que, dans un très-grand nombre de cas, il serait indispensable de recourir au ministère d'un géomètre pour opérer la division d'une parcelle; or, n'est-il pas de toute convenance que ce géomètre ait un caractère officiel, puisque les données résultant de son travail doivent apporter une modification dans les registres publics de la propriété.

2° *Réunion des parcelles.*

§ 119. La division d'une parcelle en plusieurs parties

n'est pas la seule circonstance qui donne lieu à la création de nouvelles parcelles ; celles-ci, en effet, peuvent aussi provenir de la réunion de deux parcelles voisines dans les mains d'un même propriétaire ; dans ce cas, les numéros des anciennes parcelles disparaissent, et la parcelle nouvellement créée porte un nouveau numéro à la suite du dernier des numéros suivis de la commune (Règl., art. 13 et 304). Cette réunion des parcelles voisines en une seule, dans le cas où elles appartiennent à un même propriétaire, a été généralement admise dans les divers projets sur la conservation du cadastre.

Le cadastre hollandais ayant été établi suivant les principes du cadastre français, on y a admis, dans l'origine, la division des propriétés en parcelles de culture, en sorte que deux pièces voisines et de cultures différentes peuvent former deux parcelles distinctes, lors même qu'elles appartiennent à un même propriétaire : dès lors, il n'y avait pas la même importance à réunir en une seule parcelle deux propriétés contiguës, lorsque celles-ci tombaient dans les mains d'un même propriétaire ; c'est pourquoi cette réunion ne donne lieu, dans le cadastre hollandais, à la formation d'une nouvelle parcelle que si le propriétaire intéressé en fait la demande. Dans le cadastre genevois, au contraire, la réunion de deux parcelles contiguës en une seule était une conséquence nécessaire de la définition de la parcelle et de tout l'ensemble de la loi. Cependant, ce principe ne fut adopté par le Conseil représentatif qu'à la suite d'une discussion assez longue et d'un rapport supplémentaire que je dus présenter au nom de la Commission : « D'après le système proposé, disais-je dans ce « rapport, toute ligne séparative entre deux parcelles

« doit être le résultat d'une reconnaissance expresse des « propriétaires intéressés et d'une comparaison, faite « par des experts, entre la ligne reconnue sur le terrain « et celle qui est sur les plans du cadastre. S'il s'agit « d'une parcelle primitive, cette reconnaissance aura « lieu devant le prud'homme, et elle sera vérifiée par le « géomètre vérificateur et par un commissaire spécial; « s'il s'agit, au contraire, d'une parcelle créée par une « mutation postérieure à la confection du cadastre, cette « reconnaissance et cette vérification résulteront, soit « des limites qui seront alors posées sur le terrain, soit « du plan levé par le géomètre du cadastre sur les don- « nées qui lui seront alors fournies par chacune des « parties, soit enfin de l'acte notarié dressé conformé- « ment à ce plan.

« Il est donc impossible, dans le système proposé, « que deux propriétaires voisins soient séparés par une « ligne qui n'aurait pas été expressément reconnue par « chacun des deux propriétaires ou, du moins, par « leurs auteurs.

« Tel est le fait important qui a permis d'adopter la « disposition d'après laquelle le cadastre sert de véritable « titre entre propriétaires voisins, tant qu'il n'y en a pas « d'autre qui lui soit contraire, disposition qu'il suffit « d'énoncer pour faire sentir les immenses avantages de « la loi future. Mais il ne faut pas se dissimuler que cet « art. 53 sur les effets civils du cadastre, loin d'être un « bienfait pour les propriétaires, ne serait qu'une source « d'injustice et de chicanes, si l'on pouvait révoquer en « doute la foi due au cadastre, ou si les indications four- « nies par les plans et les registres officiels devenaient, « dans certains cas, incomplètes ou trompeuses. Or,

« c'est ce qui ne manquerait pas d'arriver, si l'on n'ad-« mettait pas le principe proposé.

« Supposons, par exemple, que Paul, propriétaire du « n° 10, achète le n° 11 qui lui est contigu, puis, « qu'après avoir changé la configuration de ce n° 11, « Paul ou ses successeurs le revendent, ne sera-t-il pas « alors possible que l'une des deux parties, ou peut-être « toutes les deux, aient l'intention de contracter sur « toute autre chose que la parcelle géométrique qui porte « le n° 11 sur les plans du cadastre ?

« En effet, si les limites, le mur, la haie ou le fossé « qui formaient primitivement la ligne séparative entre « les deux parcelles ont totalement disparu, et si, lors de « la revente, les parties se passent d'un géomètre pour « rétablir de nouveau la ligne séparative, celle-ci ne coïn-« cidera pas le plus souvent avec l'ancienne, c'est-à-dire « avec celle qui existe sur le cadastre. Or, qu'arrivera-« t-il, si, après plusieurs années, l'une des parties venait « à se prévaloir de l'art. 53, c'est-à-dire si l'acheteur re-« vendiquait ce qu'il n'avait point acheté, ou si le ven-« deur réclamait une partie de ce qu'il avait cédé réelle-« ment ? Si le tribunal s'en tient à la ligne qui a été « déterminée par les parties et qui est consolidée par la « possession réciproque, que devient alors l'art. 53, que « deviennent la foi due au cadastre et la sécurité qu'il « doit inspirer aux propriétaires ? Si, au contraire, le juge « s'en tient au texte de l'art. 53, ne pourra-t-on pas dire « que le cadastre sera, dans ce cas, un moyen de favori-« ser la mauvaise foi, et ne sera-t-on pas tenté de révoquer « en doute les avantages de cette institution ?

« Ce n'est pas tout, en ne réunissant pas dans une par-« celle unique les parcelles contiguës acquises par un

« même propriétaire, on complique singulièrement les « opérations qui ont pour but de subdiviser les parcelles.

« Ainsi, supposons, par exemple, qu'un immeuble se « compose de cinq parties qui, quoique contiguës, ont « formé, à l'origine du cadastre, cinq parcelles distinctes, « parce qu'elles appartenaient alors à cinq propriétaires « différents. Supposons, en outre, que, par suite d'un « décès ou d'une vente, l'immeuble dont s'agit doive se « partager entre six personnes, et que les nouvelles sub- « divisions n'aient aucun rapport avec les anciennes, ce « qui arrivera dans presque tous les cas. Si l'on a fait de « cet immeuble un seul tout, chacun des six coparta- « geants n'aura qu'une seule parcelle, et il pourra se « faire une idée exacte de l'étendue et du contour de sa « propriété; mais si l'immeuble est resté divisé dans les « cinq parcelles originaires, la division s'effectuera non « sur l'immeuble entier, mais sur chacune des parcelles « primitives; et l'on pourra ainsi arriver à des subdivi- « sions infiniment petites; dès lors, le plan sera beaucoup « plus difficile à dresser par le géomètre, et les coparta- « geants ne comprendront plus rien à cette multitude de « lignes dont la plupart n'auront aucun rapport avec « celles qui existeront sur le terrain. Supposons mainte- « nant une seconde série de réunions et de divisions par- « tielles, sur ce même immeuble, et l'on comprendra fa- « cilement que toutes ces lignes idéales destinées à repré- « senter des divisions qui avaient existé et qui n'existent « plus, offriront un véritable dédale dans lequel il sera « absolument impossible de se reconnaître.

« On voit donc évidemment qu'en conservant dans le « cadastre toutes les divisions qui existeront successive- « ment, ce serait anéantir le cadastre partout où les

« partages seraient nombreux et fréquents ; ce serait em-
« pêcher que, dans trente ou quarante ans, les plans et
« les registres du cadastre de certaines localités ne fussent
« la représentation de la propriété, telle qu'elle existe-
« rait sur le terrain.

« On ne doit pas perdre de vue que le but de la loi n'est
« pas seulement de créer un cadastre qui soit parfait
« pendant les cinq ou six années qui suivront sa confec-
« tion, mais que l'on veut encore que ce cadastre soit
« continuellement exact ; or, pour atteindre ce but, il
« faut modifier ce cadastre au fur et à mesure que la
« propriété sera modifiée, et suivre, pour ces modifica-
« tions, les règles qu'on aura trouvées bonnes pour
« l'établissement primitif du cadastre.

« Alors, mais seulement alors, on pourra se flatter
« d'avoir créé un cadastre qui sera aussi excellent dans
« un siècle que le lendemain de sa confection. »

§ 120. Nous avons déjà vu (§ 97) de quelle manière on indiquait, sur les registres, la formation de nouvelles parcelles ; quant au mode d'indiquer sur les plans la disparution d'une ligne séparative, les art. 305 et 306 du règlement statuent que cette disparution est indiquée, dans les cas ordinaires, par une ligne tracée en zigzag sur celle qui aura disparu, mais que, dans le cas où les lignes séparatives seraient très-rapprochées les unes des autres, on indique la disparution d'une ligne séparative en écrivant à côté de cette ligne, et dans le sens de sa longueur, les deux lettres placées aux extrémités de cette ligne et en tirant sur ces deux lettres un trait rouge parallèle à la ligne dont s'agit.

Nous avons vu également (§ 98) qu'au moyen des lettres placées aux sommets des angles des parcelles nouvelles, on pouvait reconnaître très-facilement les parcelles originaires, ainsi que celles qui s'étaient formées successivement par suite d'une division ou d'une réunion. Quant aux numéros des parcelles qui disparaissent, cette disparution est indiquée par un trait passé sur le chiffre qui a disparu, de manière cependant qu'on puisse encore reconnaître ce chiffre (Règl., art. 305). D'après l'art. 301 du règlement, le plan indiquant une subdivision de parcelles doit être remis au bureau des hypothèques, puis déposé au bureau de la conservation du cadastre, lorsque la transcription de l'acte auquel ce plan était annexé a été opérée.

Enfin, d'après l'art. 310 du règlement, lorsque la feuille d'un plan est trop surchargée de lignes ou de numéros, pour que les changements qui surviendraient ultérieurement puissent y être indiqués avec clarté, le conservateur du cadastre trace sur une feuille nouvelle les lignes séparatives et les bâtiments existant à l'époque de la création de cette feuille; cette nouvelle feuille, qui porte sa date, ainsi que la signature du conservateur, reçoit, dès lors, tous les changements ultérieurs qui pourraient résulter des subdivisions et des réunions de parcelles, ainsi que ceux qui seraient produits par de nouvelles constructions.

SECTION V. *De la forme générale des titres constatant une mutation.*

§ 121. D'après l'art. 277 du règlement (Loi, art. 61) qui concorde avec l'art. 263 relatif aux registres du cadastre, chaque partie contractante ou requérante doit être designée dans les titres constatant une mutation par son nom et ses prénoms, par les prénoms de son père, par son état ou profession et domicile. Mais, comme on le voit, ces désignations ne peuvent se rapporter au cas où la propriété appartient à un établissement public, à une association ou à tout autre corps moral. Dans ce cas, l'art. 278 du règlement (Loi, art. 62) statue, conformément à ce qui est prescrit pour les registres du cadastre, que le titre présenté à la transcription contiendra la qualification sous laquelle le corps moral est légalement reconnu, et l'indication du domicile social ou du siége de l'établissement.

D'après l'art. 282 du règlement, si l'acquéreur d'un immeuble est inscrit au cadastre comme propriétaire, les désignations qui lui seront données dans l'acte de mutation, en ce qui concerne l'orthographe de son nom de famille, ses prénoms et ceux de son père, doivent être conformes à celles qui existent déjà dans les registres du cadastre; sans cette précaution, en effet, on eût risqué d'ouvrir deux comptes à un même propriétaire, comme s'il s'agissait de deux propriétaires différents. Mais, si l'acquéreur d'un immeuble n'est pas encore inscrit au cadastre, les désignations qui lui sont données, dans l'acte authentique, doivent être conformes à son acte de naissance, dans tous les cas où cet acte pourra être produit (Règl., art. 283). Quant aux désignations relatives à l'état, à la profession et au domicile des parties, elles sont essentiellement variables; il n'était donc pas possible d'exiger que le nouveau titre présenté à la transcription contînt des désignations identiques à celles qui existaient dans les registres; mais nous avons vu (§ 103) que, si les désignations fournies par le nouvel acte n'étaient pas semblables à celles qui étaient fournies par le registre, on avait soin d'inscrire les secondes à la suite des premières, en mentionnant les dates respectives de chaque inscription.

§ 122. Nous avons vu aussi (§ 115) que le titre présenté à la transcription doit être accompagné d'un certificat justifiant que la personne qui transmet les parcelles mentionnées dans l'acte est inscrite au cadastre comme propriétaire de ces parcelles; or, d'après l'art. 281 du règlement, les désignations relatives aux immeubles faisant l'objet de la mutation doivent être les mêmes, dans le titre à transcrire que dans le certificat qui l'accompagne. Mais, outre les désignations fournies par le certificat, l'acte de mutation doit indiquer la nature de culture de l'immeuble; car, quoique les cultures ne soient pas indiquées dans les plans et registres officiels du cadastre, parce que ces cultures sont trop variables, on a pensé, cependant, que pour donner plus de clarté aux conventions des parties, il convenait d'indiquer, dans l'acte, si l'immeuble qui faisait l'objet de la mutation était une vigne, un pré, un champ ou un bois.

§ 123. L'art. 280 du règlement prévoit le cas où le titre authentique ne serait pas un acte notarié, mais un jugement; dans ce cas, l'exploit introductif d'instance devra contenir une désignation des parties et des immeubles conforme à celle qui est exigée pour les actes de mutation passés par-devant notaire; par ce moyen, on pourra insérer toutes les désignations nécessaires dans le jugement qui serait rendu postérieurement et qui porterait transmission ou résolution de propriété immobilière.

Enfin, l'art. 544 de la loi sur la procédure civile, modifié par la loi du 16 septembre 1844, exige aussi des désignations analogues dans les placards de saisie immobilière.

§ 124. Telles sont les dispositions qui ont été ordonnées, pour prévenir, dans les actes, toute incertitude sur l'étendue et la limite des propriétés et sur l'identité des propriétaires. Or, ces règles eussent été inutiles, si la loi n'eût pris, en même temps, des précautions pour en empêcher la violation de la part de ceux à qui elles sont imposées.

Le plus souvent, lorsque le législateur soumet un acte à certaines règles, il les sanctionne, soit en déclarant nul l'acte dans lequel les formalités ordonnées n'ont pas été remplies, soit en infligeant, en cas de contravention, une amende aux parties ou aux fonctionnaires à qui la rédaction de l'acte est confiée; cependant, on a jugé que, dans le cas actuel, il n'y avait lieu à recourir à aucun de ces deux moyens.

Et d'abord, quant à la nullité de l'acte, c'eût été prononcer contre un défaut de forme une peine excessivement rigoureuse et punir les parties d'une faute qui, dans la plupart des cas, n'aurait pas été la leur; on aurait encore risqué de fournir ainsi des armes à la mauvaise foi et de soulever plusieurs questions difficiles, relativement au mode d'intenter et de juger les actions fondées sur l'inobservation des formalités prescrites.

Quant à l'amende, on a pensé que, si elle eût été facultative, elle n'eût presque jamais été prononcée, et que, si on l'eût rendue obligatoire, elle aurait pu quelquefois atteindre l'erreur bien plus que la négligence. D'ailleurs, qui aurait prononcé cette amende? qui aurait dénoncé les délinquants? convenait-il de revêtir le conservateur des hypothèques d'une espèce de juridiction qu'il n'avait jamais eue jusqu'à ce jour? N'y aurait-il pas eu quelque chose d'irrationnel à lui donner un pouvoir discrétionnaire, pour prévenir de simples irrégularités dans la forme, tout en laissant subsister l'organisation actuelle du bureau des hypothèques, organisation d'après laquelle le conservateur n'a aucune mission pour empêcher, ou même pour signaler les vices essentiels dont seraient entachés les actes présentés à la transcription ?

D'après ces considérations, le législateur génevois a jugé que, pour prévenir toute désignation fausse ou incomplète, dans les actes de mutation et dans les registres du cadastre, le moyen le plus simple consistait à suspendre toute mutation au cadastre, lorsque le titre transcrit n'aurait pas les désignations exigées par la loi, ou ne serait pas, en cas de division d'une parcelle, accompagné d'un plan, et à retenir, au bureau des hypothèques, le titre irrégulier, jusqu'à ce qu'il ait été rectifié par un acte qui est également transcrit et qui est mentionné en marge du titre rectifié (Loi, art. 69, et Règl., art. 288, 289 et 302). Cette retenue du titre irrégulier sera d'ailleurs, le plus souvent, un moyen plus efficace que l'amende pour faire corriger l'erreur le plus promptement possible; car, l'amende une fois prononcée, il n'y aurait, pour ainsi dire, plus d'intérêt pour les parties et pour le notaire à opérer une rectification; mais il en sera autrement lorsque le titre sera retenu au bureau, puisque le notaire ne pourra jusqu'alors délivrer aux parties une expédition authentique de l'acte de mutation.

On ajourne donc sur les registres du cadastre la mutation indiquée et la restitution de l'acte présenté à la transcription, si le conservateur des hypothèques ou celui du cadastre jugent qu'il y a lieu à une rectification. Dans ce but, on mentionne, sur un registre particulier, les titres constatant une mutation, au fur et à mesure qu'ils sont remis au bureau des hypothèques.

Ce registre est divisé en quatre colonnes. Dans la première, on indique la date et la nature de l'acte; dans la seconde, la désignation succincte des personnes qui ont paru dans l'acte comme parties; dans la troisième, la mention du conservateur des hypothèques que l'acte est régulier ou qu'il y a lieu à en suspendre la restitution; dans la quatrième, la mention du conservateur du cadastre, qu'il s'oppose ou non, en ce qui le concerne, à la restitution de l'acte transcrit (Règl., art. 292).

Enfin, s'il y a lieu à refuser la restitution d'un acte transcrit, le conservateur des hypothèques donne sur papier libre et sans frais, à l'officier public qui a rédigé l'acte, une copie des motifs du refus (Règl., art. 290).

§ 125. Nonobstant l'irrégularité du titre présenté à la transcription, ce titre est transcrit, s'il est authentique, et si celui qui transmet l'immeuble est inscrit au cadastre comme propriétaire de l'immeuble transmis. On a pensé, en effet, qu'en suspendant la transcription d'un titre irrégulier, on courait le risque de favoriser la mauvaise foi, puisque l'acquéreur indiqué dans l'acte non admis à la transcription aurait pu être évincé par un second acquéreur dont le titre, étant régulier, aurait été transcrit.

Mais, lorsque celui qui transmet un immeuble n'établit pas, par un certificat annexé à l'acte, qu'il est inscrit au cadastre comme propriétaire de la parcelle transmise, il n'y a aucun inconvénient à refuser, dans ce cas, la transcription; car, lors même qu'il serait le légitime propriétaire, il ne pourra transférer la propriété à un autre, tant que la personne inscrite mal à propos n'aura pas consenti à une rectification sur les registres du cadastre, ou que cette rectification n'aura pas été ordonnée par le tribunal.

SECTION VI. *Des mutations par succession en particulier.*

§ 126. Avant la loi du 1er février 1841, les mutations au cadastre provenant de vente ou d'échange pouvaient déjà s'opérer avec une certaine sécurité, par le dépouillement du registre des transcriptions; mais, lorsque la mutation résultait d'une succession, la preuve fournie par le registre cessait d'avoir lieu. Il est vrai que déjà, avant 1841, l'administration ne permettait pas que la mutation fût opérée, sur les registres de l'ancien cadastre, au nom d'un héritier, tant que celui-ci ne justifiait pas de sa qualité, car, autrement, c'eût été mettre les registres du cadastre à la merci du premier venu; mais il est aisé de comprendre qu'en l'absence d'une loi positive, on n'avait pas dû se montrer fort rigoureux sur cette espèce de justification, d'autant plus que l'ancien cadastre n'était guère qu'un registre des contribuables. Mais le nouveau cadastre étant destiné à produire des effets civils, le législateur de 1841 a pensé qu'on devait environner les mutations au cadastre, causées par succession, de certaines garanties, afin d'empêcher l'inscription de celui qui ne serait pas réellement héritier. En conséquence, ceux qui veulent faire opérer à leur profit la mutation au cadastre des immeubles qui leur sont provenus d'une succession, doivent en former la demande, par requête adressée au président du tribunal civil, et déposer au greffe avec cette requête : 1° le certificat du conservateur du cadastre justifiant que les immeubles, à l'égard desquels la mutation est demandée, sont inscrits sous le nom du défunt; 2° les pièces constatant que ceux au nom desquels la mutation au cadastre doit être opérée, sont seuls successibles, à titre héréditaire de la personne décédée (Loi, art, 72; Règl., art. 293). Ces pièces seront d'ailleurs les mêmes que celles qui sont exigées pour le transfert, en cas de succession, d'une rente inscrite sur le grand livre de la dette publique de France, et c'est même par analogie aux transferts de cette espèce qu'on a confié la déclaration de la qualité d'héritier au président du tribunal civil, parce qu'à l'époque où la loi sur le nouveau cadastre a été rendue, le trésor public de France n'opérait aucun transfert d'une rente inscrite au nom d'un Génevois décédé, sans que le président du tribunal civil de Genève eût lui-même attesté la qualité de ceux qui se présentaient comme héritiers du défunt.

En cas de refus du président, le requérant peut se pourvoir devant le tribunal civil. Ce tribunal statue, sur les conclusions du ministère public, et son jugement est susceptible d'appel (Loi, art. 74; Règl., art. 293). En fournissant ainsi un moyen de recours contre la décision du président, le législateur de 1841 a eu particulièrement en vue d'empêcher qu'on n'envisageât comme une simple formalité la justification de la qualité d'héritier; le président sera, en effet, beaucoup mieux placé pour refuser la requête, lorsqu'il saura que sa décision n'est pas sans appel. Il va d'ailleurs sans dire, que le refus qui pourrait être prononcé par le tribunal civil, et même par le tribunal d'appel, n'empêchera pas celui qui se prétendrait héritier de se pourvoir de nouveau, en présentant des pièces plus probantes que celles qu'il avait d'abord remises à l'appui de sa demande.

Quoi qu'il en soit, on peut dire que les précautions prises par le législateur génevois de 1841, pour éviter toute erreur ou toute fraude dans les mutations par succession, sont au moins équivalentes à celles que prend le trésor public de France pour le transfert d'une rente au nom de l'héritier de la personne précédemment inscrite. Dès lors, puisqu'il n'y a jamais eu, à Genève, de réclamation faite au trésor par un héritier inconnu, on peut raisonnablement espérer qu'il en sera de même, à l'avenir, pour les mutations par succession qui s'opéreront dans le nouveau cadastre.

Toutefois, il est facile de voir que la position n'est point la même, car, dans le cas d'une rente sur le grand-livre, celle qui est cédée à un tiers par le faux héritier est valablement transférée, lors même que l'héritier véritable viendrait plus tard à se présenter, ce qui n'a d'ailleurs aucun inconvénient pour ce dernier, puisqu'il a toujours son recours contre le trésor; mais, comme dans le cas de mutation d'un immeuble il n'y a personne qui fasse les fonctions du trésor de France, il faut bien qu'en cas d'insolvabitité du faux héritier qui aurait reçu le prix de l'immeuble, la perte soit supportée, ou par l'héritier véritable, ou par le tiers qui a acquis de l'héritier apparent. Or, sans décider cette question qui a été controversée par les jurisconsultes, le législateur génevois de 1841 a statué que l'inscription au cadastre ne couvrirait point les vices du titre en vertu duquel elle aurait été opérée (Loi, art. 53; Règl., art. 1er). Cette disposition est également applicable aux mutations entre-vifs, en sorte que, malgré l'authenticité et la transcription d'un acte de vente ou de partage, cet acte peut toujours être attaqué pour dol ou pour violation des lois sur la capacité des parties; mais l'analogie entre ces deux cas n'est pas complète, car s'il est possible, avec tant soit peu de prudence, de découvrir les vices d'un acte de mutation entre-vifs, il n'en est pas de même lorsqu'il s'agit de rechercher si un propriétaire défunt a laissé d'autres héritiers *ab intestat* ou testamentaires que celui qui a fait inscrire la propriété en son nom. J'examinerai dans la cinquième partie de ce *Commentaire* (§ 185) s'il ne serait pas possible d'introduire dans la loi une disposition destinée à faire cesser cette incertitude de la part des tiers acquéreurs, et à compléter ainsi la sécurité qu'offrent, sous d'autres rapports, les registres de propriété du nouveau cadastre.

§ 127. D'après le premier projet présenté par le Conseil d'État, celui qui se prétendait héritier d'une personne inscrite en qualité de propriétaire d'un immeuble, ne pouvait lui-même se faire inscrire au cadastre, avant d'avoir obtenu l'ordonnance du président du tribunal civil dont j'ai parlé plus haut (§ 126); mais il pouvait cependant transmettre cet immeuble par un acte entre-vifs, sans recourir à cette formalité, c'est-à-dire sans s'être fait lui-même inscrire préalablement au cadastre.

Cette lacune du premier projet tendait à altérer la confiance aux registres du cadastre, car rien n'aurait alors empêché qu'un immeuble pût être transmis par celui qui n'en était pas propriétaire, ou qui, du moins, n'en aurait possédé qu'une partie. Ce danger eût été, à la vérité, assez faible, lorsqu'il se serait agi d'une vente, parce que, dans ce cas, l'acheteur a intérêt à examiner quels sont les droits de son vendeur, et que le notaire est ainsi appelé à faire, pour l'acquéreur, les investigations nécessaires; mais il en eût été autrement dans un acte de partage; car, ici, la qualité d'héritier des copartageants résulte d'une simple déclaration des parties contractantes, déclaration que le notaire n'a aucune mission de contrôler, puisque ceux à qui elle pourrait nuire, n'interviennent pas dans l'acte et n'ont ainsi donné au notaire aucun mandat exprès ou tacite. Au reste, n'eût-il pas été irrationnel de confier la vérification de la qualité d'héritier, dans certains cas, au président du tribunal civil, et, dans d'autres cas, au notaire?

§ 128. Quant à l'enfant naturel, au conjoint survivant ou l'État, qui, conformément aux art. 767 et suiv. du Code civil, aurait obtenu l'envoi en possession des biens d'une personne inscrite au cadastre, il fera opérer la mutation en son nom, par la transcription du jugement qui aura ordonné l'envoi en possession. Il en sera de même de ceux qui auront obtenu l'envoi en possession définitif des biens d'un absent, conformément aux art. 129 et suiv. du Code civil (Loi, art. 76; Règl., art. 297).

§ 129. Ainsi le principe consacré par la loi est que toute personne qui se présente, dans un acte, comme héritier ou successeur d'une personne inscrite au cadastre, justifie préalablement de sa qualité auprès du tribunal ou du président du tribunal civil, et qu'elle fasse transcrire le jugement ou l'ordonnance rendue en sa faveur.

En combinant ce principe avec la disposition relative au certificat de propriété qui doit accompagner tout acte soumis à la transcription (Loi, art. 65), on peut espérer que, quoique l'inscription au cadastre ne couvre pas les vices du titre en vertu duquel elle a été opérée, les registres cadastraux offriront cependant un tableau fidèle de la propriété, sauf dans des cas infiniment rares, car nul ne pourra être inscrit au cadastre, sans être réellement propriétaire, à moins que le président du tribunal civil n'ait été trompé sur la qualité héréditaire de la personne inscrite ou de l'un de ses auteurs, ou à moins que le notaire n'ait commis une erreur sur l'identité ou la capacité légale de l'une des parties contractantes. A la vérité, le droit du propriétaire inscrit sera quelquefois résoluble; mais cette cause de résolution pourra toujours être connue par l'examen attentif des titres transcrits.

Dans tous les cas, le registre des transcriptions, tel qu'il est organisé par la loi genevoise du 1er février 1841, offrira des documents beaucoup plus sûrs et plus complets que ceux qu'il était possible de trouver dans le registre des transcriptions créé par la loi de brumaire an VII, et les registres du cadastre offriront, en outre, un tableau synoptique des propriétaires successifs de chaque propriété, qui sera infiniment plus commode à consulter que le registre des transcriptions. Ce dernier registre, en effet, peut être envisagé comme un livre-journal tenu jour par jour, et dont les divers articles ne peuvent être comparés entre eux qu'autant qu'ils sont classés, sur un grand livre, dans des comptes particuliers; or, ce grand livre n'est autre chose que le registre cadastral des propriétaires.

CHAPITRE II.

Des rectifications.

§ 130. On a distingué dans la loi les mutations d'avec les rectifications, parce que ce sont là deux objets tout à fait différents; en effet, il y a *mutation* lorsqu'à la suite d'un contrat ou d'une succession un nouveau propriétaire est substitué à l'ancien, et il y a *rectification*, lorsqu'on reconnaît l'existence d'une erreur dans les lignes séparatives des propriétés ou dans la désignation des propriétaires, et qu'on autorise le conservateur du cadastre à la rectifier.

D'après les art. 312 et 313 du règlement, aucune rectification ne peut être faite qu'en vertu d'un acte notarié ou d'un jugement transcrit au bureau des hypothèques; toutes les règles concernant le mode d'opérer les mutations sont d'ailleurs applicables aux rectifications.

D'après l'art. 314 du règlement, on n'assimile point aux rectifications les corrections concernant les erreurs qui auraient été commises en copiant les plans-minutes sur les mises au net, ou en transcrivant les registres préparatoires sur les registres définitifs; ces corrections, en effet, ne modifient point l'état des choses reconnu originairement par les propriétaires limitrophes; elles peuvent donc être faites d'office par le conservateur du cadastre, sans l'intervention des parties; mais, pour éviter tout abus à cet égard, elles doivent être mentionnées sur un registre particulier, qui est coté et paraphé par un membre du département des contributions publiques, et cette mention doit être datée et signée par le conservateur.

CHAPITRE III.

Du mode d'opérer sur les plans les changements autres que les rectifications ou les mutations.

§ 131. Indépendamment des mutations et des rectifications, c'est-à-dire des changements dans lesquels on porte, au nom d'un nouveau propriétaire, tout ou partie d'une parcelle qui était inscrite au nom d'un autre, il existe encore d'autres changements qu'il est nécessaire de mentionner sur les plans, afin que le cadastre représente sans cesse le véritable état de la propriété.

Ces changements se rapportent 1° à l'alignement des routes ou des places publiques, 2° aux nouvelles constructions de bâtiments, 3° aux murs, haies ou fossés construits sur la ligne séparative de deux parcelles postérieurement à l'établissement du cadastre.

SECTION I. *Des changements provenant de l'alignement des routes ou des places publiques.*

§ 132. Une loi du 11 juin 1851 (Suppl., n° 19) a prescrit certaines mesures pour diminuer les frais et les formalités des contrats de vente ou d'échange concernant l'alignement des routes ou places publiques. D'après cette loi, la cession d'un terrain faite par un particulier à l'État ou à une commune peut être effectuée, sans le ministère d'un notaire, et par un simple procès-verbal dressé sans frais par le conservateur du cadastre, pourvu que la surface cédée ne soit pas supérieure à 60 toises (4,05 ares) et qu'elle n'ait pas une valeur supérieure à 250 fr. Il en est de même lorsqu'il s'agit d'un échange de terrain, si les parties réciproquement cédées, sans retour en argent, n'ont ni l'une ni l'autre une surface supérieure à 100 toises (6,75 ares) ni une valeur supérieure à 500 fr., ou que, s'il y a retour en argent, la différence des parties échangées n'ait pas une surface supérieure à 60 toises ni une valeur supérieure à 250 fr.[1].

Le procès-verbal qui est accompagné d'un plan est signé par le conservateur du cadastre, ainsi que par le propriétaire contractant et par le délégué de l'État ou de la commune; il est ensuite enregistré au droit fixe de 1 fr., transcrit gratis et déposé, avec le plan annexé, au bureau du cadastre. Ces procès-verbaux sont d'ailleurs, en ce qui concerne le cadastre, complétement assimilés aux actes notariés de mutation ou de rectification; mais ils ne donnent lieu à aucune inscription ou radiation au bureau des hypothèques, ni à aucune signification aux créanciers du cédant.

SECTION II. *Du mode d'indiquer sur les plans les nouvelles constructions de bâtiments.*

133. Aussitôt que le département des contributions publiques a connaissance, soit par le propriétaire intéressé, soit par le géomètre du cadastre, d'une démolition de tout ou partie d'un bâtiment, d'une construction nouvelle, ou enfin d'une réparation ayant pour effet de changer la superficie du sol d'un bâtiment ou d'en al-

[1] Voyez au Supplément, nº 10, la note sur l'art. 6 de la loi du 14 juin 1881.

térer la nature, il rend un arrêté prescrivant au géomètre du cadastre de lever le plan des parties démolies ou des constructions nouvelles, de vérifier la nature des bâtiments et de faire apposer, s'il y a lieu, un nouveau numéro d'assurance. Dans le mois qui suit cet arrêté, le géomètre se rend sur les lieux pour procéder aux opérations ordonnées, et il remet au bureau des hypothèques l'arrêté du département des contributions publiques, ainsi que le procès-verbal de ses opérations, et enfin, s'il y a lieu, le plan des nouvelles constructions; le procès-verbal et l'arrêté sont transcrits sur le registre des transcriptions, puis mentionnés sur le registre des mutations par le conservateur du cadastre, qui opère sur les plans et les registres cadastraux les changements indiqués. Le plan, s'il y en a un, est ensuite déposé au bureau du cadastre (Régl., art. 317, 318 et 319).

Les constructions élevées sur un terrain où il n'existait pas antérieurement d'autre bâtiment, sont indiquées sur les plans par une teinte semblable à celle qui est prescrite pour les bâtiments existants lors de la confection du cadastre, et il en est de même des constructions élevées sur le terrain d'un bâtiment démoli, si, la reconstruction ayant suivi immédiatement la démolition, celle-ci n'a pas été indiquée sur les plans (Règl., art. 320). Quant aux constructions démolies et aux constructions élevées sur un terrain où existait un bâtiment dont la démolition avait été indiquée sur les plans, elles sont désignées par deux teintes particulières qui diffèrent l'une et l'autre de la teinte ordinaire (Règl., art. 321). Enfin, pour mieux distinguer les bâtiments anciens d'avec les nouveaux, on se sert d'un moyen analogue à celui qui est employé pour distinguer les anciennes et les nouvelles parcelles, c'est-à-dire que le conservateur indique, dans ce cas, sur les plans, par des lettres écrites en petits caractères, les sommets des angles des bâtiments, de manière que les polygones formés par les bâtiments tant anciens que nouveaux puissent être désignés d'une manière distincte; ces lettres sont écrites en encre rouge, ce qui empêche qu'on ne les confonde avec celles qui désignent les polygones des parcelles, et qui sont écrites en encre noire; de plus, on écrit en caractères rouges, dans l'intérieur du bâtiment nouveau, la suite des lettres indiquant le contour de ce bâtiment, et on en fait autant pour le bâtiment ancien, puis on tire un trait noir sur la suite des lettres indiquant le bâtiment qui a disparu, ou celui dont la superficie a été altérée. Ces lettres sont encore répétées au registre des bâtiments. Enfin, quant aux nouveaux numéros d'assurance, ils sont indiqués sur les registres et sur les plans, et un trait est tiré sur les numéros qui ont disparu (Règl., art. 322 à 325).

SECTION III. *Des changements relatifs aux haies, murs et fossés, établis sur une ligne séparative postérieurement au premier établissement du cadastre.*

§ 134. Nous avons vu précédemment (§ 61) que, lors de l'établissement du cadastre, on devait tracer sur les plans les haies, les murs et les fossés qui étaient séparatifs de parcelles, en indiquant, par des signes conventionnels, si ces objets étaient mitoyens ou s'ils appartenaient à l'un ou à l'autre des deux propriétaires limitrophes; il peut, dès lors, être dans l'intérêt des propriétaires qu'on indique aussi, sur les plans, la haie, le mur et le fossé qui seraient établis postérieurement à la première confection du cadastre. Tel est le cas qui est prévu par les art. 7 et 8 de la loi du 11 juin 1851 et par l'art. 10 du règlement du Conseil d'État du 7 octobre même année (Suppl., nos 19 et 20)[1].

Conformément aux dispositions de ces articles, le conservateur du cadastre opère, sur les plans, les changements indiqués, lorsque les propriétaires intéressés ont déposé une déclaration à cet égard au département des contributions publiques; il est ensuite procédé de la même manière que lorsqu'il s'agit d'une nouvelle construction de bâtiment.

CHAPITRE IV.

Du mode de conservation des plans et registres du cadastre.

§ 135. Comme le mode de conservation des plans et registres du cadastre dépend beaucoup des circonstances et des localités, l'art. 327 du règlement général a statué que cet objet serait déterminé par un règlement intérieur. On a cependant posé le principe, dans le règlement général, que les plans-minutes et les registres préparatoires, revêtus de la signature des propriétaires, ne pouvaient être consultés que sur une autorisation délivrée par un conseiller d'État, membre du département des contributions publiques, par le président du tribunal d'appel ou par celui du tribunal civil (Règl., art. 326). Quant aux plans et registres déposés dans les communes, un règlement du 16 janvier

[1] Voyez au Supplément, no 19, la note sur l'art. 7 de la loi du 11 juin 1851.

1847 (Suppl., n° 13) a prescrit diverses règles pour leur conservation. Il a statué entre autres, que ces plans et registres ne seraient jamais consultés qu'en présence du maire ou d'une personne désignée par lui. D'après ce même règlement, le conservateur du cadastre tient, pour chaque commune, un carnet spécial où il mentionne les mutations, rectifications ou changements concernant cette commune, à mesure qu'il les opère sur les plans et registres officiels, et il reproduit, ensuite, ou fait reproduire, par un de ses commis, ces mêmes changements sur les copies des plans et registres déposées dans la commune. Cette reproduction a lieu au moins une fois par an.

Ce mode paraît préférable, pour la bonne conservation des plans et registres, à celui qui était prescrit par l'art. 330 du règlement de 1844, d'après lequel les copies des plans et des registres de la commune étaient transportées à certaines époques au bureau du cadastre, afin d'y faire insérer les changements survenus dans l'intervalle; mais je dois faire observer que, dans la pensée des auteurs du règlement de 1844, on devait prendre, pour ce transport périodique, des précautions analogues à celles qui sont prescrites ailleurs, dans des cas semblables, en sorte qu'il ne serait résulté de ce transport aucun dommage quelconque pour ces plans et registres. J'ajouterai encore que le nouveau mode exige plus de travail et qu'il offre beaucoup plus de chances d'erreurs.

CHAPITRE V.

De l'application du cadastre à l'impôt foncier.

SECTION I. *De l'application du cadastre à la répartition de l'impôt foncier dans le canton de Genève en particulier.*

§ 136. Quoique le nouveau cadastre ait eu pour but essentiel la détermination de la propriété immobilière, il était cependant tout à fait convenable de le faire servir à la répartition de l'impôt foncier, d'autant plus que l'ancien cadastre offrait, même sous ce dernier rapport, un grand nombre d'erreurs et de lacunes. C'est pourquoi le Conseil d'État soumit, dans ce but, au Corps législatif un projet de loi, en mai 1845, époque où le nouveau cadastre était sur le point d'être déclaré définitif dans plusieurs communes. D'après ce projet, aucun changement n'était apporté, quant à la perception de l'impôt foncier sur la propriété bâtie, ni quant à la base de répartition, entre les communes, de l'impôt sur la propriété non bâtie, base qui avait été établie en même temps que le cadastre français, et qui avait été révisée successivement, en 1817 et 1831, en vue d'augmenter la quote-part d'impôt des communes riches et rapprochées de la ville de Genève, et de diminuer au contraire la quote-part des communes moins fortunées et plus éloignées du chef-lieu. Quant au mode de répartition, entre les propriétaires, de l'impôt mis à la charge de chaque commune, on proposa de prendre pour unique base de répartition la contenance indiquée par le nouveau cadastre, au fur et à mesure que ce cadastre serait déclaré définitif dans une commune.

A l'appui de ce système, on fit observer que le nouveau cadastre n'ayant pas admis des parcelles de culture, un classement de ces parcelles, d'après cet élément, occasionnerait beaucoup de frais et risquerait d'anéantir les précautions qui avaient été prises par la loi sur le cadastre, pour que les limites de chaque parcelle n'offrissent aucune incertitude; on ajoutait que la culture, en supposant même qu'elle fût constante, était fort souvent une mauvaise base pour la détermination du revenu; que, dans tous les cas, cette base était très-variable; que, quant au classement par nature de terrain, il était souvent encore plus arbitraire; que, dans l'ancien cadastre, où l'on avait admis le classement par culture et par nature de terrain, il y avait des inégalités choquantes, puisque tel hectare qui pouvait se louer une centaine de francs payait moins qu'un autre qui ne rapportait pas la moitié de cette somme; que, si l'on voulait être juste, il faudrait chercher, pour chaque parcelle, ce qu'il serait possible de la louer par hectare, et établir sur cette base la répartition, mais que ce serait là une appréciation extrêmement longue et difficile, et, par conséquent, fort coûteuse; que, d'ailleurs, en cherchant ainsi à atteindre une justice rigoureuse et mathématique, on risquerait d'abandonner les principes d'équité, en vertu desquels on avait imposé plus fortement les terrains des communes rapprochées de la ville, terrains qui représentaient un capital plus fort, sans représenter, par cela même, un revenu proportionnellement plus élevé; que, lors même qu'on parviendrait à obtenir une première fois le revenu approximatif de chaque parcelle, il serait presque impossible de faire varier l'impôt, d'après les changements de revenus qui auraient lieu par la suite; que ce qui importe au contribuable, et, en particulier, au nouvel acquéreur, c'est de savoir exactement ce qu'il devra payer à l'État; c'est d'être sûr qu'il n'est pas traité plus mal que ses voisins; or, ce résultat ne peut être obtenu qu'en établissant l'impôt foncier à raison de la contenance; on disait encore, avec beaucoup de raison, que si l'impôt était considérable, il vaudrait peut-être la peine de se lancer dans des investigations, même un peu coûteuses, pour rechercher une base de répartition qui se rapprochât plus de la vérité que la contenance dégagée de tout autre élément, mais qu'il ne fallait pas oublier qu'on ne payait en moyenne que 1 fr. 50 cent. par hectare; que, dès lors, le changement proposé n'amènerait, pour les petites cotes, que des différences de quelques centimes, et que, quant aux immeubles un peu considérables, comme ils étaient composés de terrains de natures et de cultures diverses, il y aurait en général compensation. Enfin, disait-on, l'égalité dans la répartition de l'impôt foncier est une chimère, puisque l'immeuble grevé d'hypothèques paie autant que l'immeuble qui est libre, ce qui est, à Genève, une anomalie d'autant plus forte que, d'après les lois genevoises, le créancier hypothécaire doit payer, à raison de sa créance, une taxe annuelle dont le montant est au moins aussi élevé que celle qui est imposée sur un terrain d'une valeur équivalente au capital de la créance.

Tels sont les motifs qui ont fait prévaloir le système d'après lequel la répartition de l'impôt foncier, entre les propriétaires d'une même commune, est basée sur la contenance ; toutefois, pour atténuer, autant que possible, ce que ce système pouvait présenter de trop absolu, la loi sur l'impôt foncier du 11 juin 1845 admit les règles suivantes :

1° Le Conseil d'État peut diviser chaque commune en sections d'après les différentes qualités de terrain dont il ne peut être fait plus de trois classes ;

2° Le périmètre de ces sections doit être déterminé par des rues, des chemins, des rivières et des cours d'eau ;

3° Le Conseil d'État détermine, dans chaque commune, la différence proportionnelle à établir entre chaque classe de terrain ;

4° Le contingent de contribution attribué à la commune est réparti entre les sections qui composent chaque classe de terrain au prorata de leur contenance, dans la proportion ainsi fixée ;

5° Dans chacune des sections, le contingent de la contribution qui lui est attribué est réparti entre les propriétaires de la section au prorata de la contenance attribuée par le nouveau cadastre à chaque propriétaire (Suppl., n° 4).

On avait proposé, dans le courant de la discussion, de limiter les sections non-seulement par des rues, des chemins ou des rivières, mais encore par des lignes idéales correspondantes aux divisions résultant de la nature des fonds de terre ; mais cette proposition fut repoussée, car c'eût été diviser ou limiter les parcelles par des lignes qui ne pouvaient être reconnues sur le terrain, ce qui aurait ramené, en cas de vente, de partage ou de réunion de parcelles, toutes les complications qu'on avait voulu éviter par la loi sur le nouveau cadastre.

Néanmoins, pour entrer, autant que possible, dans

les vues de la proposition ci-dessus, sans altérer la définition de la parcelle, on assimila les cours d'eau aux rivières proprement dites; mais, afin d'empêcher, à cet égard, tout arbitraire de la part des géomètres, le Conseil d'État détermine lui-même, avant les opérations de l'arpentage d'une commune, et d'après les circonstances, les eaux courantes de cette commune qui, sans être classées parmi les rivières, seront, dans tout ou partie de leur cours, séparatives de parcelles, lors même qu'elles traverseraient le fonds d'un même propriétaire (Règlement du 28 novembre 1845, Suppl., nº 8).

Afin de mettre l'administration chargée de la perception de l'impôt en état de dresser les rôles des contributions foncières en conformité des données fournies par le cadastre, l'art. 269 du règlement prescrit que, dans les deux mois qui suivront l'époque où le cadastre aura été déclaré définitif dans une commune, il sera remis par le bureau du cadastre au département des contributions publiques :

1º Un extrait du registre des propriétaires de la commune indiquant la contenance totale des parcelles attribuées à chacun d'eux d'après le nouveau cadastre, soit dans la commune, si celle-ci n'a pas été divisée en classes, soit dans chacune des trois classes, si cette division a été ordonnée par le Conseil d'État ;

2º Un extrait du registre des bâtiments dressé suivant le mode prescrit par l'administration.

Le conservateur du cadastre remet, en outre, au département des contributions publiques, dans la première quinzaine de chaque mois, un extrait du registre des mutations indiquant les changements opérés dans le mois précédent (Règl., art. 337).

SECTION II. *De l'application du cadastre à la répartition de l'impôt foncier, dans un autre pays que le canton de Genève.*

§ 137. Après avoir indiqué quelle base avait été adoptée, à Genève, pour la répartition de l'impôt foncier, et après avoir rappelé les motifs qui avaient guidé le législateur, je dois reconnaître que le plus fort argument en faveur de la loi génevoise est la minimité de l'impôt perçu sur la propriété non bâtie; il serait donc fort possible que, dans un pays où l'impôt foncier serait beaucoup plus considérable qu'à Genève, on trouvât convenable de baser la répartition de cet impôt en combinant la contenance avec la nature et la culture du terrain. Or, il me paraît que cela pourrait facilement avoir lieu, lors même qu'on admettrait des principes analogues à ceux du cadastre génevois. Voici, par exemple, comment l'on pourrait procéder :

On diviserait chaque parcelle, telle qu'elle est définie par la loi génevoise, en autant de subdivisions que l'exigerait la classification adoptée pour la répartition de l'impôt; on désignerait ces subdivisions par des lettres particulières, on en calculerait la contenance, on en fixerait la classe, et on déterminerait ainsi ce qui doit être payé pour chacune d'elles; puis, en sommant les contingents des subdivisions de chaque parcelle, on obtiendrait ce qui doit être payé à l'avenir par celle-ci. On conserverait au bureau des contributions le tableau des subdivisions qui aurait servi de base à la contribution de chaque parcelle, et on remettrait à la mairie de chaque commune une copie de ce tableau; mais, cela fait, on ne porterait plus dans les rôles que le montant de chaque contribution parcellaire, sans indiquer les subdivisions ni les calculs au moyen desquels ce montant aurait été obtenu; chaque contribuable pourrait d'ailleurs vérifier l'exactitude des chiffres qui le concernent sur le tableau de fixation déposé à la mairie de la commune. Enfin, dans le cas où une parcelle nouvelle serait créée, par suite de partage ou de réunion, on pourrait, à l'aide des plans et des tableaux originaires, ainsi que du plan de la nouvelle parcelle, diviser celle-ci en subdivisions de nature de terrain et de culture, de la même manière qu'on aurait pu le faire lors de la confection du cadastre; on fixerait, d'après cela, le contingent attribué à chaque subdivision et le montant total de l'impôt de la nouvelle parcelle.

Quant aux plans et aux registres destinés à la détermination de la propriété, on n'y mentionnerait, en aucune manière, les subdivisions relatives à la répartition de l'impôt, et on ne reproduirait, en conséquence, ces subdivisions, ni dans les certificats délivrés par le conservateur du cadastre, ni dans les actes de mutation.

Enfin, si l'on voulait, à certaines époques, reviser la répartition de l'impôt foncier, rien ne serait plus facile, puisqu'on connaîtrait, à chaque instant donné, la division de la commune en parcelles et les noms des propriétaires de chacune d'elles; il n'y aurait donc qu'à parcourir ces parcelles, afin de reconnaître celles dont la culture aurait changé, et de déterminer, en cas de changement partiel, de nouvelles lignes de subdivisions.

CHAPITRE VI.

Du bureau de conservation du cadastre et de la responsabilité du conservateur.

§ 138. J'examinerai dans la cinquième partie (§ 190) s'il ne serait pas désirable de réunir la conservation des hypothèques à celle du cadastre, en diminuant l'étendue des ressorts hypothécaires et en établissant, dans chacun d'eux, un seul bureau, sous le nom de *Bureau de conservation des droits réels;* mais quelque utiles que puissent être ces changements, ils ne pouvaient avoir lieu que lorsque le nouveau cadastre serait établi dans toutes les communes et que sa marche serait complétement assurée ; il était donc nécessaire d'organiser transitoirement le bureau du cadastre, dans l'hypothèse où les conservations du cadastre et des hypothèques seraient séparées. C'est ce qu'a fait le règlement de 1844.

D'après ce règlement, le bureau du cadastre se compose de deux employés principaux, savoir : le conservateur et le géomètre du cadastre.

Le conservateur est chargé de la tenue des divers registres et du tracé, sur les plans, des changements à opérer, par suite de mutations, de rectifications, de constructions de nouveaux bâtiments, etc. ; il est chargé, enfin, de certifier les copies de plans et les extraits de registres qui lui sont demandés par les particuliers.

Quant au géomètre du cadastre, il est chargé de lever les plans relatifs aux partages d'immeubles et aux nouvelles constructions. Il devait aussi, d'après un règlement transitoire (Règl., art. 360), délivrer, en cas de saisie immobilière, les certificats de propriété du débiteur saisi, certificats qui, vu l'imperfection de l'ancien cadastre, ne pouvaient être dressés qu'après l'inspection des lieux. On voit donc que les fonctions du géomètre du cadastre s'exercent surtout à l'extérieur, et c'est pour ce motif qu'on les avait séparées de celles du conservateur, qui s'exercent, au contraire, dans l'intérieur du bureau.

On s'était aussi convaincu, que la besogne attribuée par les règlements au conservateur et au géomètre du cadastre était trop considérable, pour qu'elle pût être remplie par une seule personne, si l'on voulait du moins que les registres et les plans fussent continuellement à jour et que le public ne souffrît jamais de retard. De plus, pour être en droit de rendre un fonctionnaire responsable, il n'est pas nécessaire, à la vérité, que ce fonctionnaire exécute matériellement les opérations qui lui sont confiées, mais il faut au moins qu'il ait assez de temps pour pouvoir en vérifier lui-même l'exactitude; or, cette vérification est beaucoup plus longue et plus délicate dans le cas où il s'agit de comparer des figures géométriques que lorsqu'il s'agit d'un simple collationnement d'actes ou de registres.

Quoi qu'il en soit, pour que la responsabilité du conservateur soit réelle, le règlement exige de ce fonctionnaire un cautionnement de 24,000 fr. en immeubles situés sur le canton, cautionnement qui est spécialement et exclusivement affecté à indemniser les particuliers du dommage qu'il pourrait leur causer, par suite d'erreurs ou d'omissions (Règl., art. 341).

Il est facile de voir que ces erreurs ou omissions pourraient, en effet, occasionner dans certains cas de grands préjudices aux parties. Ainsi, par exemple,

Paul est propriétaire de 10 hectares de terrain, d'après un certificat émané du conservateur du cadastre, et je prête, en conséquence, à Paul une somme de 10,000 fr., parce que je la trouve complétement garantie par les 10 hectares qu'a mentionnés le conservateur; or, celui-ci a fait figurer dans son certificat huit hectares qui n'appartiennent plus à Paul, en sorte que mon gage se réduit à deux hectares qui valent à peine 4,000 fr.; je perdrai donc, dans ce cas, la somme de 6,000 fr. par la faute du conservateur. On voit ainsi, que les motifs pour lesquels on a exigé, en France et ailleurs, du conservateur des hypothèques un cautionnement en immeubles, s'appliquent également au conservateur du cadastre tel qu'il a été institué par la loi génevoise. Il est d'ailleurs reconnu unanimement par les jurisconsultes et les hommes d'affaires que la disposition de l'art. 11 de la loi du 21 ventôse an VII, qui a exigé des conservateurs des hypothèques un cautionnement hypothécaire un peu élevé, est une des causes qui ont le plus contribué à augmenter la confiance du public et à imprimer aux conservateurs des hypothèques le caractère d'exactitude et de ponctualité qui les distingue éminemment. Le Conseil d'État ne pouvait donc se dispenser d'assimiler, sous ce point de vue, le conservateur du cadastre à celui des hypothèques.

Les mêmes motifs existaient, quoique à un moindre degré, pour le géomètre du cadastre, et, en conséquence, l'art. 346 du règlement l'astreint à un cautionnement hypothécaire de 10,000 fr. Au moyen de la responsabilité qui pèse ainsi sur le géomètre, on peut obtenir, dans la division des parcelles, des plans encore plus exacts que ceux qui ont été livrés, lors de la confection du cadastre, et c'est dans le même but que l'art. 345 du règlement statue que les tolérances accordées au géomètre du cadastre seront les quatre cinquièmes de celles qui sont accordées aux géomètres chargés originairement du levé des parcelles. Au reste, pour mettre plus facilement à couvert sa responsabilité, le géomètre devra recourir à des cotes de longueurs, cotes qui auront aussi pour effet de rectifier ce qu'il pourrait y avoir d'imparfait dans le tracé des parcelles à diviser.

Quant à la durée du cautionnement du conservateur et du géomètre, on a réduit à six ans le terme de dix années qui est fixé par l'art. 8 de la loi du 21 ventôse an VII, pour les conservateurs des hypothèques. En conséquence, l'affectation du cautionnement hypothécaire dure six années, depuis l'époque où le conservateur ou le géomètre aura cessé ses fonctions. Après cette époque, le conservateur et le géomètre ou leurs héritiers sont déchargés de toute responsabilité (Règl., art. 340 et 346).

TROISIÈME PARTIE.

Des effets civils du cadastre.

CHAPITRE PREMIER.

Difficulté de juger, sous la législation française actuelle, les procès en délimitation de propriété. Améliorations apportées, à cet égard, par la loi sur le nouveau cadastre.

§ 139. Le but immédiat de la loi génevoise sur le nouveau cadastre a été de prévenir les contestations qui pourraient s'élever entre propriétaires voisins relativement à l'étendue et à la limite de leurs immeubles respectifs, contestations qui, sous l'empire du Code civil, sont d'autant plus nombreuses et plus difficiles à juger que la loi n'a pris, sous ce point de vue, aucune précaution. D'après la législation française, en effet, celui qui, agissant au pétitoire, réclame, contre son voisin, la propriété d'un terrain limitrophe, ne peut justifier de son droit que par la prescription ou par un titre établissant qu'il est propriétaire du terrain revendiqué. Or, ce sont là deux moyens qui échappent très-souvent au véritable propriétaire. Et d'abord, quant à la prescription, on comprend que si la possession trentenaire peut être prouvée avec assez de facilité, lorsqu'il s'agit d'un domaine entier, il en est autrement pour une portion de terrain qui n'a aucune limite naturelle ou artificielle, car comment justifier que, pendant trente années, on a labouré et récolté jusqu'à une certaine ligne idéale? Comment justifier surtout qu'on a joui, pendant trente ans, d'une portion de bois ou d'un terrain en friche.

Quant aux titres, les art. 1319 et 1322 du Code civil ont posé la règle que l'acte authentique ou sous seing privé ne fait foi qu'entre les parties contractantes et leurs héritiers ou ayants cause. Cette règle repose, d'ailleurs, sur ce principe de justice que nul ne peut être engagé, sans son propre fait, ni recevoir à son insu une atteinte à ses droits. Ainsi, que Paul vende à Pierre une pièce de terre limitrophe de la sienne, l'héritier de Pierre pourra opposer à Paul l'acte de vente consenti en faveur de son auteur; que, de même, deux personnes achètent de deux copartageants des parcelles contiguës, elles pourront évidemment s'opposer l'une à l'autre l'acte de partage; mais que deux propriétaires voisins qui ne tiennent pas leurs droits d'un auteur commun puissent s'opposer leurs titres, c'est-à-dire qu'il soit permis de fixer l'étendue des droits d'un autre, par des clauses dont ni lui ni ses auteurs n'ont eu connaissance, c'est ce qui répugne aux plus vulgaires notions de la justice, c'est ce que n'autorise ni la loi civile, ni la saine raison. Les tribunaux ont cependant admis ce genre de preuve en se fondant sur les art. 1348 et 1353 du Code civil, d'après lesquels la preuve présomptive peut être admise toutes les fois qu'il n'a pas été possible de se procurer une preuve littérale. Les auteurs n'ont, d'ailleurs, pas contredit cette jurisprudence, car ils l'ont considérée, pour ainsi dire, comme le seul moyen d'échapper aux conséquences de la possession annale, conséquences que j'examinerai plus tard. Toullier, entre autres, n'élève à cet égard aucune espèce de doute. Voici en particulier les règles qu'il trace relativement au mode de délimiter deux propriétés contiguës [1].

« Les titres respectifs, dit-il, font la règle, à moins « que, par une possession quadragénaire, suivant l'an- « cien droit de Bretagne, et trentenaire, suivant le Code « civil, l'un des voisins n'ait prescrit au delà de ses « titres; car, si l'on ne peut prescrire contre son titre, « on peut prescrire outre son titre et au delà de son « titre. Par exemple, si l'un des voisins à qui les titres « ne donnent que dix hectares, en a possédé onze de- « puis trente ou quarante ans.

« S'il n'y a de titres de part ni d'autre, la seule pos- « session doit faire la règle.

« S'il y a de la différence entre les titres des deux « voisins, la règle *melior est causa possidentis* donne « l'avantage à ceux du possesseur.

« Si l'un a des titres qui fixent l'étendue de sa por- « tion, pendant que l'autre n'en représente pas, les titres « doivent servir de règle.

« Si les deux voisins ont des titres, mais qui ne fixent « point l'étendue de leurs portions, il faut partager éga- « lement et par moitié, toujours en supposant qu'il n'y « a pas de possession contraire bien caractérisée.

« Si les titres des deux voisins réunis donnaient une « étendue plus ou moins grande que celle de tout le « terrain, il faudrait faire une règle de trois pour par- « tager le profit ou la perte.

[1] Livre III, §§ 175 et 176.

« Par exemple, le terrain étant de six hectares, les « titres de l'un lui donnent trois hectares, ceux de l'autre « ne lui en donnent que deux; il reste un hectare à « partager dans la proportion de trois à deux. On divise « cet hectare en cinq portions pour en donner trois au « premier et deux au second.

« Et *vice versâ*, dans le cas où il y aurait de la perte, « par exemple, si le terrain ne contient que six hectares, « si les titres de l'un lui en donnent six et les titres de « l'autre trois, le premier doit être réduit à quatre et le « second à deux. »

Ainsi, après avoir reconnu que les deux titres sont l'un et l'autre erronés, on accepte cependant, d'après Toullier, les chiffres qu'ils indiquent comme bases de la proportion qui détermine les droits réciproques des parties. Or, quelque illogiques que soient en elles-mêmes les règles mentionnées par Toullier, elles ne sont cependant pas autre chose que le résumé de la doctrine des auteurs et des usages des tribunaux. C'est ainsi qu'en l'absence d'un titre véritable qui puisse être invoqué par le propriétaire contre les tiers, le juge est forcé, sous peine de déni de justice, de se laisser guider par des considérations plus ou moins arbitraires.

§ 140. Supposons maintenant que chacun des deux propriétaires limitrophes eût acheté, d'après un plan annexé à l'acte de vente et auquel cet acte se référerait, n'est-il pas évident que, si les deux plans s'accordaient sur la ligne séparative des deux propriétés, les tribunaux verraient, dans cette concordance des plans et des actes, une présomption fort supérieure à celles dont ils se sont contentés jusqu'à ce jour, pour résoudre les questions de limites? Bien plus, si le plan annexé à l'acte avait été dressé, à la suite d'un bornage opéré, d'un commun accord, par les parties ou leurs auteurs, la présomption ci-dessus ne se changerait-elle pas en une certitude légale, tant qu'on n'attaquerait pas la validité de l'acte, qu'on ne lui opposerait point un autre acte qui lui fût contraire, ou qu'on ne se prévaudrait pas d'une prescription acquise? Or, la loi du cadastre ne fait pas autre chose que de généraliser cette présomption en la soumettant aux trois exceptions ci-dessus; ainsi l'art. 53 de la loi sur le cadastre n'introduit, quant au fond du droit, aucun changement aux principes du Code civil modifiés par celui de la loi de brumaire an VII sur la transcription; car cet article exprime seulement la conséquence d'un fait nouveau, fait qui n'est autre chose que l'existence de plans dressés à la suite d'un bornage opéré entre les divers propriétaires, et auxquels doivent se référer, à l'avenir, tous les actes de mutation. Aussi peut-on dire que, lors même que la disposition de l'art. 53 ne serait pas exprimée dans la loi sur le cadastre, elle n'en serait pas moins une conséquence de la loi elle-même. Je ne veux point dire par là, cependant, qu'il était inutile d'introduire cette disposition d'une manière explicite; autrement, en effet, on aurait pu croire que le nouveau cadastre avait le même but que l'ancien, c'est-à-dire qu'il était destiné à fixer exclusivement la répartition de l'impôt foncier; dès lors, plusieurs propriétaires n'auraient pas mis d'importance à ce que leurs immeubles fussent indiqués exactement sur les plans et les registres; de plus, la responsabilité des agents supérieurs du cadastre aurait été par là fort amoindrie, en sorte qu'ils n'auraient pas eu les mêmes motifs de se montrer exigeants, soit envers les agents subalternes, soit envers les propriétaires eux-mêmes; enfin, l'on n'aurait pas manqué de soutenir, plus tard, devant les tribunaux, que le but du cadastre n'ayant pas été indiqué dans la loi, on ne pouvait donner à celle-ci un effet rétroactif, en assimilant le cadastre à un véritable titre.

La loi sur le cadastre vaudois, par exemple, avait eu originairement pour but la répartition de l'impôt foncier; elle ne portait donc aucune disposition d'après laquelle le cadastre fût envisagé comme une espèce de titre; or, il en est résulté que les mesures réglementaires concernant la confection de ce cadastre n'ont pas eu, sous le rapport de la détermination exacte de la propriété, toute la portée qu'elles auraient pu avoir, si elles eussent été sanctionnées par une disposition de la loi[1]. Il en résulte aussi qu'en l'absence d'une disposition légale qui ait mis les propriétaires en demeure de faire valoir leurs droits, lors de la confection du cadastre, il serait peut-être difficile aux tribunaux vaudois d'invoquer officiellement ce cadastre à l'appui de leurs décisions.

Quoi qu'il en soit, on peut présumer que, sauf les cas exceptionnels réservés par l'art. 53 et que nous examinerons plus tard, le nouveau cadastre offrira aux tribunaux un moyen facile de décider promptement les questions de limites, ou que, plutôt, il empêchera presque toujours que de semblables procès puissent prendre naissance; car, en général, on ne plaide pas sans avoir quelque espérance de gagner sa cause, et un pareil espoir

[1] Telle est l'opinion exprimée en 1840 par M. Sterky, commissaire général, soit ingénieur en chef du cadastre vaudois, et à laquelle je fais allusion dans mon rapport, page 33.

ne saurait plus, dans des procès de ce genre, être raisonnablement formé par celle des parties qui n'aurait pas le cadastre en sa faveur.

Enfin, la nouvelle loi ne tend pas seulement à empêcher la naissance des procès entre propriétaires limitrophes, mais elle tend surtout à en prévenir la cause, car il ne servirait à rien à l'homme de mauvaise foi d'usurper la propriété de son voisin, puisque cette usurpation pourrait être immédiatement connue et réprimée.

CHAPITRE II.

Inconvénients de la loi sur les effets attribués à la possession annale. Inutilité de faire la preuve de cette possession, depuis la loi de 1841 sur le nouveau cadastre.

§ 141. La loi sur le cadastre n'a point modifié les dispositions du Code de procédure civile relatives aux effets de la possession annale [1]. En conséquence, celui qui aura

[1] La loi génevoise de 1819 sur la procédure civile a admis sur les actions possessoires des principes analogues à ceux qui sont consacrés par le Code français de procédure civile, sauf dans les trois points suivants : 1° Les actions possessoires sont portées devant le tribunal de première instance, soit devant le même juge que celui qui est appelé à statuer plus tard, s'il y a lieu, sur le pétitoire ; 2° dans le cas où une double instance au possessoire et au pétitoire a été formée, le tribunal peut instruire le pétitoire en même temps que le possessoire, si le pétitoire est de nature à être vidé plus promptement ou aussi promptement que le possessoire ; 3° conformément à nos anciens édits civils et à l'ordonnance de 1667, on a admis l'ancienne distinction entre la *complainte* et la *réintégrande,* c'est-à-dire que la possession de l'an et jour n'est exigée que pour la complainte, mais qu'elle ne l'est pas pour la réintégrande, soit pour les cas où il y a eu violence. Il paraît, au reste, que, malgré le silence du Code de procédure français, la Cour de cassation a consacré cette distinction par plusieurs arrêts, et, entre autres, par un arrêt du 28 octobre 1826.

joui pendant un an au moins, par soi ou par ses auteurs, d'une possession paisible, publique, à titre de propriétaire, et qui n'aura pas cessé de posséder depuis plus d'un an, pourra toujours se pourvoir devant le juge contre l'auteur du trouble ou de la dépossession, afin d'être maintenu ou réintégré dans la possession de l'immeuble litigieux. Toutefois, il est évident que, dans l'avenir, on recourra très-rarement à l'action possessoire, puisqu'il sera presque toujours plus facile de faire la preuve de la propriété que celle de la possession, et qu'on évitera ainsi de passer par la double instance du possessoire et du pétitoire.

§ 142. On doit reconnaître qu'en l'absence de moyens plus efficaces pour sauvegarder la propriété, les dispositions du Code de procédure français sur la possession annale sont très-souvent une nécessité; aussi ont-elles été reproduites non-seulement par les lois de procédure qui, comme celle de Genève, sont calquées en grande partie sur le Code français, mais encore dans d'autres lois qui n'ont, sous d'autres rapports, aucune similitude avec ce Code[1]. D'un autre côté, on ne peut nier que la mauvaise foi ait souvent abusé de la possession annale, et c'est vraisemblablement pour échapper aux conséquences souvent funestes de cette possession, que les tribunaux ont cru devoir admettre les preuves présomptives dont j'ai parlé plus haut (§ 139); mais, malgré cette jurisprudence, la chicane a plus d'une fois triomphé de la bonne foi, grâce à la possession annale; aussi ne faut-il pas s'étonner des plaintes nombreuses qui se sont élevées à cet égard. Ces plaintes se firent entendre officiellement de

[1] Code de procédure civile du canton de Vaud, art. 398, et Code de procédure civile du grand-duché de Bade, art. 714 et suiv.

la part des commissions nommées, en 1808, dans les divers chefs-lieux des cours d'appel, aux fins d'examiner le projet de Code rural présenté par le gouvernement. Qu'il me soit permis de citer ici *in extenso* les observations présentées par la commission qui avait été nommée dans le ressort de la cour d'appel de Lyon, ressort dont faisait partie le territoire actuel du canton de Genève :

« Le point de législation le mieux connu des habitants « de la campagne, disait-elle[1], c'est la possession annale ; « ils savent tous que s'ils peuvent surprendre la vigilance « d'un voisin, profiter de l'absence d'un négociant voya- « geur, d'un fonctionnaire public, d'un militaire, pour « usurper son terrain, ils auront, après l'an et le jour, « gain de cause devant le juge de paix. Il leur suffit, pour « cela, d'avoir étendu leur labourage, fait dévier un « chemin, donné quelques coups de pioche, coupé quel- « ques broussailles sur le terrain qu'ils convoitent. Et « qu'on ne dise pas que le fermier, le métayer, s'oppo- « seront à l'usurpation, ou, du moins, avertiront le pro- « priétaire ; d'abord ils ne le pourront pas, si ce proprié- « taire fait une longue absence, et d'ailleurs, soit négli- « gence, soit crainte de se faire un ennemi, il suffit qu'ils « n'aient pas eux-mêmes l'intérêt direct de la propriété ; « jamais ils ne prennent aucune précaution préservative « contre l'atteinte des usurpateurs ; c'est un fait d'expé- « rience assez reconnu.

« Ce genre de vol, moins commun dans les pays de « vignoble, qui sont d'une culture plus continue, est « très-fréquent dans les pays de terres labourables, et « multiplié à l'excès dans ceux des montagnes, où il existe

[1] *Observations des commissions consultatives sur le projet de Code rural*, t. 1, p. 403.

« plus de bois et beaucoup de terrains dont la culture se « fait à des termes plus éloignés. Dans les montagnes « principalement, il faut que le propriétaire reste, pour « ainsi dire, en sentinelle sur ses limites, ou du moins « qu'il ne passe pas une année sans les parcourir toutes.

« Qu'on questionne les juges de paix ; tous conviennent « que plus ou moins, selon la culture des cantons où ils « exercent, un quart ou une moitié et plus des affaires « qui leur passent sous les yeux dérivent de l'abus que « font les usurpateurs du droit de possession annale. « Tous gémissent en avouant que, le plus souvent, ils se « voient obligés d'y maintenir ces usurpateurs, contre « leur intime conviction et la notoriété publique. Cet aveu « n'est pas surprenant, lorsque l'on considère l'insuffi- « sance du moyen qu'a le propriétaire pour se garantir.

« Ce moyen unique du propriétaire est de se pourvoir « au pétitoire, c'est-à-dire de prouver qu'il a la propriété. « Cette preuve ne peut se faire que de deux manières : « ou par un titre d'acquisition soutenu de la possession « depuis sa date, ou en prouvant que lui-même a possédé « pendant trente ans avant l'usurpation. Mais d'abord, « combien peu de propriétaires ont des titres suffisants « pour prouver leur propriété ? Car il faut que ce titre « spécifie une contenance non équivoque qui suive d'un « arpentage exact : et quelle est l'acquisition du plus petit « domaine qui se fasse avec les frais dispendieux d'un « arpentage ? Très-rarement contient-elle la désignation « particulière de tous les fonds. Et, si elle est de plusieurs « domaines, le contrat formerait un gros volume, s'il « fallait y spécifier chaque fonds par sa contenance, de « manière à former titre valable ; encore ne serait-il va- « lable qu'en prouvant en même temps la possession non

« interrompue depuis sa date, fût-elle de vingt-cinq ans. « En général, il n'y a que les ventes de fonds isolés qui « énoncent les contenances, et toujours avec la restric- « tion du mot *environ*, comme le vendeur a joui ou dû « jouir. Voilà le seul énoncé généralement usité dans « toutes les ventes; c'est le seul qui puisse être opposé à « une possession annale, et il est insuffisant pour former « titre valable.

« Concluons que la défense par titre, contre un usur- « pateur par possession, est d'un si rare succès que celui- « ci n'a presque jamais rien à risquer de ce côté.

« Reste au propriétaire la ressource de prouver qu'il « a eu la possession non interrompue, pendant trente « ans, avant la possession annale dont on argumente « contre lui. Il faut convenir que la partie est prodigieu- « sement inégale. C'est un jeu où le propriétaire doit « mettre trente mises contre une seule de la part de l'u- « surpateur. Celui-ci trouvera aisément ses deux témoins « pour sa possession d'une seule et récente année. Le « propriétaire en aurait pu produire vingt, si quelques- « uns n'étaient pas morts; plusieurs autres témoigneront « pour dix, vingt, vingt-cinq ans; deux, enfin, remontent « plus haut, mais la mémoire ne fournit pas de souvenir « à l'un d'eux au delà de vingt ans. C'en est fait : le pro- « priétaire succombera !

« Tant de facilités pour l'usurpateur dans l'exercice « de la possession annale, tant de chances avantageuses « au succès de l'usurpation, doivent nécessairement « multiplier ces fléaux dans les campagnes, et, en effet, « ils y pullulent. De là, une démoralisation vraiment af- « fligeante et d'un effet d'autant plus contagieux qu'elle « trouve son appui dans une loi.

« De quelque côté qu'on envisage cette possession an-« nale, on y voit donc une pépinière de procès, l'impos-« sibilité pour l'homme honnête de lutter avec égalité « contre tous les avantages du fripon, une multitude de « condamnations sur la forme contre la vérité du fond, « un appât qui conduit au mépris de toute morale. Tous « ces maux seraient considérablement diminués, si le « terme pour acquérir le droit de possession était fixé à « cinq années. »

Les rédacteurs du Code rural, frappés des considérations ci-dessus, avaient introduit, dans leur dernier projet, une disposition qui, suivant le désir de la commission de Lyon et d'autres commissions, portait à cinq ans la durée de la possession requise pour la saisine. Mais, comme le fait observer M. le président de Robernier, cette innovation aurait seulement déplacé la difficulté et changé le siége du mal.

Quoi qu'il en soit, les membres de la commission du Conseil représentatif, chargée d'examiner le projet de loi sur le nouveau cadastre, reconnurent unanimement qu'un des grands avantages de cette institution serait de diminuer les causes possessoires, et, ce qu'il y a de plus remarquable, c'est que ces avantages furent surtout signalés par ceux des membres de la commission qui étaient le moins portés aux innovations, mais qui avaient reconnu, dans leur pratique judiciaire, tous les abus de la possession annale [1].

§ 143. Au reste, nous avons déjà vu (§ 1er) que ce n'était point la première fois que le gouvernement de Genève avait tenté de créer des plans, dans le but de dé-

[1] MM. J. L. Pictet, président du tribunal civil, et Lafontaine, vice-président de la cour d'appel.

terminer la propriété; depuis longtemps, en effet, le besoin de connaître avec exactitude les limites de chaque domaine s'était fait sentir dans notre République; car il est peu de pays où le terrain soit divisé en un aussi grand nombre de propriétés, où les immeubles aient une aussi grande valeur relative, et où la mobilité de la population et le déplacement des richesses produisent des mutations aussi fréquentes.

Cette application des plans à la détermination de la propriété avait lieu également, en France, dans quelques provinces, comme la Provence et le Languedoc; dans cette dernière, en particulier, les tribunaux résolurent souvent des questions de limites en se fondant sur les anciens compoix[1].

On pouvait aussi invoquer le cadastre de Savoie devant les tribunaux sardes, lorsqu'on n'avait pas d'autre titre pour établir son droit de propriété. Enfin, quoique le cadastre décrété en France, en 1791, par l'Assemblée constituante, ait eu pour but unique l'établissement d'une base de la contribution foncière, on s'était cependant flatté, lors de sa création, qu'il préviendrait, pour l'avenir, une foule de contestations entre les propriétaires sur les limites de leurs domaines, et qu'il pourrait et devrait même servir de titre en justice, pour prouver la propriété[2].

Si le cadastre de France n'a pas tenu ses promesses,

[1] *De la preuve du droit de propriété*, par Félix de Robernier, t. I, p. 91 et suiv.

[2] « Le cadastre termine, prévient pour l'avenir une foule de contestations « entre les propriétaires sur les limites de leurs propriétés. Il peut et doit « même nécessairement, par la suite, servir de titre en justice pour prouver « la propriété » (§§ 1142 et 1143 du *Recueil méthodique des lois, décrets, règlements, etc., sur le cadastre de France*).

et si, en particulier, les tribunaux de Genève lui ont presque toujours refusé la confiance qu'on avait accordée au cadastre sarde et aux plans dressés sous l'ancienne République de Genève, cela tient à l'imperfection matérielle des plans du cadastre français, à la petitesse de leur échelle et à l'insuffisance des précautions prises par le législateur et par l'autorité pour faire reconnaître ces plans par les propriétaires intéressés.

CHAPITRE III.

Des exceptions au principe de la foi due au cadastre.

§ 144. La loi sur le cadastre a établi des exceptions au principe général d'après lequel le cadastre fait foi en faveur de celui qui y est inscrit. Ces exceptions peuvent se ranger sous les trois catégories suivantes :

1° Lorsque le titre en vertu duquel l'inscription au cadastre a été opérée est entaché de nullité ;

2° Lorsque celui contre lequel on invoque le cadastre peut se prévaloir d'un titre régulier ;

3° Lorsqu'il peut invoquer la prescription.

Ce sont ces trois exceptions que je vais examiner successivement.

Section I. *Examen de l'exception fondée sur la nullité de l'acte en vertu duquel l'inscription a été opérée.*

§ 145. Le registre des propriétaires inscrits au cadastre n'étant pas autre chose, d'après la loi, que la classification méthodique et exacte du registre des transcriptions, il est évident que l'inscription au cadastre ne saurait inspirer plus de foi que le titre d'où elle a été tirée, et qu'elle peut, en conséquence, être attaquée par tous les moyens qu'on pourrait faire valoir contre ce titre. C'est d'après ces motifs que l'art. 53 porte, qu'en *aucun cas, l'inscription au cadastre ne couvrira les vices du titre en vertu duquel elle aura été opérée.* Ainsi, en supposant que, par suite d'un acte de faux, on ait vendu un immeuble, sans le consentement du propriétaire, la transcription du soi-disant acte de vente et l'inscription au cadastre, qui en sera la conséquence, ne pourront empêcher le véritable propriétaire de revendiquer sa propriété, tant que la prescription n'aura pas été acquise contre lui. De même, lorsqu'une vente d'un bien de mineur aurait été consentie par un tuteur, sans que celui-ci ait rempli les formalités nécessaires pour la validité de cette vente, le mineur, devenu majeur, pourra toujours revendiquer contre le tiers acquéreur inscrit au cadastre, l'immeuble qui lui appartenait et qui aurait été vendu induement. Il y a cependant un cas où l'inscription au cadastre peut couvrir les vices du titre en vertu duquel elle aurait été opérée; c'est ce cas que je vais examiner dans la section suivante.

SECTION II. *Des effets de l'inscription au cadastre, en cas de saisie immobilière.*

§ 146. D'après l'art. 624 de la loi sur la procédure civile, modifié par celle du 16 septembre 1844, aucune revendication de la propriété des biens adjugés à la suite d'une saisie immobilière n'est admise postérieurement à l'adjudication, si, lors de cette adjudication, les biens adjugés étaient inscrits au cadastre sous le nom de la personne contre laquelle la saisie immobilière a été poursuivie (Règl., art. 2).

Le principe de la purgation de la propriété par l'effet de la saisie avait été consacré par la loi de 1819 sur la procédure civile, en sorte que la loi de 1844 n'a pas fait autre chose que de mettre en harmonie la loi de 1819 avec celle de 1841 sur le cadastre. Ce principe existait déjà dans nos anciens édits civils, et il était adopté dans le ressort de plusieurs parlements desquels dépendaient les trois quarts de la France, comme Paris, Bordeaux, Toulouse. Les rédacteurs du projet de Code civil, ceux du projet de Code de procédure civile et la Cour de cassation avaient également admis que l'adjudication purgeait les droits de propriété. Enfin, plusieurs législations allemandes et entre autres le Code prussien ont consacré le principe que le bien vendu, par suite d'expropriation forcée, passe entre les mains de l'adjudicataire, libre de toute prétention de la part des tiers non inscrits. C'est donc à tort qu'on a reproché à la loi génevoise, sur la procédure civile, d'avoir consacré une espèce d'anomalie législative. On comprend, d'un autre côté, qu'en l'absence de registres publics indiquant les droits du débiteur saisi, le législateur a pu considérer cette purgation de la propriété comme l'unique moyen de rassurer les acquéreurs contre les revendications tardives, et d'empêcher ainsi que les immeubles saisis ne fussent vendus à vil prix; dans une vente volontaire, en effet, l'acheteur peut exiger de son vendeur la production des titres de propriété et se faire une idée des chances qu'il a à courir; mais il n'en est point de même dans les expropriations forcées, puisque la vente a lieu sans le concours du débiteur saisi, et que ce dernier est le plus souvent mal disposé à fournir les renseignements nécessaires. Telles sont les considérations qui engagèrent, en 1819, le législateur génevois à revenir au principe de nos anciennes subhastations. Le retour à ce principe n'aurait eu d'ailleurs aucun inconvénient dans la pratique, si le législateur de 1819 n'eût pas exigé que les immeubles saisis fussent désignés par les numéros du cadastre; l'ancien cadastre, en effet, étant fort défectueux, il en est résulté que les placards de saisie ont contenu très-souvent des erreurs dans les désignations de l'immeuble saisi, erreurs qui sont restées quelquefois inaperçues et ont été ainsi reproduites dans le jugement d'adjudication. Telle est la véritable cause des plaintes qui se sont élevées contre la disposition de l'art. 624 et qui auraient été évitées, si, au lieu de chercher les désignations de l'immeuble saisi dans des registres inexacts, on eût confié le soin de désigner cet immeuble à un géomètre expert, ainsi que cela s'est fait plus tard, depuis 1844, dans les communes où le nouveau cadastre n'était pas terminé (Règl., art. 360).

Au reste, tout en admettant qu'en 1819, c'est-à-dire sous la législation du Code civil, il était éminemment utile de consacrer le principe de la purge des droits de propriété par l'adjudication, et tout en espérant que, sous le nouveau cadastre, ce principe ne saurait plus avoir d'inconvénient, je dois reconnaître que le principal motif qu'on pouvait faire valoir en faveur de cette disposition, ne peut plus être invoqué sous la loi de 1841. D'après cette loi, en effet, l'acquéreur d'un immeuble saisi n'est plus, comme auparavant, dans l'impossibilité de vérifier les titres de propriété du débiteur saisi, puisque les registres de la transcription et ceux du cadastre lui fournissent, à cet égard, tous les renseignements nécessaires, et que ces renseignements sont même beaucoup plus sûrs et plus complets que ceux qu'on pouvait espérer, sous le Code civil, de la part du vendeur par acte volontaire. Ainsi, en supprimant l'art. 624 de la loi sur la procédure civile, l'acquéreur ne serait point mis dans une position plus défavorable que s'il eût acquis par une vente non juridique.

§ 147. Mais, si la suppression de l'art. 624 n'aurait pas d'inconvénient sensible, il en serait autrement de la suppression des art. 625 et 626 de la même loi, lesquels statuent: 1° que les paiements des loyers par anticipation ne peuvent pas être opposés à l'adjudicataire, sinon pour le terme courant, d'après la loi ou l'usage; 2° que l'adjudicataire n'est tenu d'aucun droit d'usufruit, d'usage ou d'habitation, d'aucune servitude autre qu'une servitude apparente et continue, ni, enfin, d'aucun bail d'une durée excédant celle du bail verbal, si ces droits n'ont été rendus publics, avant l'adjudication, par la voie du greffe ou du bureau des hypothèques. On comprend, en effet, que dans tous ces cas l'adjudicataire n'a, sous la législation actuelle, aucun moyen de connaître la véritable position du débiteur saisi; il était donc juste et convenable que la loi vînt à son secours, pour empêcher qu'il ne fût victime d'une collusion frauduleuse; mais la loi ne devrait-elle pas, dans des cas analogues, prêter aussi son appui à l'acquéreur par acte volontaire? Telle est la question que j'examinerai dans l'un des chapitres suivants (§§ 182 et 183).

SECTION III. *De l'exception contre le cadastre fondée sur la production d'un titre régulier.*

§ 148. L'exception contre le cadastre dont j'ai parlé plus haut, c'est-à-dire celle qui est fondée sur la nullité du titre, est seulement applicable à une inscription au cadastre opérée à la suite d'un acte de mutation qui aurait été transcrit conformément à la loi de 1841; car, pour que cette exception puisse être opposée, il faut, d'après le texte du second alinéa de l'art. 53, que l'inscription au cadastre ait été opérée en vertu d'un titre; or, quoique, d'après l'art. 170 du règlement, le commissaire chargé de la reconnaissance des bulletins soit autorisé à exiger des divers propriétaires la production de leurs titres de propriété, et qu'il soit de son devoir de faire usage, dans la plupart des cas, de cette autorisation, on ne peut pas dire, cependant, que l'inscription se fasse ici en vertu d'un titre, puisque le titre produit n'est pas mentionné dans le procès-verbal de reconnaissance des bulletins.

La première inscription au cadastre ayant ainsi pu s'opérer sans être appuyée sur un titre, il en résulte que les chances d'erreur étaient bien plus considérables dans la première confection du cadastre qu'elles ne le seront dans l'avenir; il était donc nécessaire que, sans trop ébranler la foi due au cadastre, on pût cependant rectifier les erreurs constatées qui auraient été commises lors du premier établissement des registres. Dans ce but, l'art. 53 statue que l'inscription au cadastre ne pourra pas être invoquée contre celui qui établirait son droit de propriété par un titre régulier. Dès lors, celui qui produit un titre constatant que lui ou ses auteurs étaient propriétaires, à une certaine époque, de l'immeuble litigieux, doit être reconnu propriétaire de cet immeuble, tant que la personne inscrite au cadastre n'établit pas elle-même, par un titre postérieur ou par la prescription, qu'elle est devenue plus tard propriétaire de l'immeuble revendiqué. Ainsi, supposons que l'un des deux enfants du précédent propriétaire d'une parcelle se soit présenté devant le commissaire comme le seul héritier de son père et qu'il ait été inscrit, en conséquence, comme propriétaire unique, l'héritier non inscrit pourra invoquer, en sa faveur, le titre de propriété de son père et se faire reconnaître comme propriétaire de la moitié de la parcelle litigieuse, à moins que l'autre héritier ne puisse se prévaloir d'un acte de partage ou de la prescription trentenaire. La production matérielle d'un titre régulier de la part de l'héritier évincé, aux fins d'établir la qualité de propriétaire de son père, ne serait d'ailleurs exigée qu'autant que l'autre héritier méconnaîtrait cette qualité, car, si elle était reconnue, cette reconnaissance, qui émanerait d'un héritier, équivaudrait nécessairement à un titre.

§ 149. L'exception contre l'inscription au cadastre, fondée sur la production d'un titre régulier, ne peut, en général, avoir lieu que pour les erreurs commises lors de la confection du cadastre, car, d'après la nouvelle loi, aucun titre de mutation ne peut être opposé aux tiers, s'il n'a été transcrit et par conséquent inscrit au cadastre. L'exception tirée d'un titre postérieur au cadastre déclaré définitif ne pourrait donc être invoquée que si le conservateur du cadastre n'avait pas opéré, sur les registres, la mutation indiquée par un titre présenté à la transcription, ou que s'il avait opéré l'inscription au nom d'une personne autre que celle qui était indiquée dans l'acte en qualité d'acquéreur; mais ce sont là des irrégularités peu vraisemblables; dans tous les cas, le conservateur, à teneur de l'art. 338 du règlement de 1844, serait responsable, envers les tiers, du dommage qui résulterait pour eux de l'omission ou de l'erreur qu'il aurait commise.

SECTION IV. *De l'exception contre le cadastre fondée sur la prescription.*

§ 150. La foi accordée au cadastre par l'art. 53 pourra être détruite, si la personne qui revendique tout ou partie d'une parcelle apporte la preuve que l'immeuble litigieux lui est acquis par prescription. Cette exception, comme la précédente, est surtout applicable au cas où la prescription était acquise avant que le cadastre ait été déclaré définitif dans la commune où est situé l'immeuble litigieux. En effet, quoique la loi de 1841 n'ait pas statué que l'inscription au cadastre serait, à l'avenir, une condition de la prescription, les tribunaux pourraient, dans la plupart des cas, considérer cette absence d'inscription comme un fait qui, d'après l'art. 2229 du Code civil, empêcherait que le possesseur ne pût prescrire. Afin de mieux faire comprendre quelle a été, à cet égard, la pensée du législateur, je citerai le texte du rapport fait sur cet objet au Conseil représentatif.

« Quant à la proposition qui avait pour but de faire de « l'inscription au cadastre une des conditions de la pres« cription, on doit reconnaître que cette modification du « droit civil serait une suite naturelle du changement

« introduit par la loi sur le cadastre. Car, on comprend « que le Code civil n'ayant pas même exigé un acte au- « thentique pour la transmission des immeubles à titre « onéreux, n'a pu fixer les caractères de la possession, « comme il l'aurait fait, si tous les propriétaires eussent « dû être inscrits sur des registres publics, indiquant « d'une manière précise la propriété de chacun. La com- « mission a cru cependant qu'il serait irrationnel de « poser, à propos du cadastre, de nouveaux principes « sur la prescription ; d'autant plus que le but de la pro- « position peut être atteint, sans qu'il soit besoin d'in- « sérer dans le projet une disposition spéciale.

« En effet, s'il s'agit de la prescription de dix et vingt « ans, elle ne saurait désormais être opposée que par « celui qui sera inscrit au cadastre, puisque, d'après le « Code civil, la prescription de dix et vingt ans ne peut « s'obtenir qu'à l'aide d'un juste titre, c'est-à-dire d'un « titre qui, suivant la loi du 28 juin 1830, doit être « transcrit et donner lieu, par conséquent, à une ins- « cription au cadastre. Quant à la prescription trente- « naire, les tribunaux pourront trouver au besoin, dans « le Code civil, des dispositions suffisantes pour exiger « cette inscription comme une condition de la posses- « sion. Car l'art. 2229 du Code civil statue que, pour « pouvoir prescrire, il faut une possession continue et « non interrompue, paisible, publique, non équivoque « et à titre de propriétaire. Or, si la loi future devenait « assez familière à la population, pour qu'il fût morale- « ment impossible de se considérer comme légitime « propriétaire sans être inscrit comme tel au cadastre, « les tribunaux refuseraient, sans aucun doute, de con- « sidérer comme une possession publique et non équi-

« voque celle qui ne serait point appuyée par une ins-
« cription sur les registres publics de la propriété. »

§ 151. Au reste, les cas dans lesquels une possession contraire aux titres d'une portion notable de terrain se prolongerait pendant trente années, seront infiniment rares sous la nouvelle loi ; car, comme le fait observer M. de Robernier, l'erreur, l'incertitude du droit, de son étendue ou de son objet, expliquent aujourd'hui, bien mieux que l'hypothèse d'une négligence impossible de la part du véritable propriétaire, le retour fréquent des cas de prescription. Or, cette erreur et cette incertitude du droit ne pourront presque jamais se présenter avec le nouveau cadastre, lorsqu'il s'agira d'une parcelle entière ou d'une portion de terrain assez étendue.

S'il s'agissait, au contraire, d'une bande étroite de terrain qui serait usurpée par le propriétaire de la parcelle limitrophe, le propriétaire du terrain usurpé pourrait bien ignorer l'étendue de son droit ; mais ce dernier cas ne pourrait pas donner lieu à la prescription, car, d'après une jurisprudence constante, on considère ces espèces d'envahissement comme des actes de simple tolérance, qui, à teneur de l'art. 2232 du Code civil, ne peuvent fonder ni la possession ni la prescription. Toutefois, il en serait autrement, si le voisin avait établi une haie, un fossé ou un mur au delà de la ligne séparative indiquée par les plans ; car on ne pourrait plus dire, dans ce cas, qu'il s'agit d'une possession précaire ou d'une simple tolérance ; d'un autre côté, on ne pourrait pas prétendre que la possession est équivoque et non publique, puisque le possesseur serait bien réellement inscrit au cadastre, et qu'il importerait peu, sous le rapport de la publicité de la possession, que l'étendue de la parcelle inscrite eût quelques mètres de plus ou de moins.

§ 152. Enfin, il y a des cas où l'on ne pourrait point soutenir contre le possesseur d'une parcelle entière que sa possession n'a pas les caractères de certitude et de publicité prescrits par l'art. 2229 du Code civil; ces cas sont ceux où il y aurait eu erreur dans un acte de vente ou de partage sur la désignation d'une parcelle.

Si un acte de partage, par exemple, avait attribué deux parcelles distinctes à deux des cohéritiers, et que chacun de ceux-ci se fût mis en possession de la parcelle attribuée dans l'acte à son cohéritier, il est évident que, dans ce cas, la possession aurait tous les caractères exigés par le Code civil pour la prescription; toutefois, il serait difficile d'appliquer ici la prescription décennale, car, s'il y avait bonne foi, il n'y aurait pas juste titre, puisque l'acte aurait transmis un autre immeuble que celui qui ferait l'objet de la possession.

Cependant, les tribunaux pourraient, suivant les circonstances, voir dans cette possession réciproque des deux copartageants une preuve établissant l'erreur, et admettre, en conséquence, sur la demande de l'une des parties, la rescision de l'acte, si l'autre partie se refusait à sa rectification.

QUATRIÈME PARTIE.

De l'individualisation des immeubles au moyen du cadastre et de la nécessité de cette individualisation pour l'établissement et la tenue des registres de droits réels.

---

§ 153. En prescrivant la détermination exacte de chaque domaine, le législateur génevois de 1841 s'était proposé deux buts: il cherchait, en premier lieu, à tarir une des sources les plus fécondes des procès entre propriétaires voisins, en empêchant qu'à l'avenir on pût empiéter sur les fonds d'autrui, sans que l'erreur ou la fraude fût à l'instant découverte; en second lieu, il se proposait d'obtenir, par le nouveau cadastre, l'individualisation des immeubles, c'est-à-dire le moyen de les distinguer facilement les uns des autres, de telle sorte qu'il fût toujours possible de désigner et de reconnaître un immeuble, abstraction faite de la personne qui le possédait actuellement ou qui l'avait un jour possédé.

Le premier point de vue du législateur génevois ressort de l'art. 53 de la loi de 1841, concernant les effets civils du cadastre, article dont nous avons examiné la portée dans la troisième partie de ce commentaire (§§ 139 et suiv.). Quant au second point de vue, c'est-à-dire quant à l'individualisation des immeubles, quoique le législateur de 1841 reconnût l'utilité qu'on pouvait tirer de ce principe, pour obtenir une meilleure législation des droits réels, il s'est abstenu d'en faire de suite l'application. Toutefois, il a dû déterminer immédiatement les conséquences du nouveau cadastre, soit du principe de l'individualisation, dans les actes de mutation de propriété, afin d'éviter toute lacune entre l'époque où le cadastre aurait été confectionné et celle où on l'aurait appliqué à la généralité des droits réels. Mais, quant aux avantages qui, sous le rapport des hypothèques et des autres charges immobilières, pouvaient résulter du nouveau cadastre, le législateur s'est contenté de les faire pressentir dans son exposé des motifs, bien persuadé que si l'on parvenait un jour à obtenir un bon cadastre, il serait très-facile de l'appliquer, dès qu'on le voudrait, à la tenue des registres des hypothèques et des autres droits réels.

Quoi qu'il en soit, il suffit, ce me semble, de prendre connaissance des règles relatives à l'établissement et à la conservation du nouveau cadastre de Genève, pour se convaincre que ce cadastre a établi, de la manière la plus complète, l'individualisation des immeubles. Il ne me reste donc plus qu'à prouver l'utilité ou plutôt la nécessité de ce principe, lorsqu'on veut obtenir une bonne législation des droits réels dans les pays où, comme en France, la propriété immobilière est fort divisée et change souvent de forme et de maître.

Dans ce but, je chercherai à combattre les arguments qui ont été avancés, en France, contre ce principe, soit contre l'application du cadastre à la détermination de la propriété et des autres droits réels; mais, avant de passer en revue ces arguments, je crois utile de jeter un coup d'œil sur quelques législations étrangères à la France;

afin de comparer celles où l'on a établi des registres de droits réels, après avoir dressé des plans figurant les divers immeubles, avec celles où l'on n'a pas eu recours au même moyen pour l'établissement de ces registres. Disons d'abord quelques mots de ces dernières qui sont les plus anciennes.

CHAPITRE PREMIER.

Des registres de droits réels, en Prusse, en Autriche et d'autres États de l'Allemagne.

§ 154. Les législations hypothécaires de l'Allemagne ont admis, en général, le principe que le créancier en faveur duquel on stipule une hypothèque, doit trouver, dans l'immeuble hypothéqué, une garantie équivalente à celle qu'il obtiendrait si on lui remettait un gage mobilier. En conséquence de ce principe, ces législations ont pris les précautions nécessaires, soit pour mettre le créancier en position de connaître les droits du débiteur ou de toute autre personne sur l'immeuble donné en garantie, soit pour empêcher que les droits existant à l'époque de la constitution d'hypothèque ne fussent dès lors modifiés, au préjudice du créancier hypothécaire. Afin d'atteindre ce but, ces législations ont établi, depuis longtemps, des livres où étaient inscrits les divers droits immobiliers.

§ 155. Des registres de ce genre furent créés, en particulier, dans l'ancienne monarchie prussienne, par une ordonnance du 4 février 1722; et ils le furent plus tard, en Silésie, par une ordonnance du 4 août 1750; mais l'ordonnance du 20 décembre 1783, qui fut rendue sous

Frédéric-le-Grand, et qui généralisa le système pour toute la Prusse, est celle qui a eu, en Allemagne, le plus de retentissement et qui sert encore aujourd'hui de base à la tenue des registres de la propriété dans les États prussiens autres que les provinces rhénanes.

§ 156. Les livres des droits immobiliers furent institués, dans les divers États autrichiens, par des ordonnances successives, dont la plus ancienne était applicable à la Styrie et remonte jusqu'au 15 mars 1730. Toutefois, ces livres des droits immobiliers n'étaient guère, avant 1792, que des registres où les titres concernant les immeubles étaient transcrits par ordre de date; les registres à inscription ne furent, en effet, organisés en Autriche que par l'ordonnance du 2 novembre 1792, applicable à la haute Autriche, et par celle du 22 avril 1794, qui n'était originairement destinée qu'à la Bohême et à la Moravie, mais qui fut ensuite considérée par les tribunaux comme applicable aux autres États autrichiens[1].

Le Code civil autrichien de 1811 était destiné à tous les États qui composaient alors la monarchie autrichienne; mais ce Code se borne à poser les principes généraux sur le mode d'acquérir les droits immobiliers et il renvoie, dans l'art. 446, aux ordonnances spéciales des diverses provinces, pour tout ce qui concerne le mode d'inscription et la tenue des registres.

Au reste, les registres des droits réels n'existent pas dans tous les États allemands de l'Autriche; il n'y en a

[1] Telle est l'opinion exprimée par le docteur J. S. Aussez, juge d'appel en Autriche, dans son ouvrage sur les livres fonciers de l'Autriche : *Darstellung der Landtafel und Grundbuchs-Ordnung in OEsterreich*. 1847, § 8, p. 12.

point, par exemple, dans le Tyrol et le Vorarlberg. Quant au royaume Lombard-Vénitien, quoique le Code autrichien y ait été introduit depuis le 1er janvier 1816, par un édit du 20 septembre 1815, on n'y a point établi des registres à inscription analogues à ceux qui existent dans la plupart des États de la monarchie autrichienne; mais l'on s'est contenté d'y créer des registres hypothécaires basés sur les principes du Code autrichien, lesquels ont prohibé toute hypothèque générale et occulte[1].

[1] Un édit du 16 mars 1816 déclara que les dispositions du Code civil autrichien, concernant l'intabulation, soit l'inscription dans des registres publics du droit de propriété immobilière et des autres droits réels, n'étaient pas applicables au royaume Lombard-Vénitien, et qu'en conséquence la tradition des immeubles continuerait à s'opérer suivant les principes de la législation antérieure, soit du Code Napoléon, qui fut en vigueur, dans ce royaume, jusqu'au 1er janvier 1816. Le même édit du 16 mars 1816 déclara que, quant aux hypothèques qui avaient été constituées antérieurement au 1er janvier 1816, elles seraient également régies par la législation antérieure; les hypothèques étaient donc soumises, depuis 1816, dans le royaume Lombard-Vénitien, à deux législations différentes, selon qu'elles remontaient ou non à une époque antérieure à la mise à exécution du Code autrichien; mais l'ordonnance du 19 juin 1826 fit cesser cet état de choses, en fixant un délai dans lequel les hypothèques légales antérieures à 1816 devaient être inscrites pour produire un effet rétroactif. Quant à la publicité du droit de propriété immobilière et des autres droits réels, il n'a rien été statué par l'ordonnance du 19 juin 1826, ni par aucune autre ordonnance postérieure, en sorte que les dispositions du Code Napoléon, à cet égard, subsistent encore en entier; ainsi, le régime qui est aujourd'hui en vigueur dans le royaume Lombard-Vénitien est fort inférieur sous le point de vue de la transmission des immeubles, non-seulement à celui qui est organisé par les lois autrichiennes, mais encore à celui qui était établi par la loi de brumaire an VII. C'est donc à tort que plusieurs auteurs ont vanté la perfection de l'édit milanais du 19 juin 1826, lequel, dans tous les cas, n'était qu'une loi transitoire.

Voyez Bassevi, *Annotazioni pratiche al Codice civile austriaco*, édition de 1853, p. 168.

§ 157. Les livres immobiliers furent établis, dans le duché de Nassau, par une ordonnance du 21 mars 1774 et par une instruction du 5 juin 1816. Postérieurement enfin parurent, en Bavière, la loi du 1er mai 1822, et, dans le Wurtemberg, celles du 15 avril 1825 et 21 mai 1828, lesquelles ont organisé, en vue des hypothèques, des registres analogues à ceux de la Prusse et de l'Autriche.

§ 158. La forme de ces registres n'est point semblable dans ces divers États, et elle varie même quelquefois dans les provinces d'un même pays; toutefois on peut considérer ces registres comme basés sur un principe commun, savoir qu'aucun droit réel n'est censé exister, à l'égard des tiers, s'il n'a été inscrit préalablement dans ces registres.

Aussi peut-on dire que, dans les cas où il ne saurait y avoir de doute sur l'identité de l'immeuble qui fait l'objet d'une transaction, les registres des droits réels offrent, dans les pays d'Allemagne que nous venons de mentionner, des détails tellement exacts et complets sur l'immeuble à hypothéquer ou à vendre que la sécurité est presque la même, pour le créancier ou l'acquéreur, que s'il s'agissait d'un objet mobilier. Toutefois, comme je viens de l'observer, cette sécurité complète n'existe qu'autant qu'il ne peut y avoir de doute sur l'identité de l'immeuble qui fait l'objet du contrat; or, c'est là une hypothèse à la réalisation de laquelle la plupart des législations allemandes sont loin d'avoir pourvu d'une manière suffisante. Pour établir cette assertion, je rappellerai que, pour créer les registres de la propriété en Autriche, en Prusse, en Bavière et dans le Wurtemberg, on n'a point procédé, comme dans le cadastre génevois, en divisant le territoire entier de la commune en parcelles, et en cherchant ensuite quels étaient les propriétaires de chacune d'elles, de manière qu'il n'y eût aucune parcelle qui ne fût attribuée à un propriétaire, et que, réciproquement, aucun propriétaire ne pût réclamer tout ou partie de la parcelle qui avait déjà été attribuée à un autre[1].

Mais au lieu de suivre cette marche qui supposait la confection préalable de plans exacts et spécialement destinés à la détermination des immeubles, on a invité chaque propriétaire à présenter ses titres à l'autorité, afin que celle-ci pût, d'après leur contenu, faire dresser sur le registre l'article correspondant. Le mode de procéder à l'examen de ces titres et, en particulier, la rigueur des règles exigées pour leur vérification n'étaient point les mêmes dans ces divers États, et le but de ces registres n'y était d'ailleurs pas identique; c'est ainsi, par exemple, qu'en Prusse, en Autriche et dans le Wurtemberg, tous les propriétaires, même ceux qui ne doivent rien à personne, doivent être inscrits sur les registres de la propriété, tandis qu'en Bavière, on y inscrit seulement ceux qui veulent hypothéquer leur immeuble. Quoi qu'il en soit, bien qu'on relate, quelquefois, dans ces registres, les articles du cadastre, quand il y en a un, on ne saurait dire que les immeubles soient déterminés par leur référence à des plans exacts et tenus constamment à jour; car, le plus souvent, ces plans n'existaient pas à l'époque de la confection des registres, et, lorsqu'il y en avait, ils étaient trop imparfaits, pour fournir des notions suf-

[1] On a fait usage cependant en Westphalie des anciennes matrices cadastrales comme d'un document qui venait à l'aide des autres moyens de preuve.

fisantes sur la situation et l'étendue des immeubles à inscrire [1].

Il y avait donc, lors de la première confection des registres, de grandes chances d'omissions ou de doubles emplois dans l'attribution des immeubles aux divers propriétaires, d'autant plus que les propriétaires voisins n'étaient point appelés en contradictoire les uns des autres, et que les inscriptions des divers propriétaires d'une même localité s'opéraient à des époques fort éloignées.

Dans tous les cas, les précautions qu'il était nécessaire de prendre, afin d'éviter les dangers que je viens de signaler, ont fait considérer la confection et la conservation des registres des droits réels, dans les pays d'Allemagne dont j'ai parlé plus haut, comme une œuvre longue, difficile et délicate.

§ 159. C'est aussi à ce défaut d'individualité des immeubles qui existait à Genève, avant le nouveau cadastre, qu'on doit attribuer l'ajournement indéfini du projet de loi sur les droits réels présenté, en 1827, au Conseil représentatif de Genève, projet qui avait été élaboré par Girod, Rossi et Bellot, sur le modèle des lois allemandes, et en particulier des ordonnances prussiennes, et qui avait mérité les éloges des jurisconsultes les plus éminents de la France et de l'Allemagne [2]. Le projet géne-

[1] Les lois qui ont établi des registres de droits réels en Bavière et dans le Wurtemberg datent de 1822 et 1825, tandis que les lois qui ont ordonné, dans ces deux pays, l'établissement d'un cadastre n'ont été rendues qu'en 1828. Toutefois, on a cherché plus tard, dans ces deux pays, à faire servir le cadastre à la tenue des registres de la propriété; dans le Wurtemberg, en particulier, l'ordonnance du 3 décembre 1832 a ordonné la création de nouveaux registres dans les diverses communes, au fur et à mesure que ces communes seraient cadastrées.

[2] Voyez le rapport du 17 février 1841 de M. le professeur P. Odier,

vois de 1827 supposait, en effet, qu'un compte était ouvert à chaque propriétaire, et qu'au fur et à mesure qu'une mutation avait lieu, on débitait le compte de l'acquéreur et on créditait celui du vendeur, en sorte que, d'après le projet, il n'y avait aucune parcelle qui ne fût portée sur l'un des divers comptes ouverts aux propriétaires du canton de Genève; mais comment établir ces comptes pour la première fois? Tel est le problème qui devait être résolu par la loi transitoire, dont la rédaction avait été confiée spécialement à Bellot. Or, celui-ci, malgré ses efforts, malgré ses immenses talents et sa profonde expérience de tout ce qui avait rapport au régime hypothécaire, n'a pu arriver à une solution qui fût satisfaisante pour son esprit éclairé et positif; c'est qu'en effet ce problème était insoluble, car il était contraire à la nature des choses de vouloir inscrire, article par article, les immeubles d'un pays dans le livre des propriétaires, avant d'avoir déterminé, préalablement, en quoi ces immeubles consistaient.

§ 160. A la vérité, les divers articles des registres de droits réels ne sont pas classés en Autriche et en Bavière, comme en Prusse et dans le Wurtemberg, sous le nom du propriétaire, mais sous celui des immeubles eux-mêmes, lesquels portent des dénominations différentes; mais, comme ces dénominations ne se rapportent point à une portion de territoire dont la situation relative soit déterminée d'une manière précise, il en résulte qu'elles ne sont qu'un moyen fort imparfait d'individualiser les immeubles et qu'elles sont même, assez souvent, une cause d'erreur et de confusion, parce que ces noms, et

fait au nom de la commission des droits réels sur l'ajournement du projet de loi de décembre 1827.

en particulier ceux des petites parcelles, subissent, par le fait des propriétaires successifs, divers changements qui empêchent, au bout d'un certain temps, qu'on ne reconnaisse leur identité.

§ 161. Quoi qu'il en soit, plusieurs jurisconsultes et publicistes de l'Allemagne ont exprimé de vifs regrets de ce que les registres des droits réels avaient été faits sans se référer à des plans exacts. Telle est, en particulier, l'opinion de Puchta, opinion qui est d'autant plus importante qu'il s'était occupé lui-même, pendant plus de trente ans, et en qualité de magistrat, de la confection des registres hypothécaires en Prusse et en Bavière. Suivant lui, on ne saurait arriver à éviter les erreurs dans la confection des registres hypothécaires que *par un arpentage exact des divers immeubles et par l'établissement de cartes dans lesquelles chaque parcelle serait désignée d'après un numéro invariable, qui serait rappelé dans le registre hypothécaire* [1].

Le célèbre professeur Mittermaier exprime une opinion semblable. *Il est nécessaire*, dit-il, *pour que les registres de droits immobiliers atteignent leur but, qu'ils soient basés sur des plans confectionnés préalablement* [2].

Enfin, Neigebauer, l'un des magistrats les plus éclairés de la Prusse, a proposé, en 1822, un nouveau projet sur la confection et la conservation des registres de droits réels, parce qu'il considérait les registres établis en Prusse, par l'ordonnance de 1783, comme offrant de trop grandes difficultés dans la pratique, et même comme absolument inapplicables aux pays dans lesquels la propriété était fort divisée. Il soutient, entre autres,

[1] *Zeitschrift für Civilrecht und Prozess*, t. IX, p. 178.
[2] *Archiv für die civilistische Praxis*, t. XIX, p. 151.

qu'il serait impossible de créer, dans les provinces du Rhin, de pareils registres, et il fait observer, à l'appui de cette opinion, qu'on éprouvait beaucoup d'obstacles à établir ces registres en Westphalie, quoique ce pays fût cependant moins fractionné que la Prusse rhénane. Il est ainsi conduit à proposer un projet qui est basé sur la confection des plans préalables. *Nous avons*, dit-il, *évité, dans ce projet, la principale faute qu'on a commise dans l'ordonnance de 1783, lorsqu'on a créé les registres hypothécaires sans avoir un cadastre ni des plans quelconques, en sorte que, dans certains cas, on courait la chance d'omettre des parcelles, et que, dans d'autres cas, au contraire, on était exposé à porter une même parcelle sur les comptes de deux propriétaires différents.* L'ordonnance prussienne, ajoute-t-il, avait supposé que chaque immeuble formait un seul tout indivisible; elle ne peut donc s'appliquer aux contrées où l'agrégation des pièces qui appartiennent à un même propriétaire est absolument fortuite et peut changer à chaque instant[1].

Le projet proposé par Neigebauer suppose, en conséquence, des plans qui sont dressés préalablement à la confection des registres et qui doivent recevoir les changements successifs apportés dans la configuration des parcelles, par suite des ventes partielles ou des partages. Ces plans étant une fois établis et les registres des propriétaires étant dressés, les hypothèques et les autres droits réels ne sont point inscrits, d'après ce projet, sous le nom du propriétaire, mais sous celui de l'immeuble, c'est-à-dire sous le numéro de la parcelle. Ainsi, le projet de Neige-

[1] Neigebauer. *Ueber die Mœglichkeit einer einfachen Hypotheken-Ordnung bei der fortschreitenden Theilung des Grundvermœgens.* Ham 1822, p. 81 et 82.

bauer consacre, de la manière la plus complète, l'individualisation des immeubles. Toutefois, les plans qui seraient résultés des règles posées par ce projet eussent été tellement imparfaits, que non-seulement il n'eût pas été possible de les faire servir à fixer les droits des propriétaires voisins, ce qui n'était pas, au reste, dans l'intention de l'auteur du projet, mais qu'il aurait même été fort difficile d'appliquer ces plans, selon le désir de Neigebauer, à une simple classification des parcelles, surtout lorsque celles-ci n'auraient pas été formées par des pièces de terre, mais par des cours, des petites places et des bâtiments. Quoique le projet de Neigebauer n'ait point été mis à exécution dans les provinces de la monarchie prussienne auxquelles il paraissait destiné [1], on n'en a pas moins regretté, en Prusse, que la confection des plans du cadastre n'ait pas servi de base à celle des registres des droits réels, ainsi que cela a eu lieu, plus tard, dans la Hesse grand-ducale.

CHAPITRE II.

Des registres de droits réels dans le grand-duché de Hesse.

§ 162. On a suivi, dans le grand-duché de Hesse, une marche analogue à celle qui était réclamée par Neige-

[1] Une loi prussienne du 31 mars 1831 et une instruction ministérielle du 10 avril même année, ont appliqué, il est vrai, le cadastre à la confection des registres hypothécaires de la Westphalie; mais ce n'était là qu'un moyen transitoire pour arriver plus facilement à l'achèvement des registres, car ceux-ci sont créés à peu près sur le même plan que ceux qui existent dans le reste de la Prusse.

bauer. La loi hessoise du 13 avril 1824 avait, à la vérité, établi le cadastre dans un but qui était exclusivement fiscal, mais on ne tarda pas à reconnaître les avantages qu'on pouvait tirer des plans du cadastre pour la détermination des droits réels, et c'est afin d'utiliser ces plans dans l'intérêt de la propriété, qu'on rendit d'abord les lois des 23 et 29 octobre 1830 et du 11 janvier 1831 ; la première de ces lois[1] concerne l'établissement ainsi que le mode de constatation et de conservation des bornes des divers territoires et des parcelles ; la seconde fixe le mode d'application du cadastre à la tenue des registres des droits réels[2], et la troisième détermine les conditions nécessaires pour que l'abornement général des parcelles d'une commune y soit rendu obligatoire[3].

D'après la loi du 29 octobre 1830, l'inscription dans les registres des droits réels établit, comme d'après la loi génevoise, une présomption en faveur de la personne inscrite, tant qu'on n'oppose pas une preuve contraire; mais cette présomption n'existe pour la fixation d'une ligne séparative entre voisins, qu'autant que les bornes qui déterminent cette ligne ont été établies et reconnues en conformité de la loi du 23 octobre 1830. Enfin, en 1850, le gouvernement hessois proposa deux projets de loi pour la partie de la Hesse qui se trouve sur la rive droite du Rhin et n'est point soumise au Code Napoléon[4].

[1] *Gesetz die Feststellung und Erhaltung der inneren Grænzen betreffend*, du 23 octobre 1830.

[2] *Gesetz für die Sicherung des Grundeigenthums und des Hypothekenwesens*, du 29 octobre 1830.

[3] *Gesetz die Parzellenmessung betreffend*, du 11 janvier 1831.

[4] La partie du pays qui est sur la rive droite du Rhin comprend les deux provinces de Starkenburg et d'Oberhessen. La partie qui est sur la rive gauche forme la province de Rhein-Hessen ou de la Hesse rhénane.

L'un de ces projets, concernant les hypothèques, n'a pas encore reçu la sanction législative, mais il ne tardera probablement pas à la recevoir. D'après l'autre projet, qui a été converti en loi le 21 février 1852, la personne inscrite dans les registres de la propriété n'a plus en sa faveur une simple présomption pouvant être détruite par une preuve contraire; car, si l'inscription repose sur un titre émané de la personne qui était antérieurement propriétaire, cette inscription peut, d'après la nouvelle loi, être opposée valablement contre la personne qui ne serait pas inscrite auparavant, lors même que celle-ci produirait un titre d'acquisition consenti par le ci-devant propriétaire et remontant à une date plus ancienne, ou lors même encore qu'elle prétendrait avoir acquis la propriété par prescription[1]. De plus, en cas d'inscription fondée sur un titre, celui qui est inscrit peut, au bout de cinq ans, prescrire la propriété contre toute personne, si cette possession quinquennale a d'ailleurs tous les caractères exigés par les lois antérieures pour la prescription immobilière la plus courte[2]. Quant aux droits respectifs des propriétaires limitrophes, les plans levés à la suite d'un bornage opéré conformément aux prescriptions légales, ne sont plus une simple présomption, ainsi que le prescrivait la loi du 29 octobre 1830, mais ils font foi pleine et entière en faveur de la personne inscrite, si, dans les dix ans qui suivent l'inscription des données fournies par les plans du cadastre, aucune réclamation n'est faite contre ces plans[3]. Enfin, pour ne pas violer le principe de la non-rétroactivité des lois, ce délai de dix ans et celui

[1] Art. 2 et 3. — [2] Art. 27. — [3] Art. 36.

de cinq ans mentionné plus haut ne courent, pour les inscriptions opérées antérieurement à la loi, que du jour fixé pour sa mise à exécution[1]. En résumé, les registres de la propriété foncière établis par les lois du grand-duché de Hesse sont fort supérieurs à tout ce qui existe ailleurs, et l'on peut dire, sans exagération, que ces registres réalisent les vœux qui avaient été formés, à cet égard, par les premiers publicistes de l'Allemagne. Les registres perfectionnés et prescrits par la loi hessoise de 1852 n'existent pas, il est vrai, dans la Hesse rhénane, et ils n'ont pas encore été établis dans toutes les communes des deux provinces de la rive droite, mais on a déjà pu voir, par ce qui a été fait dans un très-grand nombre de communes, que, grâce aux plans dressés préalablement dans toutes les parties de la Hesse, l'établissement des registres de la propriété, tels qu'ils résultent de la loi du 21 février 1852 n'offre point toutes les difficultés qu'on a éprouvées, sous ce rapport, dans d'autres pays de l'Allemagne, difficultés qui ont été plus vivement senties depuis les trente dernières années, parce que la tendance à une plus grande division des immeubles s'est montrée, dès lors, beaucoup plus forte qu'auparavant.

§ 163. Il ne serait donc pas impossible que les obstacles qu'apportait une trop grande divisibilité des immeubles à la tenue des registres des droits réels de Prusse, de Bavière et du Wurtemberg, n'aient eu quelque influence sur les mesures législatives qui ont été prises récemment dans ces trois États, afin d'empêcher une subdivision indéfinie de la propriété fon-

[1] Art. 27, 33, 36 et 40.

cière[1]. Ces mesures ont été motivées, il est vrai, sur les intérêts de l'agriculture, et il serait peut-être avantageux d'adopter ailleurs, dans le même but, des mesures analogues; mais quoi que puisse faire, à cet égard, le législateur, il y aura toujours, dans les États soumis au Code Napoléon, des changements très-fréquents dans la configuration des immeubles, en sorte qu'il serait impossible d'établir, dans ces pays, des registres de droits réels semblables à ceux de la Prusse ou de l'Autriche, c'est-à-dire des registres basés sur l'hypothèse que les modifications dans la forme des propriétés immobilières sont des faits extrêmement rares.

CHAPITRE III.

De l'application du cadastre aux registres des droits réels dans le canton de Vaud et en Hollande.

§ 164. Quoique le cadastre du canton de Vaud et surtout celui de Hollande soient beaucoup moins parfaits que celui de la Hesse, les législateurs vaudois et hollandais ont cru que le meilleur moyen d'améliorer la tenue des registres hypothécaires, dans ces deux pays, était de faire servir à cet usage les plans cadastraux qui y avaient été confectionnés antérieurement, en vue de l'impôt foncier.

§ 165. L'application du cadastre à la détermination des droits réels á eu lieu, dans le canton de Vaud, par la loi du 24 décembre 1840, sur le contrôle des charges immobilières. D'après cette loi, les hypothèques et

[1] Lois prussiennes des 3 janvier 1845 et 24 mai 1853, loi bavaroise du 28 mai 1852 et loi wurtembergeoise du 23 juin 1853.

autres charges immobilières grevant les immeubles sont inscrites, sous un numéro spécial, et par ordre de date, dans un registre intitulé *Contrôle des charges*, et elles sont rapportées, par leur numéro d'inscription, au répertoire cadastral de la commune, et dans la division de ce répertoire qui correspond à l'article du cadastre sur lequel la charge immobilière a été inscrite. De cette manière, les usufruits, les substitutions, les constitutions d'hypothèques, les donations d'immeubles sujettes à résolution, figurent sur le registre des charges, indépendamment de la personne qui possède l'immeuble au moment de l'inscription, et ils continuent d'y subsister, lors même que la propriété vient à passer en d'autres mains. Le cadastre vaudois ayant été fait avec beaucoup plus de soin que le cadastre français, son application à la détermination des charges immobilières s'est faite avec assez de facilité; elle a produit une sécurité qui n'existait pas auparavant dans les contrats de vente d'immeubles et d'hypothèques, et elle a fait cesser les procès que les transactions de ce genre occasionnaient très-souvent sous la législation antérieure. On peut regretter, cependant, que le législateur vaudois n'ait pris aucune précaution, pour maintenir les plans et registres du cadastre au courant des changements survenus par les divisions ou réunions de parcelles. On peut regretter aussi qu'il n'ait admis aucune disposition semblable à celle de la loi de brumaire an VII, sur les effets de la transcription, et qu'il n'ait pas posé des règles fixes et absolues sur le mode d'opérer les mutations au cadastre.

§ 166. D'après l'art. 671 du Code civil de Hollande[1],

[1] Ce Code a été promulgué le 1er octobre 1838.

la tradition des immeubles s'opère par la transcription du titre dans les registres publics à ce destinés et tenus par le conservateur du bureau des hypothèques. En conséquence du même principe de publicité, d'autres dispositions du Code hollandais soumettent aussi à la transcription les titres constitutifs de servitude, de rentes foncières, d'usufruits, d'usage, d'habitation, etc. D'après l'art. 37 de la loi du 9 juillet 1842 sur le notariat, les propriétés sont indiquées par la commune, la section et le numéro cadastral de chaque parcelle, dans les actes destinés à être inscrits, transcrits ou annotés dans les registres hypothécaires, sous peine d'une amende de 10 florins à encourir par le notaire. Quant aux jugements et aux autres actes judiciaires soumis à l'inscription, les mêmes indications cadastrales sont exigées par l'art. 9 de l'arrêté royal du 8 août 1838.

On a réuni, en Hollande, les bureaux de conservation cadastrale à ceux des hypothèques, et on a adjoint des géomètres à ces bureaux, afin que les changements survenus par suite de divisions ou de réunions de parcelles fussent consignés successivement. Enfin, les registres et répertoires sont tenus de telle sorte qu'il est extrêmement facile, ainsi que dans le canton de Vaud, de connaître immédiatement les hypothèques et autres charges inscrites sur un immeuble, quel que soit le nombre des propriétaires dans les mains desquels cet immeuble ait passé, postérieurement à la date des inscriptions.

On voit que, sous le point de vue de la transcription et de la tenue au courant des plans et des registres, l'organisation du cadastre hollandais est très-supérieure à celle du cadastre vaudois; mais, d'un autre côté, elle lui est fort inférieure, en ce qui concerne le premier établissement, car les plans et registres du cadastre hollandais ont été établis d'après les prescriptions du recueil méthodique de 1811, lesquelles, sous le rapport de l'échelle des plans, du bornage des parcelles et de la reconnaissance par les propriétaires, sont beaucoup plus imparfaites que les règles qui ont été suivies pour la confection du cadastre vaudois. Ainsi, quoiqu'on ait, en général, mis à la confection du cadastre de Hollande plus de soin qu'on en a apporté dans la plupart des départements français, et en particulier dans ceux où le cadastre remonte aux premières années de l'institution, le cadastre hollandais contient cependant encore plusieurs erreurs; ces erreurs diminuent, à la vérité, chaque jour par les soins de l'administration et par l'empressement des particuliers qui reconnaissent aujourd'hui toute l'importance d'un cadastre exact[1]; mais la petitesse de l'échelle, la division des immeubles en parcelles de cultures, le défaut de règles prescrites, dès l'origine du cadastre, pour sa conservation, s'opposent à ce que le cadastre hollandais atteigne jamais toute la perfection désirable. Malgré cela, les règles prescrites pour la conservation de ce cadastre ont suffi pour individualiser les immeubles, et cette individualisation a mis l'administration hollandaise en état de créer plus facilement, et à moins de frais, des registres de la propriété plus exacts et plus commodes que ceux qui avaient été créés antérieurement dans divers États de l'Allemagne.

[1] Ph. Bachine, *Revue de législation de* 1847, p. 216.

CHAPITRE IV.

Examen des objections faites en France contre l'application du cadastre à la détermination des droits réels.

§ 167. L'individualisation des immeubles, au moyen du cadastre, a été réclamée, en France, depuis longtemps. Déjà, en 1821, Jordan, l'un des publicistes français les plus distingués, indiquait le cadastre comme le moyen de créer *l'état civil* de toutes les propriétés et d'obtenir ainsi des registres de propriété bien supérieurs à ceux qui ont été institués par le système autrichien [1]. Cette même idée est reproduite par Volowsky dans un discours lu par ce publiciste à l'Académie des sciences morales et politiques, le 13 juillet 1839 [2]. « L'expérience, « dit-il, de la loi de brumaire an VII et l'exemple des « Codes hypothécaires de l'Allemagne ont rallié presque « tous les jurisconsultes au système de publicité, appli- « qué à la transaction des droits immobiliers et aux dé- « membrements qui peuvent les mutiler. Le principe une « fois admis, il serait facile d'en régler les conséquences « et de dresser l'état civil des propriétés foncières. L'ex- « trême division des fortunes rendrait fort coûteuse, en « France, l'introduction de la régularité observée dans « les livres hypothécaires allemands qui ont des feuillets « distincts consacrés à chaque propriété. Mais en formant « un répertoire indicatif des immeubles, et au moyen de « simples renvois aux inscriptions, faites les unes à la

[1] *Themis*, t. V, p. 244 et 245.

[2] *Revue de législation*, t. X, p. 249.

« suite des autres, par ordre de dates, dans le registre « hypothécaire, on atteindrait le même but. »

Enfin, cette individualisation des immeubles, au moyen du cadastre, a été demandée par les cours de Montpellier, de Riom, d'Amiens, de Lyon et de Nancy, et par les facultés de Caen et de Rennes, dans les réponses qu'elles adressèrent aux questions qui leur avaient été posées, en 1841, par le ministre de la justice, concernant les réformes à apporter au régime hypothécaire[1]; mais ce système d'individualisation fut repoussé par d'autres cours et facultés et entre autres par la Cour de cassation et par la faculté de Strasbourg; il fut aussi très-vivement combattu par l'administration de l'enregistrement[2].

§ 168. Les arguments dont on s'est servi pour repousser l'application du cadastre à la tenue des registres des droits réels peuvent se ranger sous deux catégories. la première comprend les motifs qui s'appliquent seulement au cadastre français actuel, et la seconde renferme ceux qui ont pour but de combattre l'application d'un cadastre quelconque à la tenue des registres de la propriété.

§ 169. La Cour de cassation n'a invoqué que les motifs de la première catégorie; voici comment elle s'exprimait à cet égard[3]:

[1] Voyez les *Documents relatifs au régime hypothécaire et aux réformes qui ont été proposées*, publiés par ordre de M. Martin (du Nord), garde des sceaux.

[2] D'après le projet présenté, en 1850, par le gouvernement à l'Assemblée législative de France, sur le rapport de M. Persil, l'extrait de la matrice cadastrale devait être annexé au contrat d'hypothèque, et l'inscription contenait les numéros de ladite matrice correspondant à l'indication des biens. Mais cette disposition fut repoussée par la commission. « Celle-ci a pensé, dit « M. Vatismenil dans son rapport, que, dans l'état d'imperfection où est « le cadastre, cette mesure offrirait plus d'inconvénients que d'avantages. »

[3] *Documents relatifs au régime hypothécaire*, etc., t. II, p. 475.

« Ce serait altérer la nature et changer la destination « du cadastre que d'en faire le registre matricule des « droits de propriété et d'hypothèque. Les procédés, au « moyen desquels il a été construit, ne permettent pas « qu'il lui soit accordé une telle autorité. Il faudrait le « refaire, et le refaire d'une manière juridique. En l'état, « le cadastre est une œuvre purement administrative; « ses rédacteurs n'ont égard qu'à la possession, à la pos- « session apparente, fondée sur la commune renommée. « Aucuns titres ne leur sont produits. Ils n'ont pas qua- « lité pour en requérir l'exhibition. Aucune enquête lé- « gale ne précède leur travail. Dans les cas douteux, « l'autorité supérieure administrative n'est pas même « consultée. L'attribution des propriétés a donc été sou- « vent fautive. Il n'y avait pas d'inconvénients, puisqu'elle « ne préjudiciait à personne. C'est ce qui explique et jus- « tifie l'absence de toute vérification formelle. Tout a été « fait sur simples renseignements verbaux recueillis par « les ingénieurs, les géomètres-arpenteurs ou leurs com- « mis. On comprend que cela soit suffisant pour la for- « mation des rôles des contributions, sauf les réclama- « tions des contribuables; cela ne saurait l'être pour « constituer le grand livre des propriétés immobi- « lières. »

Les motifs invoqués par la Cour de cassation, contre le cadastre français, s'appliquent également au cadastre hollandais qui a été établi sur les mêmes principes; il semblerait donc, au premier coup d'œil, que la doctrine de la Cour de cassation est contredite par l'expérience, puisque le cadastre de Hollande a été appliqué très-utilement à la tenue des registres des droits réels; mais, en y réfléchissant, on ne tarde pas à reconnaître la justesse des observations présentées par la Cour de cassation, car il ne faut pas oublier que le cadastre hollandais a été établi avec plus de soin que la plupart des cadastres de France; de plus, quoique dans les premiers temps de la confection de ce cadastre, on n'ait pas pris des précautions suffisantes pour le tenir au courant des mutations, ces précautions ont été prises cependant assez de bonne heure pour qu'il ait été possible de combler les lacunes qui existaient dans ce cadastre, et même pour corriger partiellement les erreurs qui avaient été commises dans l'origine; or, c'est ce qui, le plus souvent, serait absolument inexécutable pour le cadastre français. Dans tous les cas, les observations de la Cour de cassation sont la justification la plus complète des dispositions du nouveau cadastre génevois, considéré comme moyen de déterminer la propriété, car on a suivi, dans la confection de ce cadastre, toutes les règles qui, selon la Cour de cassation, auraient dû être suivies en France, pour que le cadastre de ce pays *pût constituer le grand livre des propriétés immobilières.*

§ 170. Je passe maintenant à l'examen des motifs de la seconde catégorie, soit de ceux qui ont été invoqués par la faculté de droit de Strasbourg et l'administration de l'enregistrement, afin d'établir l'impossibilité de créer, en France, un cadastre servant à la détermination de la propriété. Voici d'abord ce que disait à cet égard la faculté de droit de Strasbourg[1] :

« La tenue des registres fonciers pareils à ceux dont « nous avons parlé (ceux d'Allemagne), présenterait en « France des difficultés matérielles presque insurmon-

[1] *Documents relatifs au régime hypothécaire, etc.*, t. I, p. 468 et suiv.

« tables. Il est tels arrondissements où il existe des mil-
« lions de parcelles d'immeubles : comment faire pour
« établir un compte à chacune de ces parcelles? Et puis
« l'action incessante de la loi, en matière de successions,
« amène chaque jour le fractionnement d'un grand
« nombre d'immeubles : comment tenir les livres fon-
« ciers au courant de toutes ces divisions et subdivisions
« de parcelles? Il faudrait, pour cela, renouveler ces
« livres à des intervalles périodiques peu éloignés, et
« nous ne voyons pas comment on pourrait assurer
« l'exécution de cette mesure.

« Il nous reste quelques mots à dire sur un système
« mixte ou intermédiaire que plusieurs personnes pro-
« posent d'introduire. Il s'agirait d'établir, à côté des re-
« gistres des transcriptions et des inscriptions hypothé-
« caires, des registres où chaque parcelle cadastrale
« aurait un compte ouvert au numéro sous lequel elle
« figure au plan cadastral. Les immeubles devraient, à
« l'avenir, être désignés, dans les actes translatifs de
« propriété ou constitutifs d'hypothèques et d'autres
« charges réelles, par la commune, la section et le nu-
« méro de l'atlas cadastral. Après avoir transcrit ou ins-
« crit ces actes, le conservateur serait chargé de men-
« tionner, au compte ouvert à chacun des immeubles
« aliénés ou grevés, et en renvoyant au numéro d'ordre
« de la transcription ou de l'inscription, la mutation ou
« le démembrement de propriété dont ils auraient été
« l'objet; toutefois, les mentions ainsi faites au registre
« parcellaire n'attribueraient pas aux acquéreurs ou
« créanciers plus de droits que la transcription ou l'ins-
« cription de leurs titres. Nous ne saurions donner notre
« adhésion à ce système. Outre les difficultés d'exécution

« matérielle que nous avons signalées plus haut, il aurait « l'inconvénient immense de rester incomplet, quant « aux mutations si nombreuses qui s'opèrent par suite « de successions *ab intestat*, mutations qui, de l'aveu « même des partisans de ce régime, ne doivent pas être « soumises à la nécessité de la transcription ; mais quand « cet inconvénient n'existerait pas, ou qu'il serait pos- « sible de le lever jusqu'à un certain point, par exemple, « en chargeant les receveurs de l'enregistrement de « transmettre aux conservateurs des hypothèques des « extraits des déclarations de mutations par succession, « quelles seraient donc, en définitive, les garanties que « les registres parcellaires offriraient aux acquéreurs ou « aux créanciers ? Ces registres, dit-on, faciliteraient la « recherche de la filiation ou des transmissions succes- « sives des propriétés. Nous le voulons bien ; mais cette « recherche est-elle donc impossible dans l'état actuel des « choses ? Et puis, ne serait-il pas à craindre que bien « des personnes, se reposant sur la foi des mentions « portées dans les registres parcellaires, ne négligeassent « d'exiger la représentation ou de vérifier la valeur des « titres en vertu desquels ces inscriptions auraient été « faites ? Enfin, ne serait-il pas trop dangereux de ne « désigner les immeubles aliénés ou grevés que par leurs « numéros au plan cadastral ? Cette innovation, nous en « avons la conviction, donnerait lieu à de fréquentes er- « reurs, et ces erreurs conduiraient aux résultats les « plus fâcheux.

« Nous pensons, d'après ces diverses considérations, « qu'il faut renoncer à l'idée d'établir chez nous des re- « gistres fonciers où chaque parcelle aurait son compte « ouvert, et s'en tenir à la transcription des actes trans-

« latifs de propriété. Si cette mesure ne fait pas connaître « les possesseurs actuels et légitimes du sol, elle donne, « du moins, à ceux qui veulent traiter avec le propriétaire apparent d'un immeuble, le moyen de s'assurer « qu'il ne s'est pas déjà dépouillé, au profit d'autres per- « sonnes, de tout ou partie de ses droits; et cela doit « suffire à notre avis; c'est aux acquéreurs et aux créan- « ciers qui acceptent une hypothèque à examiner les « titres de propriété de ceux avec lesquels ils traitent; « que, s'ils négligent de le faire ou s'ils se trompent sur « la valeur de ces titres, c'est un malheur sans doute, « mais dont, après tout, ils ne peuvent accuser que leur « imprudence : *Curiosus esse debet emptor.* »

§ 171. Quant à l'administration de l'enregistrement, elle tance encore plus sévèrement que la faculté de droit de Strasbourg, les utopistes qui s'imaginent de pouvoir créer en France, au moyen d'un cadastre bien fait, des registres de la propriété foncière.

Voici, entre autres, comment elle s'exprime [1]:

« Tout système d'immatricule des propriétés fon- « cières, quels qu'en soient les effets légaux, comme base « du régime hypothécaire, ne peut guère s'adapter qu'à « un pays où le sol est peu divisé, où les lois civiles ont « spécialement pour but d'empêcher la circulation et « surtout la division de la propriété, et de conserver les « biens dans les familles. Mais, en France, deux faits « dominent la situation de la propriété foncière : d'une « part, le morcellement peut-être excessif du territoire; « d'autre part, la facilité et la fréquence des mutations. « L'immatricule hypothécaire, appliquée à une telle si-

[1] *Documents relatifs au régime hypothécaire, etc.*, t. III, p. 551 et suiv.

« tuation, soulèverait certainement, dans la pratique, « d'inextricables difficultés.

« Mais, en supposant même qu'un système d'immatri- « cule fût praticable, ce ne serait indubitablement pas « celui que propose la faculté de droit dont parle M. le « garde des sceaux. Il y a, en effet, deux modes d'im- « matricules : ou par le nom des propriétaires, ou par « celui des immeubles; tous deux sont usités dans divers « États de l'Allemagne. Le premier est celui des ma- « trices cadastrales, où les propriétés sont inscrites sous « le nom de chaque contribuable; mais, pour que l'ins- « cription hypothécaire fût prise et les certificats déli- « vrés, non sur la personne, mais sur l'immeuble, ce « serait le second mode, c'est-à-dire l'immatricule par le « nom des immeubles, qui devrait être adopté. Or, ce « système ne peut évidemment être mis en usage que « dans un pays où les propriétés ont des limites fixes et « invariables, où toute propriété, formant un article du « registre hypothécaire, constitue un assemblage com- « pacte et porte un nom distinct. Vouloir appliquer ce « régime à la France, ce serait se tromper de siècle et de « pays; ce serait traiter le sol français au dix-neuvième « siècle comme on aurait pu le faire au seizième, et le « soumettre, avec ses cinq millions de propriétaires, à un « système terrier dont s'accommoderait à peine l'Angle- « terre qui n'en compte que six cent mille. Les rôles fon- « ciers contiennent actuellement 11,511,841 cotes qui se « divisent et se subdivisent en un nombre infini de par- « celles. L'immatricule de chaque immeuble, avec son « cortége d'inscriptions hypothécaires, serait, dans cet « état de la propriété, un travail au-dessus des forces « humaines. »

§ 172. Nous pourrions nous contenter de répondre à toutes ces considérations tirées de l'histoire des peuples, que, puisque le cadastre sert de base aux registres de la propriété, soit en Hollande, soit dans les cantons de Genève et de Vaud, il n'y a aucune impossibilité à établir en France des registres semblables à ceux de ces trois États, puisque les propriétés sont certainement aussi divisées et les mutations aussi fréquentes, dans ces trois pays, qu'elles peuvent l'être en France. On ne prétendra pas d'ailleurs, que, dans ces États, les lois civiles offrent plus de difficultés que n'en offrent les lois françaises pour la circulation et la division de la propriété, car, sous ce rapport, les législations de ces pays ont admis les mêmes principes que ceux du Code Napoléon. Mais, lors même que l'expérience n'aurait pas démontré le peu de fondement des motifs qu'on a voulu tirer de l'extrême division des immeubles en France, il suffit, ce me semble, d'analyser ces motifs, pour reconnaître qu'ils ne sont pas le résultat d'un examen bien approfondi du sujet.

§ 173. Il n'y a personne, en effet, qui ne reconnaisse que, lorsqu'on a levé une fois le plan d'un immeuble et dressé la liste des numéros affectés aux diverses pièces dont cet immeuble est composé, il sera possible d'indiquer, de la même manière, avec toute l'exactitude et la clarté désirables, les changements qui pourraient survenir ultérieurement à cet immeuble, par suite de partages, de ventes, d'achats ou d'échanges. Or, si l'on admet cette possibilité pour un immeuble, pourquoi ne l'admettrait-on pas pour deux, pour trois, pour quatre, en un mot, pour tous les immeubles d'une commune, et si la chose est possible pour un État qui, comme le canton de Genève, ne compte guère que quarante communes, pourquoi serait-elle impossible dans un État qui, comme la France, en a près de 40,000. En d'autres termes, si l'on a trouvé une fois une méthode claire et facile pour la tenue des livres de la propriété, n'est-il pas évident qu'il n'y aura pas plus de difficultés à appliquer cette méthode à un grand nombre d'immeubles qu'à un nombre restreint? Ne voit-on pas d'ailleurs que si cette méthode est déjà fort utile, lorsque le nombre des propriétés à classer est peu considérable, elle devient indispensable lorsque ces propriétés sont très-nombreuses? Ainsi l'on conçoit que, dans le pays de Bade, par exemple, où le secrétaire de chaque commune rurale remplit les fonctions de conservateur des hypothèques, ce secrétaire puisse se contenter de la simple transcription des actes de vente sur son registre, et d'un répertoire des noms des acquéreurs, car, dans le petit nombre de recherches qu'il aura à faire, sa connaissance personnelle des faits le mettra presque toujours en état d'éviter les erreurs; mais, que la même chose ait lieu dans un arrondissement français qui compte un nombre de propriétaires et de propriétés cinquante fois plus considérable, voilà ce qui ne peut être justifié. C'est ainsi encore qu'un petit marchand peut se contenter, à la rigueur, d'un livre-brouillard tenu jour par jour, tandis qu'au contraire le grand négociant est forcé d'analyser ce livre-brouillard, et de créer, dans ce but, des livres auxiliaires, s'il veut se faire lui-même une idée de l'état de sa fortune et de son commerce.

§ 174. Mais, pour en revenir aux registres des droits réels, il suffit d'avoir un peu d'habitude des bureaux d'hypothèques institués par la loi de ventôse an VII, pour se convaincre que les registres de transcriptions offrent des documents tout à fait insuffisants. Si chaque immeuble formait, comme certains domaines de l'Allemagne, un tout indivisible, la position réelle d'un vendeur ou d'un emprunteur serait sans doute assez facile à connaître au moyen des registres de transcriptions; mais il est rare qu'un immeuble passe successivement dans les mains de plusieurs propriétaires, sans subir, dans ces divers passages, plusieurs modifications; le plus souvent, en effet, l'immeuble, qui fait l'objet d'une recherche, se compose de plusieurs parties qui ont été acquises à différentes époques par le propriétaire; on n'a donc pas à examiner un seul titre, mais trois, quatre, cinq titres, ou même un plus grand nombre. Ce n'est pas tout: les vendeurs ont consenti, le plus souvent, des actes de vente en faveur de plusieurs personnes, en sorte qu'il faut comparer entre eux ces divers actes pour connaître celles des portions vendues qui sont échues au propriétaire dont on examine les titres. Or, c'est là une comparaison qui est d'autant plus difficile que les portions aliénées ne sont indiquées, en général, que par leurs confins, c'est-à-dire par les noms des propriétaires voisins, et que ceux-ci varient nécessairement suivant les époques où les actes sont passés.

Lorsque j'étais directeur du cadastre de Genève, j'ai été appelé, très-souvent, à compulser les registres de transcriptions pour vérifier les droits respectifs des propriétaires limitrophes, et j'ai eu ainsi l'occasion de reconnaître que les registres de transcriptions sont quelquefois insuffisants pour amener à la découverte de la vérité, et que, dans les cas où les recherches de ce genre peuvent être faites avec succès, ce résultat ne peut, en général, être obtenu qu'avec beaucoup de peine et par des personnes déjà exercées à ce genre d'investigations.

§ 175. Ajoutons encore que ces recherches exigent nécessairement qu'on puisse compulser à son aise, et pendant plusieurs heures, un nombre considérable de volumes; dès lors, comme une pareille enquête ne pourrait évidemment être faite par les parties intéressées elles-mêmes, sous peine d'encombrer et de désorganiser les bureaux des conservateurs, il serait nécessaire qu'elles se fissent délivrer les copies des divers actes qu'elles auraient l'intention de connaître; or, la confection de ces copies entraînerait à des frais énormes et nécessiterait plusieurs semaines, pour ne pas dire plusieurs mois, de travail, d'autant plus qu'à moins de demander, dès le commencement des recherches, une multitude d'actes inutiles, on ne pourrait faire procéder aux copies des actes les plus anciens qu'au fur et à mesure qu'on en aurait reconnu l'utilité par la lecture des actes les plus récents. Aussi peut-on dire que de pareilles recherches n'ont jamais lieu de la part des parties ou de leurs représentants, en sorte que la transcription, telle qu'elle est instituée par la loi de brumaire an VII, n'est autre chose qu'un moyen préventif pour empêcher la fraude des vendeurs ou des emprunteurs, mais qu'elle n'offre, dans le plus grand nombre des cas, aucune espèce de secours à celui qui voudrait connaître la position du détenteur d'un immeuble avant de consentir un acte d'acquisition ou de prêt hypothécaire. « Quelle « ressource restera donc à l'acquéreur, dit M. le prési- « dent de Robernier [1], si tant d'obstacles ne l'ont pas dé-

[1] *De la preuve du droit de propriété*, t. II, p. 258.

« courage? Il reviendra vers le propriétaire, lui demandera ses documents de famille, ses justifications et ses « preuves; il fera des appels réitérés à ses souvenirs et à sa « bonne foi; il ira visiter l'immeuble consultant tous les « voisins et cherchant partout des lumières. C'est-à-dire, « qu'après avoir en vain puisé à la source officielle, il « prendra le parti d'agir comme si elle n'existait pas, « ou, s'il veut encore y recourir, ses investigations tour- « neront incessamment dans un cercle vicieux. »

§ 176. S'il y a donc ici quelque illusion sur l'appréciation des faits, elle ne saurait être reprochée à ceux qui réclament des registres de propriété fondés sur l'individualité des immeubles, mais tout, au contraire, à ceux qui attribuent à la simple transcription des effets qu'elle n'a pas et qu'elle ne saurait avoir.

Quant à l'objection tirée du grand nombre des cotes et des parcelles cadastrales, elle est aussi peu sérieuse que si l'on prétendait qu'il est impossible de tenir en France des registres réguliers de l'état civil, parce qu'il y a, chaque année, dans ce pays, des milliers de naissances, de mariages et de décès.

§ 177. Mais on dit que les registres de la propriété peuvent être trompeurs, puisqu'ils ne sont que la reproduction des actes transcrits et que ceux-ci peuvent être erronés. Je ne nie pas la possibilité de ces erreurs; mais ce sont là des cas extraordinairement improbables dans le système de la loi genevoise, puisque les actes soumis à la transcription doivent être authentiques et que celui qui se présente comme vendeur doit justifier de son droit de propriété par un certificat émané du bureau du cadastre. Au reste, quoique les registres créés par la loi genevoise offrent, ainsi que je l'ai déjà fait observer

(§ 129), une sécurité beaucoup plus complète que celle qui peut résulter de la simple transcription, je crois qu'on pourrait encore l'augmenter sans modifier les bases de la législation actuelle; je pense, en particulier, que, sans conférer aux conservateurs des hypothèques ou du cadastre une compétence analogue à celle dont jouissent, en Allemagne, les magistrats judiciaires ou communaux chargés de la tenue des registres des droits réels, il serait facile d'étendre les cas où le conservateur des hypothèques devrait refuser la transcription de certains actes. Je crois aussi que, sans altérer sensiblement les principes du Code civil sur la prescription, on pourrait abréger, dans quelques cas spéciaux et sans aucune espèce de danger, la durée du temps requis pour prescrire. C'est là ce que nous examinerons dans la cinquième partie (§ 185).

Quant aux charges qui pourraient être inscrites sur un immeuble, les renseignements erronés qui seraient fournis par les registres ne pourraient, en général, avoir aucun danger, dans le système de l'individualisation. En supposant, en effet, que les charges inscrites eussent été accordées par une personne qui n'était pas propriétaire, il en résulterait seulement que ces charges devraient être considérées comme nulles; mais comme il serait impossible, dans le système de l'individualisation des immeubles, qu'une hypothèque pût être accordée par le véritable propriétaire, avant que celui-ci ait été inscrit comme tel au cadastre, on n'aurait point à craindre, comme aujourd'hui, l'omission d'une hypothèque valablement inscrite.

CINQUIÈME PARTIE.

Des réformes tendant à obtenir une plus grande publicité des droits réels et pouvant être envisagées comme le corollaire ou le complément d'un cadastre exact.

---

§ 178. Nous avons vu, dans le chapitre précédent, que le législateur génevois de 1841 avait considéré la loi sur le nouveau cadastre comme un premier pas fait dans l'amélioration des lois sur les droits réels. Or, quoiqu'on ait pu se faire une idée de cette amélioration, par ce qui a été dit d'une manière générale sur l'application qu'on a faite dans la Hesse, la Hollande et le canton de Vaud, du principe de l'individualisation des immeubles, je crois cependant qu'il ne sera pas hors de propos d'indiquer ici plus spécialement les réformes législatives qui peuvent être envisagées comme un corollaire ou un complément du nouveau cadastre génevois. Ces réformes auraient pour but :

1° De fournir aux parties intéressées un moyen plus prompt et plus sûr que les moyens actuels pour connaître les hypothèques inscrites ;

2° De rendre publiques les diverses charges restrictives du droit de propriété ;

3° De compléter, en vue de la sécurité des propriétaires, la loi sur le cadastre de 1841, en introduisant quelques dispositions additionnelles à celles qui règlent aujourd'hui les mutations entre-vifs et par décès;

4° Enfin de réunir la conservation du cadastre à celle des hypothèques et de restreindre l'étendue du ressort de chaque bureau [1].

Indépendamment des points que je viens de signaler, il est encore plusieurs autres réformes destinées à compléter la publicité des droits réels et auxquelles faisait allusion le rapport de la loi sur le cadastre de 1841. C'est pourquoi j'avais d'abord eu l'intention d'en parler dans ce Commentaire, mais comme ces réformes n'avaient pas un rapport direct avec l'établissement du cadastre, j'ai cru devoir m'abstenir de publier, quant à présent, cette partie de mon travail.

CHAPITRE PREMIER.

Des changements à introduire dans les répertoires des inscriptions hypothécaires, en vue de faciliter la recherche de ces inscriptions.

§ 179. L'hypothèque est, d'après l'art. 2114 du Code civil, un droit réel sur les immeubles, qui les suit, en quelques mains qu'ils passent; or, contrairement à cette définition, la loi actuelle n'exige pas l'inscription d'une hypothèque sur l'immeuble même, mais sur la personne qui le possède.

Cette contradiction est une conséquence nécessaire de

[1] Ce Commentaire n'étant, dans mon intention, qu'un ouvrage de pure doctrine, mes observations ne s'appliqueront pas seulement au canton de Genève, mais encore à tout pays soumis au Code Napoléon, où l'on établirait un cadastre analogue au nouveau cadastre genevois.

la non-individualisation des immeubles et elle n'aurait, d'ailleurs, qu'un inconvénient très-léger, s'il n'y avait là qu'un défaut de logique; mais il n'en est point ainsi, car il suffit d'avoir un peu d'habitude des bureaux d'hypothèques, pour savoir qu'il est souvent très-difficile de connaître les inscriptions hypothécaires prises contre une personne désignée, lorsque celle-ci porte un nom qui est commun à un grand nombre d'individus de la même localité. Mais les recherches les plus longues et les plus délicates ont lieu lorsqu'il s'agit de connaître les hypothèques grevant un immeuble qui, dans les années précédentes, a appartenu en tout ou en partie à divers propriétaires. On comprend, en effet, que pour peu que le conservateur n'ait pas la certitude qu'une inscription prise contre un des propriétaires antérieurs se rapporte à un autre immeuble que celui qui fait l'objet de la recherche, il ne manquera pas de mentionner cette inscription, afin de mettre à l'abri sa responsabilité. De là il résulte que, très-souvent, les états de situation sur immeubles désignés ne sont guère autre chose que la collection des états d'inscription contre les divers propriétaires successifs de l'immeuble dont s'agit, en sorte que ces états ne sauraient faire connaître à un prêteur ou à un acquéreur la véritable situation hypothécaire de l'emprunteur ou du vendeur. « Le certificat du conservateur « des hypothèques devient alors un volume, dans le fa- « tras duquel on se perd, et une pièce pourtant qu'on paie « d'autant plus cher qu'elle est plus obscure et plus « propre à induire en erreur [1]. »

Supposons maintenant, que, dans toute inscription

[1] Rapport du syndic Girod au Conseil représentatif sur le projet de loi sur les droits réels, p. 36.

hypothécaire, on doive indiquer, sous peine de nullité, les parcelles grevées. Supposons, en second lieu, qu'on ait dressé un répertoire contenant la suite des numéros des parcelles d'une commune, de manière qu'il y ait un numéro en tête de chaque page ou de chaque demi-page. Supposons, enfin, que les pages de ce répertoire soient divisées en quatre colonnes, dont la première recevrait le numéro de l'inscription, la seconde sa date, la troisième la somme, et la quatrième, enfin, la radiation de l'inscription, s'il y a lieu. Il est clair qu'avec un pareil registre on pourra connaître, en quelques minutes, ce qu'on ne peut savoir aujourd'hui qu'après des recherches plus ou moins longues; il est encore évident que, dans la plupart des cas, les renseignements qu'on obtiendra par le nouveau mode, auront un degré de certitude fort supérieur à celui qu'il est possible d'obtenir sous le système actuel.

§ 180. On voit, en même temps, que cette inscription sur les parcelles elles-mêmes serait le meilleur moyen d'obtenir la spécialité des hypothèques. Enfin, la suppression du renouvellement décennal ne saurait être une question sous le nouveau système, car chacun reconnaît les dangers attachés à ce renouvellement, et si quelques jurisconsultes persistent, malgré cela, à en demander le maintien, c'est qu'ils le considèrent comme un moyen de faciliter les recherches; or, ce motif ne pourrait plus être invoqué, puisque, sous le nouveau mode, les recherches seraient incomparablement plus faciles qu'elles ne le sont aujourd'hui.

Des répertoires analogues à ceux que je viens de mentionner existent dans les bureaux d'hypothèques de Hollande et y ont permis la suppression du renouvellement décennal. Les répertoires dressés d'après le système du cadastre génevois auraient cependant, sur ceux de Hollande, un grand avantage, parce que les parcelles du cadastre génevois, n'étant pas, comme en Hollande, déterminées par la culture, sont proportionnellement moins nombreuses ; que dès lors, toutes choses égales, une inscription hypothécaire grèverait moins de parcelles et serait ainsi mentionnée moins de fois sur le répertoire.

§ 181. Quant aux inscriptions hypothécaires antérieures à l'introduction des nouveaux répertoires, il suffirait, pour éviter toute complication et toute rétroactivité, même dans la forme, d'ordonner que ces inscriptions fussent assujetties à un seul renouvellement décennal, et que ce renouvellement s'opérât suivant le nouveau mode. De cette manière on éviterait tous les dangers que l'on court plus ou moins, lorsqu'on passe d'un ancien système à un nouveau.

CHAPITRE II.

De la publicité des diverses charges restrictives du droit de propriété.

§ 182. D'après le projet de loi sur les droits réels proposé à Genève, en 1827, on devait rendre publics par l'inscription, les usufruits, les servitudes conventionnelles, les baux à long terme et les paiements anticipés de ces baux, les clauses d'inaliénabilité, les clauses résolutoires ou de retour de la propriété, en un mot, tous les droits qui, d'après l'intention des parties contractantes, devaient affecter l'immeuble, quels qu'en puissent être les possesseurs successifs. En conséquence, tous les droits de cette espèce, qui n'étaient pas inscrits, étaient réputés, à l'égard des tiers, comme n'existant pas. Le projet de 1827 n'admettait, d'ailleurs, l'inaliénabilité du fonds dotal que si, à la suite de l'interpellation faite obligatoirement par le notaire, cette inaliénabilité avait été stipulée; la résolution de la vente, pour prix non payé, n'avait également lieu que lorsque, sur cette interpellation du notaire, les parties avaient fait une stipulation expresse de cette clause résolutoire.

La sagesse de ces dispositions est évidente, car on comprend que les motifs qui ont fait considérer comme nécessaire la publicité des hypothèques sont les mêmes lorsqu'il s'agit d'autres droits réels qui tendent à altérer la valeur du fonds ou à en diminuer les revenus pour plusieurs années. Les annales de jurisprudence ont signalé, d'ailleurs, une foule de cas dans lesquels on a étrangement abusé des lacunes que présente, à cet égard, la législation actuelle. Mais c'est, surtout, lorsqu'un débiteur de mauvaise foi est obéré et qu'il regarde une expropriation comme imminente, qu'il fait jouer tous les ressorts possibles, pour démembrer, à son profit, l'immeuble qui sert de gage à ses créanciers.

Aussi la publicité des servitudes conventionnelles, et, en général, des autres droits réels destinés à suivre l'immeuble est-elle établie, en Allemagne, depuis longtemps, et a-t-elle été réclamée, en France, par divers publicistes, ainsi que par plusieurs cours et facultés.

Toutefois, la plupart de ceux qui ont demandé, en France, cette publicité, se contentent de la transcription des actes établissant le droit restrictif de propriété, car l'inscription proprement dite serait, dans le système actuel, extrêmement difficile à régulariser. Cependant la transcription serait, dans les cas ci-dessus, un bien faible moyen de publicité, surtout lorsqu'il s'agirait des servitudes dont la durée est illimitée; mais dans le système de l'individualisation des immeubles, l'inscription d'une servitude, dans le répertoire des parcelles, ne saurait offrir aucun embarras, et, cette inscription étant une fois opérée, on pourrait facilement reconnaître le fonds dominant et le fonds servant, quelle que fût la date de l'inscription et quel que fût le nombre des propriétaires qui auraient possédé successivement les deux fonds.

§ 183. Quant aux droits existant antérieurement à la loi qui aurait consacré le nouveau système, je pense, d'après les mêmes motifs que ceux qui sont mentionnés dans le chapitre précédent, qu'il y aurait plus d'inconvénients que d'avantages à les soumettre à l'inscription. Toutefois, pour empêcher que les effets des servitudes non inscrites ne se prolongeassent indéfiniment, on pourrait assujettir tout nouvel acquéreur qui voudrait se prévaloir d'une servitude discontinue ou d'une servitude continue non apparente, à l'inscrire dans un certain délai, à partir de son acte d'acquisition et de la signification du titre constitutif de la servitude au propriétaire du fonds servant.

CHAPITRE III.

Des dispositions additionnelles à introduire dans la loi sur le nouveau cadastre concernant les mutations par décès et entre-vifs.

§ 184. Nous avons vu (§ 129) que les registres de propriétaires créés par la loi de 1841, sur le nouveau cadastre, formaient un document plus clair, plus sûr et plus complet que ceux qui pouvaient résulter du simple registre des transcriptions, créé par la loi de brumaire an VII, ou par la loi génevoise du 28 juin 1830. Il me reste maintenant à démontrer qu'au moyen de quelques dispositions additionnelles qui n'altéreraient pas l'économie du système actuel, les documents offerts par les registres du cadastre offriraient toute la sécurité désirable. J'examinerai, en premier lieu, celles de ces dispositions qui concernent les mutations par décès et, en second lieu, celles qui se rapportent aux mutations entre-vifs.

SECTION I. *Dispositions additionnelles concernant les mutations par décès.*

§ 185. L'ordonnance qui, d'après la loi de 1841, doit être rendue par le président du tribunal civil, aux fins d'autoriser l'inscription au cadastre de l'héritier du propriétaire défunt, est déjà une grande amélioration à l'ordre de choses consacré par le Code civil; toutefois, comme il ne résulte de cette ordonnance aucune mise en demeure contre l'héritier qui n'aurait pas fait connaître sa qualité, il peut arriver que celui qui aurait acquis un immeuble de l'héritier inscrit au cadastre, en vertu de l'ordonnance du président, soit évincé par l'héritier même testamentaire, qui se serait abstenu, pendant plusieurs années, de faire valoir ses droits. Telle serait, du moins, la conséquence rigoureuse de la doctrine de quelques jurisconsultes[1]. Or, quoique cette

[1] Toullier, Duranton et Troplong.

doctrine soit contredite par la jurisprudence de la Cour de cassation[1] et par celles de plusieurs Cours souveraines, il y a cependant une grande importance, dans l'intérêt de la propriété, à ce que la loi fasse cesser toute espèce de doute à cet égard. Si l'on adoptait, en effet, un système opposé à celui de la Cour de cassation, on sacrifierait l'intérêt des propriétaires à un principe abstrait, en troublant, sans aucune compensation pour personne, la sécurité d'une foule d'acquéreurs, car il y a des milliers de propriétaires qui ont acheté tout ou partie de leurs propriétés d'un héritier apparent, et il n'y a peut-être pas un seul individu qui songe à se trouver, un jour, dans la position de l'héritier retardataire dont on voudrait sauvegarder les droits.

Afin de régulariser la position des tiers acquéreurs, le professeur Alban d'Hauthuille avait proposé, dans son ouvrage sur *La révision du régime hypothécaire,* que l'héritier véritable qui n'aurait pas fait transcrire son titre d'hérédité, dans les six mois après l'ouverture de la succession, ne conservât contre l'héritier apparent qui se serait mis en possession et aurait fait transcrire sa déclaration, qu'une action en pétition d'hérédité, à laquelle on ne donnerait point d'effet contre les tiers, si ce n'est à partir de l'exploit introductif d'instance ou d'une prénotation qui devrait être inscrite.

« Cette innovation, dit-il, serait utile au crédit foncier, « par ce qu'elle mettrait les acquéreurs et les prêteurs à

[1] Arrêt du 3 août 1815. Vol. de Sirey de l'année 1815, I, p. 288. L'arrêt rejetant le pourvoi contre un arrêt de la cour de Caen exprime que l'arrêt dénoncé est fondé sur une ancienne jurisprudence, conforme au Droit romain et soutenue par les motifs *les plus puissants d'ordre et d'intérêt publics.*

« l'abri d'un danger que nulle prudence humaine ne sau« rait prévoir ; et, d'autre part, elle ne léserait aucun in« térêt respectable ; car tout prétendant droit à une suc« cession étant admis à remplir la formalité pour la con« servation de ses droits, dans un délai qui doit toujours « suffire, hors peut-être quelques cas extraordinaires, « pour avoir connaissance de l'ouverture de la succession, « ceux qui souffriraient un dommage ne devraient en « accuser que leur propre négligence[1]. »

Cette opinion d'Alban d'Hauthuille est d'autant plus remarquable qu'il est un des auteurs qui ont défendu, avec le plus de zèle et d'habileté, le maintien du système hypothécaire, consacré par le Code civil. Quant à moi, bien qu'à d'autres égards je sois plus disposé que le savant professeur de Toulouse à adopter les réformes qui tendent à favoriser le crédit foncier, je pense que, pour concilier ces réformes avec la protection qui est due aux mineurs et aux absents, on pourrait prolonger jusqu'à deux ans le délai accordé aux héritiers domiciliés hors du ressort de la cour d'appel, et que, quant aux héritiers *ab intestat* qui seraient mineurs, on pourrait ne faire courir, à leur égard, le délai de six mois qu'à partir de leur majorité. Il va, d'ailleurs, sans dire que ces prescriptions ne pourraient être invoquées que par les tiers acquéreurs de bonne foi.

SECTION II. *Dispositions additionnelles concernant les mutations entre-vifs.*

§ 186. La loi génevoise du 28 juin 1830 ne soumettait

[1] *De la révision du régime hypothécaire*, par Alban d'Hauthuille. 1843, p. 114.

les actes de mutations entre-vifs à aucun contrôle de la part du conservateur, en sorte qu'une fois que celui-ci avait reconnu la forme authentique de l'acte soumis à la transcription, il n'avait plus qu'à le transcrire sur ses registres, lors même qu'à ses yeux cet acte aurait été entaché de nullité. La loi de 1841 a introduit, il est vrai, une grande amélioration à cet ordre de choses, en imposant au conservateur l'obligation de faire rectifier l'acte qui ne serait pas revêtu des formes prescrites par la loi sur le cadastre, et même de refuser la transcription de cet acte, si celui qui y est mentionné comme vendeur ou donateur ne produit pas un certificat de son inscription au cadastre. Or, afin de compléter ce système, ne serait-il pas convenable que le conservateur fût également tenu de refuser la transcription d'un acte par lequel on aurait vendu l'immeuble d'une femme mariée, d'un mineur, d'un interdit ou d'un failli, sans observer les formalités prescrites, par les lois, pour la vente des biens de cette catégorie.

Le projet de loi de 1827 avait déjà imposé cette obligation au conservateur des droits réels. En conséquence, et afin que le conservateur fût légalement prévenu des jugements de faillite, d'interdiction ou de mise sous conseil judiciaire, les greffiers étaient tenus, sous peine d'amende et de dommages-intérêts, à déposer les jugements constatant ces incapacités.

§ 187. Grâces à la petite étendue du canton de Genève et à l'existence d'un seul tribunal et d'un seul bureau d'hypothèques, la publication des incapacités personnelles ne saurait offrir, à Genève, aucune difficulté dans la pratique. Mais on comprend qu'il n'en serait pas de même dans un pays où il y a un grand nombre de juridictions. Dans ce dernier cas, en effet, il peut arriver que celui contre lequel une incapacité est prononcée, possède un immeuble dans un ressort qui n'est pas le même que celui de son domicile, et il est évident qu'on ne pourrait légalement imposer aux greffiers ou autres officiers ministériels l'obligation de prendre des informations auprès de tous les conservateurs d'hypothèques du pays, pour savoir si la personne déclarée incapable est inscrite ou non comme propriétaire. C'est afin d'obvier à cette difficulté qu'il a été proposé d'établir une correspondance entre les bureaux de conservation d'hypothèques, de manière qu'aucun immeuble ne pût échapper à l'inscription de l'incapacité prononcée contre son propriétaire. Toutefois, quelque ingénieux et fortement conçus que soient les systèmes proposés, à cet égard, par divers auteurs, et en particulier par M. de Robernier, il me paraît, cependant, que, quant aux faillites, aux interdictions et aux mises sous conseil judiciaire, ce serait là recourir à un remède trop héroïque contre un danger qui ne peut se réaliser que dans des cas extrêmement rares, et qui ne saurait, en conséquence, inspirer aux parties contractantes des craintes analogues à celles dont j'ai parlé plus haut, à propos de la vente faite par un héritier apparent.

On comprend, en effet, que l'acquéreur d'un immeuble qui est provenu au vendeur par héritage n'a aucun moyen quelconque pour vérifier si le propriétaire défunt n'a pas laissé un testament qui ait institué, comme héritier, une autre personne que le vendeur; on comprend même qu'il y a des cas où il est extrêmement difficile aux tiers acquéreurs de s'assurer que le vendeur est bien le plus proche héritier du défunt; mais, lorsqu'il s'agit d'une interdiction ou d'une faillite, l'acquéreur peut, le plus souvent, s'assurer d'avance qu'il ne court, sous ce point de vue, aucune espèce de danger. Ainsi, sans méconnaître qu'il n'y ait quelque chose à faire à cet égard, surtout dans l'intérêt des tiers qui pourraient être trompés par une inscription au cadastre, fondée sur un titre nul, il n'y aurait pas lieu, selon moi, à recourir à des moyens extraordinaires pour découvrir les immeubles qui seraient possédés par un failli ou par un interdit et dont la possession n'aurait pas été indiquée, lors du jugement de faillite ou d'interdiction. En conséquence, il suffirait que les greffiers fussent tenus de faire inscrire les jugements de faillite, d'interdiction ou de mise sous conseil judiciaire, tant au bureau du conservateur du domicile de la personne déclarée incapable que dans les bureaux des ressorts où, d'après la déclaration des parties intéressées, l'incapable posséderait un immeuble.

Quant à la qualité de mineur d'un propriétaire, elle serait indiquée par le registre des propriétaires, et il en serait de même pour les biens inscrits au nom d'une femme mariée. L'inscription faite par le conservateur, en vertu de l'acte qui aurait rendu une femme propriétaire, indiquerait également si l'immeuble est dotal et par conséquent inaliénable. Il pourrait arriver, cependant, que, postérieurement à l'inscription d'une femme comme propriétaire, celle-ci eût changé d'état, soit en contractant mariage, soit en devenant veuve. Or, afin de pourvoir à ces différents cas, il suffirait de prescrire : 1° Que si l'immeuble vendu était inscrit au nom d'une femme non mariée qui aurait conservé cette qualité lors de la vente, ou d'une femme mariée qui serait devenue veuve après l'inscription ; l'acte de vente devrait être accompagné d'un acte de notoriété constatant la qualité de la venderesse ; 2° que si l'immeuble n'était devenu dotal que postérieurement à l'inscription de la femme comme propriétaire, le notaire rédacteur du contrat de mariage serait tenu, sous peine d'amende, et, s'il y a lieu, de dommages-intérêts, à donner connaissance au bureau des hypothèques de cette partie du contrat.

Ainsi, sauf des cas qui sont tellement rares que la prudence humaine n'a point à s'en occuper, le conservateur trouverait, dans son bureau, les documents suffisants pour savoir si un immeuble est vendu par une personne ayant ou non la capacité de vendre, et il devrait refuser, sous sa responsabilité, la transcription de tout acte de vente consenti par une personne dont l'incapacité lui aurait ainsi été notifiée. Toutefois, si, par négligence ou par erreur, le conservateur venait à transcrire un pareil acte, et s'il en résultait une inscription au cadastre en faveur de la personne indiquée comme acquéreur, l'incapable à l'égard duquel on aurait violé les lois ne serait pas dépouillé de sa propriété, car on ne changerait rien à la disposition de l'art. 53, d'après laquelle l'inscription au cadastre ne couvre, en aucun cas, les vices du titre en vertu duquel elle a été opérée. La responsabilité du conservateur qui aurait transcrit, mal à propos, un acte nul, ne serait donc encourue qu'à raison du dommage souffert par les personnes que la transcription de l'acte nul et l'inscription qui en serait la suite auraient induites en erreur.

§ 188. La nouvelle besogne qui serait ainsi imposée au conservateur serait, d'ailleurs, bien plus facile à remplir que celle qui incombe, en Allemagne, aux magistrats chargés de la tenue des registres hypothécaires; car, en premier lieu, les incapacités créées par les lois françaises sont clairement définies et peu nombreuses; en second lieu, le conservateur n'aurait point à vérifier l'identité des parties et des témoins instrumentaires, puisque cette vérification serait exclusivement dans le ressort du notaire rédacteur de l'acte authentique produit au bureau des hypothèques. Le conservateur serait donc ainsi affranchi d'une responsabilité qui pèse plus ou moins sur les magistrats chargés en Allemagne de la tenue des registres de droits réels. En troisième lieu, les magistrats allemands doivent, dans l'intérêt des créanciers et sous leur responsabilité, déterminer la valeur de l'immeuble donné en hypothèque; or, le conservateur n'aurait point à s'occuper de cette estimation qui n'est pas toujours très-facile, et qui, dans presque tous les cas, entraîne à beaucoup de longueurs. En quatrième lieu, enfin, la besogne la plus difficile et la plus délicate qui soit imposée aux magistrats allemands consiste à vérifier si le vendeur ou l'emprunteur est bien propriétaire de l'immeuble qu'il a l'intention de vendre ou d'hypothéquer. Or, grâce à l'individualisation des immeubles, le conservateur aurait seulement à vérifier, si celui qui se présente, dans un acte, comme propriétaire d'une parcelle, est bien réellement inscrit comme tel sur le registre des propriétés.

En résumé, la tâche imposée au conservateur, par les dispositions additionnelles mentionnées plus haut, ne serait pas plus difficile à remplir que les fonctions qu'il exerce aujourd'hui, relativement aux radiations ou aux transferts d'inscriptions, radiations ou transferts qu'il ne

doit opérer, sous sa responsabilité, qu'après s'être assuré que le consentement a été donné valablement.

§ 189. Ces dispositions additionnelles étant combinées avec les réformes dont j'ai parlé dans les chapitres précédents, il en résulterait, pour les acquéreurs et pour les prêteurs, une sécurité légale qui ne serait pas, à la vérité, aussi absolue que celle qu'on a cherché à obtenir dans la plupart des législations allemandes, mais qui, en réalité, serait tout aussi efficace pour le crédit foncier.

On peut dire, au reste, que l'application poussée à l'extrême du principe germanique de la publicité n'est pas toujours sans danger. Ainsi, par exemple, celui qui achète un immeuble d'un individu illégitimement inscrit comme propriétaire, devient, s'il est de bonne foi, véritable propriétaire. Or, il me paraît peu conforme à la raison et à la justice que le propriétaire véritable, dont l'inscription a été radiée mal à propos, soit victime d'un acte qui a été fait à son insu et contre lequel il lui était absolument impossible de se prémunir. Il ne faut pas oublier, toutefois, que le même reproche peut être fait contre la disposition de l'art. 2198 du Code civil, qui statue que l'immeuble à l'égard duquel le conservateur a omis, dans un certificat sur transcription, une ou plusieurs charges inscrites, en est affranchi, à l'égard du nouveau possesseur. C'est donc avec raison, ce me semble, que l'art. 1267 du Code civil hollandais a consacré une disposition contraire.

CHAPITRE IV.

De la réunion des bureaux du cadastre et des hypothèques, et de la restriction de l'étendue du ressort de chaque bureau.

§ 190. Nous avons vu, dans le chapitre précédent, que les nouvelles obligations qui devraient, à mon avis, être imposées au conservateur des hypothèques rentrent dans le cadre des fonctions qui lui sont déjà attribuées par le Code civil, et qu'ainsi l'institution des conservateurs des hypothèques ne serait point altérée par ces changements.

Je pense encore qu'il n'y aurait aucun obstacle à réunir, comme en Hollande, la conservation du cadastre à celle des hypothèques, pourvu qu'en premier lieu, on séparât complétement le cadastre d'avec le contrôle des contributions directes, ainsi que cela a été fait à Genève, et qu'en second lieu, l'on confiât à un géomètre, officiellement attaché au bureau, tout ce qui concernerait le levé et le dessin des plans. Il est d'ailleurs évident que, puisque les registres du cadastre et ceux des hypothèques se réfèrent les uns aux autres, il résulterait de cette réunion une beaucoup plus grande simplicité et une notable économie de temps et de frais.

§ 191. Il me paraît, enfin, que le public gagnerait immensément, sous le rapport de la promptitude et de la sécurité, si l'on distribuait les bureaux de droits réels de telle sorte qu'il y eût, en maximum, un bureau pour chaque population de 30,000 âmes. Aujourd'hui, en effet, les conservateurs des bureaux d'hypothèques d'arrondissement ont déjà trop de besogne, pour qu'il leur soit possible de délivrer promptement les certificats réclamés par les parties; or, cette célérité serait encore plus difficile si la tâche des conservateurs était beaucoup augmentée. Mais, abstraction faite de cette circonstance, il y a une grande utilité à ce que l'étendue du ressort d'un bureau d'hypothèques soit peu considérable; car, de cette manière, les registres deviennent facilement accessibles au public, et chaque intéressé peut, s'il le désire, s'assurer par ses propres yeux de la réalité de l'inscription qui le concerne. C'est là un complément de publicité qui, dans certains cas, peut devenir contre le conservateur un moyen préventif fort utile. On comprend, en outre, que, dans un bureau d'une petite étendue, le conservateur et ses employés peuvent acquérir des notions individuelles qui facilitent beaucoup leur surveillance et tendent ainsi à prévenir les erreurs ou les fraudes.

FIN DU COMMENTAIRE.

TEXTE

DES

LOIS, ARRÊTÉS, RÈGLEMENTS ET INSTRUCTIONS

CONCERNANT

LE NOUVEAU CADASTRE DE GENÈVE.

SAVOIR :

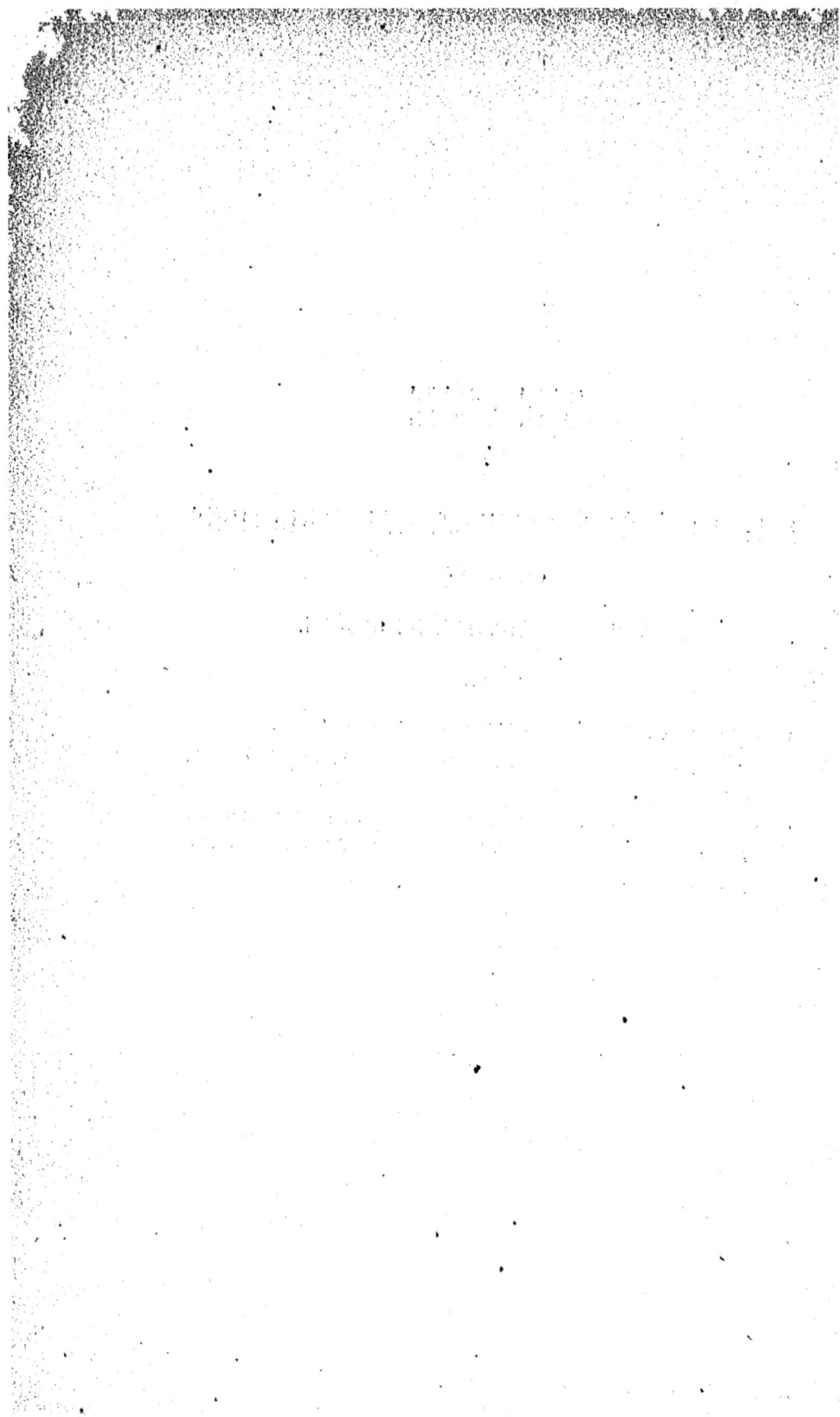

LOI SUR LE CADASTRE

DU 1er FÉVRIER 1841.

LOI SUR LE CADASTRE

DU 1er FÉVRIER 1841.

PREMIÈRE PARTIE.

DISPOSITIONS RELATIVES A L'ÉTABLISSEMENT D'UN NOUVEAU CADASTRE.

CHAPITRE PREMIER.

DISPOSITIONS GÉNÉRALES.

ART. 1er. Il sera fait un cadastre des propriétés foncières du canton.

ART. 2. Le Conseil d'État est chargé de faire procéder à la confection du cadastre, conformément à la présente loi.

Il fera, à cet effet, tous les règlements qu'il estimera nécessaires.

CHAPITRE II.

DES PLANS ET DES REGISTRES DU CADASTRE.

SECTION PREMIÈRE.

Des plans du cadastre.

ART. 3. Les plans du cadastre comprendront :

1° La carte d'ensemble de chaque commune à l'échelle d'un *dix-millième;*

2° Les plans de détail de chaque commune, à l'échelle d'un *millième,* ou à celle d'un *cinq centième* pour les parties qui doivent être développées ;

3° Les plans de détail de la ville de Genève, à l'échelle d'un *deux cent cinquantième* [1].

Art. 4. Les plans de détail seront divisés en parcelles dont chacune sera désignée par un numéro particulier.

Art. 5. Tous les immeubles d'un propriétaire situés dans une même commune formeront ensemble une seule parcelle, s'ils ne sont séparés par une rue, par un chemin, par une rivière ou par des fonds appartenant à autrui [2].

Toutefois, lorsqu'une propriété se composerait de parties qui, quoique contiguës, seraient, par leur configuration, distinctes les unes des autres, le Conseil d'État pourra ordonner que ces parties formeront autant de parcelles différentes.

Art. 6. Les plans de détail contiendront le périmètre de chaque parcelle, les bâtiments et les bornes existant sur le terrain.

Des signes conventionnels représenteront les murs, les haies, les ruisseaux et les fossés qui confinent les parcelles, et indiqueront à laquelle des deux propriétés limitrophes appartiennent ces divers objets.

Art. 7. L'échelle des plans sera exprimée en mesures métriques.

Art. 8. Il sera établi des copies des plans du cadastre, contenant les indications des diverses cultures d'une même parcelle, lorsque ces cultures auront un caractère de fixité et que leur étendue le comportera. Ces indications n'auront aucun effet civil et ne seront point reproduites dans les certificats mentionnés aux art. 65, 72 et 76 de la présente loi.

Les dispositions de l'art. 83 de la même loi seront également applicables aux copies ci-dessus mentionnées.

SECTION II.

Des registres du cadastre.

Art. 9. Les registres du cadastre se composeront :

1° Des registres dits *des numéros suivis*, indiquant, par ordre

[1] Voyez le *Commentaire sur le nouveau cadastre de Genève*, §§ 57 et 58.
[2] Voyez les §§ 31 à 37 du *Commentaire*.

de numéros, toutes les parcelles figurées sur les plans, leur contenance et les noms de leurs propriétaires;

2° De l'état nominatif des propriétaires de chaque commune, indiquant les numéros et les contenances des parcelles qui sont attribuées à chacun d'eux;

3° Des registres dits *des mutations*, destinés à indiquer la succession des propriétaires et les changements qui, d'après la présente loi, devront être représentés sur les plans du cadastre.

Art. 10. Dans les registres ci-dessus, chaque propriétaire sera désigné :

Par son nom et ses prénoms;

Par les prénoms de son père;

Par son état ou profession et son domicile.

S'il s'agit d'un établissement public, d'une association ou de tout autre corps moral, les registres contiendront la qualification sous laquelle ce corps sera légalement reconnu, et l'indication du domicile social ou du siége de l'établissement [1].

Art. 11. Les contenances seront exprimées en mesures métriques et en mesures fixées par la loi du 1er octobre 1816.

CHAPITRE III.

DES PRUD'HOMMES [2].

SECTION I.

De l'institution des prud'hommes en général.

Art. 12. Le Conseil d'État nommera, pour chaque commune, un ou plusieurs *prud'hommes* chargés de coopérer à la confection du cadastre.

Art. 13. Les fonctions des prud'hommes consisteront :

1° A faire les diverses sommations prévues au chapitre IV ci-après;

2° A concilier, dans les cas mentionnés au susdit chapitre, les contestations qui pourraient s'élever à l'occasion du cadastre (art. 31 et 43);

[1] Voyez le § 85 du *Commentaire*.
[2] Voyez les §§ 17 à 24, 53 et 54 du *Commentaire*.

3° A statuer sur ces contestations, lorsqu'elles n'auront pas été conciliées (art. 32 et 43).

Art. 14. Avant d'entrer en fonctions, les prud'hommes prêteront serment devant le Conseil d'État.

Art. 15. Chaque prud'homme opérera seul.

Art. 16. Le prud'homme portera sur un registre-journal la mention sommaire de chacune de ses opérations. Cette mention sera signée par lui.

Art. 17. Le prud'homme fera connaître au géomètre chargé de l'arpentage de la commune les conciliations qu'il aura opérées et les décisions qu'il aura rendues, en se conformant à cet égard au mode et aux délais déterminés par les règlements du Conseil d'État.

SECTION II.

Des citations et sommations faites à la requête des prud'hommes.

Art. 18. Les sommations ou citations faites à la requête des prud'hommes seront notifiées par un *appariteur* nommé et assermenté par le Conseil d'État.

Art. 19. Les originaux de ces citations ou sommations contiendront :

La date ;

Les noms et prénoms des personnes citées ou sommées ;

Le lieu, le jour et l'heure de la comparution devant le prud'homme, s'il s'agit d'une citation ;

L'objet de la citation ou de la sommation ;

L'indication de la personne à laquelle l'appariteur aura parlé au domicile des personnes citées ou sommées ;

Et la signature de l'appariteur.

Le Conseil d'État déterminera dans ses règlements le mode des citations ou sommations concernant les incapables, les absents et les corps moraux.

Art. 20. L'appariteur remettra, pour chaque personne citée ou sommée, une copie de la citation ou de la sommation.

Art. 21. Ces citations ou sommations se feront sur papier libre et sans frais.

SECTION III.

Des conciliations opérées par les prud'hommes.

Art. 22. Les conciliations opérées par les prud'hommes seront textuellement portées sur un registre à ce destiné.

Art. 23. Ces conciliations seront signées par le prud'homme et par les parties.

Si les parties ou l'une d'elles ne savent ou ne peuvent signer, leur signature sera remplacée par celle de deux témoins connaissant les parties.

Il sera donné lecture de la transaction aux parties et aux témoins, et il sera fait mention de l'accomplissement de cette formalité.

Art. 24. Les conciliations, ainsi opérées et constatées par les prud'hommes, emporteront date certaine, et feront pleine foi entre les parties et leurs héritiers ou ayants cause, mais seulement en ce qui concerne le cadastre.

Art. 25. Si le prud'homme ne concilie pas les parties, il dressera un procès-verbal de non-conciliation.

SECTION IV.

Des décisions rendues par les prud'hommes.

Art. 26. Les décisions rendues par les prud'hommes, dans les cas prévus par le chapitre suivant, n'auront d'autre effet que de servir de base à la confection du cadastre.

CHAPITRE IV.

DE LA MARCHE A SUIVRE DANS LA CONFECTION DU CADASTRE.

SECTION I.

Des opérations antérieures au levé des parcelles, du bornage et de la manière d'y suppléer.

Art. 27. Tous les plans de détail d'une même commune et tous les plans des diverses communes du canton seront coordonnés entre eux. Dans ce but, le levé des parcelles sera précédé de deux triangulations successives; la première embrassera tout le canton, et la seconde subdivisera en triangles plus petits les triangles obtenus par la première [1].

ART. 28. Le levé des parcelles de chaque commune sera précédé de la reconnaissance de son périmètre; cette reconnaissance devra se faire en contradictoire des communes voisines [2].

ART. 29. Avant qu'il soit procédé au levé des parcelles d'une commune, le Conseil d'État rappellera, par une publication, les dispositions de la présente section, ainsi que celle de l'art. 53 sur les effets civils du cadastre.

ART. 30. Si le géomètre chargé du levé des parcelles d'une commune ou d'une portion de commune, reconnait que les périmètres d'une ou de plusieurs propriétés sont incertains en tout ou en partie, il en donnera connaissance au prud'homme qui fera sommer les propriétaires intéressés de placer, dans un certain délai, les bornes nécessaires [3].

Cette sommation rappellera les dispositions des art. 31 et suivants de la présente section.

ART. 31. Dans toute contestation relative au bornage et portée devant le prud'homme, celui-ci fera citer les parties en conciliation, suivant le mode prescrit aux art. 18 et suivants.

ART. 32. En cas de non-conciliation, le prud'homme rendra une décision, aux fins de déterminer la ligne séparative des propriétés.

Le prud'homme statuera également sur cette ligne séparative, lorsque les propriétaires n'auront pas placé les bornes nécessaires dans le délai fixé, et qu'aucun d'eux n'aura élevé de contestation avant le susdit délai.

ART. 33. Dans les deux cas prévus par l'article précédent, le prud'homme fera placer, sur le terrain, des piquets à demeure, à l'effet de rendre visibles les lignes séparatives qui doivent être tracées sur les plans.

Ces piquets ne pourront être enlevés avant la clôture des opérations du cadastre, à moins qu'il n'ait été procédé à un bornage conventionnel ou judiciaire.

[1] Voyez le § 25 du *Commentaire*.
[2] Voyez le § 26 du *Commentaire*.
[3] Voyez les §§ 27 à 34 du *Commentaire*.

ART. 34. Les bornes qui seront posées par suite d'un bornage, et les piquets placés d'office, seront indiqués, sur les plans, d'une manière différente.

ART. 35. Tant qu'il ne sera intervenu ni convention ni jugement, les piquets placés d'office n'auront d'autre effet que de servir de base aux opérations géométriques du cadastre.

ART. 36. Les frais faits pour suppléer au bornage seront à la charge des propriétaires qui les auront occasionnés ; ils seront réglés par un tarif et perçus suivant le mode de recouvrement des contributions directes.

SECTION II.

Opérations relatives au levé des plans et à l'établissement des registres.

ART. 37. Tout ce qui concerne le levé, le dessin et la vérification des plans, ainsi que la forme des registres du cadastre, sera réglé par le Conseil d'État.

SECTION III.

Des bulletins de propriété et de leur vérification[1].

ART. 38. Le levé des plans d'une commune étant achevé, et le registre préparatoire des numéros suivis de cette commune étant dressé, chaque propriétaire recevra le bulletin des parcelles qui lui sont attribuées, et aura le délai d'un mois pour le vérifier.

A cet effet, les copies des plans et des registres seront déposées à la mairie de la commune, où chaque propriétaire pourra les consulter.

ART. 39. Après l'expiration du délai ci-dessus, les propriétaires de la commune seront appelés à reconnaître ou à contredire leur bulletin, au jour qui sera fixé, et devant un commissaire délégué par le Conseil d'État.

ART. 40. Les décisions rendues par le prud'homme, à l'occasion du bornage, n'empêcheront pas le propriétaire de contester l'exactitude de son bulletin.

[1] Voyez les §§ 86 à 89 du *Commentaire*.

Art. 41. Le commissaire dressera procès-verbal des réclamations de chaque propriétaire, ou de sa déclaration qu'il n'en a point à faire.

Ce procès-verbal sera signé par le commissaire et le propriétaire. Si celui-ci ne sait ou ne peut signer, il en sera fait mention.

Le commissaire dressera également procès-verbal des non-comparutions.

Art. 42. Le commissaire fera connaître au prud'homme les noms des propriétaires qui n'auront pas comparu pour reconnaître leur bulletin, ainsi que les contestations qui se seront élevées.

Art. 43. Le prud'homme fera citer en conciliation les propriétaires qui auront élevé des contestations à l'occasion de leur bulletin, et ceux dont les bulletins portent des parcelles contestées.

Si le prud'homme ne peut concilier les parties, il statuera sur ces contestations.

Art. 44. Le prud'homme fera encore citer par-devant lui, aux fins de contredire ou de reconnaître leur bulletin, les propriétaires qui n'auront pas comparu devant le commissaire.

Art. 45. Tout propriétaire cité en vertu de l'article précédent, et qui de nouveau ne comparaîtra pas, sera considéré comme approuvant son bulletin.

Si le propriétaire cité comparaît devant le prud'homme et conteste son bulletin, il sera procédé conformément à l'art. 43.

SECTION IV.

De la clôture des opérations du cadastre.

Art. 46. La reconnaissance des bulletins étant faite dans une commune et les contestations portées devant les prud'hommes étant terminées, le Conseil d'État ordonnera l'achèvement des plans et la confection des registres définitifs.

Art. 47. Dès que l'arrêté ci-dessus aura été rendu, les prud'hommes cesseront d'exercer leurs fonctions dans la commune, et il ne sera fait de rectification ou de changement, sur les registres et sur les plans, qu'en suivant les formes prescrites par les art. 54 et suivants.

Art. 48. Tous les plans et registres d'une commune étant achevés, un arrêté du Conseil d'État déclarera le cadastre définitif pour cette commune. Cet arrêté sera publié dans la forme prescrite pour la promulgation des lois.

Art. 49. Cette publication aura pour effet de rendre exécutoire dans la commune la seconde partie de la présente loi.

Toutefois, la disposition de l'art. 53, sur les effets civils du cadastre, ne pourra être opposée aux actions intentées devant les tribunaux, antérieurement à ladite publication.

CHAPITRE V.

DISPOSITIONS PÉNALES [1].

Art. 50. Quiconque, pendant les opérations du cadastre, supprimera ou déplacera des bornes, des jalons ou d'autres signes indicatifs, placés par les géomètres ou autres agents du cadastre, sera puni d'un emprisonnement qui ne pourra excéder un mois, et d'une amende qui pourra s'élever à cinquante francs, sans préjudice des dommages-intérêts auxquels le délinquant pourrait être condamné envers l'État ou toute personne intéressée.

CHAPITRE VI.

DISPOSITIONS FINANCIÈRES.

Art. 51. Il sera pourvu à la dépense résultant de la confection du cadastre des communes :

1° Par une allocation de trente-six mille francs, à prendre sur le fonds de dégrèvement. . . .	36,000 fr.
2° Par une allocation annuelle de cinq mille francs, à prendre pendant dix ans sur les budgets du canton, à dater de celui de 1841	50,000 »
3° Par des centimes additionnels perçus chaque année pendant dix ans, en sus de la contribution	
A reporter. . . .	86,000 fr.

[1] Voyez le § 108 du *Commentaire*.

Report. . . .	86,000 fr.
foncière des communes, savoir : *cinq centimes* par franc pour la propriété bâtie, et *dix centimes* par franc pour la propriété non bâtie, faisant environ.	44,000 »
Total.	130,000 fr.

Art. 52. Il sera pourvu à la dépense résultant du cadastre de la ville de Genève :

1° Par une allocation de cinq mille francs sur le fonds de dégrèvement	5,000 fr.
2° Par une allocation de six cents francs à prendre pendant dix ans sur les budgets du canton, à dater de celui de 1841.	6,000 »
3° Par *cinq centimes* additionnels sur la contribution foncière, perçus pendant trois ans et faisant environ	9,000 »
Total.	20,000 fr.

NOTE ADDITIONNELLE

SUR LE COÛT DU NOUVEAU CADASTRE DE GENÈVE.

Je m'étais abstenu de parler dans le *Commentaire* qui précède du coût du cadastre, afin d'éviter une polémique qui aurait été contraire au but que je m'étais proposé en publiant mes observations sur le cadastre genevois; mais j'ai reconnu, plus tard, que je ne pouvais me dispenser de prévenir le lecteur que la somme de 130,000 fr., allouée pour le cadastre des communes rurales du canton de Genève, a été élevée au triple environ.

Ce surcroît de frais provient, en premier lieu, de ce que les principes du cadastre genevois étant complétement nouveaux, il a fallu faire beaucoup d'essais et de tâtonnements inutiles, avant d'arriver à la marche adoptée définitivement depuis 1840; 2° de ce que l'administration a refusé des plans pour lesquels elle avait fait des avances qui ne lui ont pas été remboursées; 3° enfin, des circonstances particulières où s'est trouvé le canton de Genève, dans les sept dernières années. Ces circonstances ont occasionné, entre autres, de nouvelles circonscriptions territoriales et un remaniement des registres cadastraux; elles ont aussi empêché que les services des prud'hommes et des commissaires au bornage ne fussent gratuits, ainsi qu'on avait dû l'espérer en 1841, d'après ce qui se passait sous le précédent ordre de choses.

Quoi qu'il en soit, il est impossible de rien conclure de ce coût pour un pays comme la France, car on comprend que, dans un pays qui, comme le canton de Genève, ne compte que 42 communes et dont la surface ne monte qu'à 24,500 hectares, les essais coûteux se sont faits sur une aliquot du tout qui est infiniment plus considérable qu'elle ne le serait dans un grand pays; en second lieu, il serait facile et il vaudrait la peine de créer, dans un État comme la France, une organisation spéciale en vue du cadastre, et de former des élèves géomètres, ce qui réduirait considérablement les frais de triangulation, d'arpentage et de levé des plans; enfin, quoique la propriété soit très-divisée en France, relativement à d'autres pays de l'Europe, elle l'est pourtant moins que dans le canton de Genève, où les 23,000 hectares de propriétés se répartissent en 55,000 parcelles, et ont donné lieu à l'ouverture de 20,000 comptes différents.

Dans les communes de la Hesse, où le bornage préalable est obligatoire, et où le cadastre est au moins aussi parfait que dans le canton de Genève, les frais payés au géomètre, y compris la troisième et la quatrième triangulation, se montent à 11 kr. 1/2 par 25 ares (*ein Morgen*), et 12 kr. 1/2 par parcelle; en second lieu, les frais payés aux agents du bornage (*Feldgeschworene*) se montent en maximum à une moyenne de 24 kr. par parcelle. En troisième lieu, les frais relatifs à la confection des registres sont, en moyenne, de 3/4 de kr. par parcelle, non compris le coût du registre blanc. En quatrième lieu enfin, on paie pour la copie des plans-minutes 1 kr. 1/2 par parcelle, et 1/2 kr. pour 25 ares (*ein Morgen*), non compris le coût du papier.

Dès lors, en supposant 23,000 hectares, qui est la superficie approximative de la totalité des parcelles genevoises, en admettant de plus que le nombre des parcelles se monte, dans le canton de Genève, à 55,000, que le nombre des espèces de registres soit de 5 par commune, et que celui des copies de plans soit de 4 (les copies-calques étant assimilées pour le coût aux mises au net), le coût du cadastre des communes rurales du canton de Genève se serait monté, d'après ces données, à 63,328 florins, soit 133,315 fr. 80 c., non compris le coût du papier des plans et registres, et non compris le coût de la première et de la deuxième triangulation, lesquelles correspondent à la triangulation suisse et à la triangulation cantonale, faites à part par M. le général Dufour.

Ainsi, en supposant que le coût du papier des plans et registres se monte à 5,684 fr. 20 c., le coût du cadastre genevois se serait élevé en maximum à 138,000 fr., soit 6 fr. par hectare.

Au reste, le coût du cadastre vaudois, d'après les renseignements qui m'ont été fournis par M le commissaire général Piccard, n'a pas dépassé, dans ces quatre dernières années, 2 fr. par pose vaudoise, ce qui correspond à 4 fr. 45 c. par hectare.

Toutefois, lors même qu'on ferait abstraction de la position exceptionnelle où s'est trouvé le canton de Genève pendant la confection du cadastre, je reconnais qu'à raison d'autres circonstances, le coût du cadastre ne pouvait pas s'opérer à Genève aussi économiquement que dans la Hesse et le canton de Vaud, et qu'ainsi le chiffre de 6 fr. par hectare, qui a servi de base aux calculs, était trop faible. Telle est l'opinion que j'avais exprimée dans le sein de la commission du projet de loi sur le cadastre ; mais a commission refusa l'augmentation que je demandais, parce qu'elle craignait de faire élever outre mesure les prétentions des géomètres qui, à cette époque, étaient à Genève trop peu nombreux pour avoir à redouter une concurrence quelconque. Il ne m'était donc pas possible, dans ma position de rapporteur, de renouveler au Conseil représentatif ma demande d'augmentation, demande qui m'aurait été d'ailleurs accordée, car le désir manifeste de l'immense majorité de ce Conseil, était d'avoir un nouveau cadastre, lors même que le coût aurait dépassé de beaucoup la somme annoncée. Néanmoins, lorsque je fus interpellé, dans l'assemblée, sur la comparaison entre le coût du cadastre de la ville de Genève et celui du cadastre des communes rurales, je déclarai que *l'allocation demandée pour le cadastre de la campagne risquait bien plus que celle de la ville d'être insuffisante* (*Mémorial des séances du Conseil représentatif*, année 1840-1841, page 1015).

SECONDE PARTIE.

DISPOSITIONS RELATIVES AU CADASTRE DÉCLARÉ DÉFINITIF.

CHAPITRE PREMIER.

DES EFFETS CIVILS DU CADASTRE [1].

Art. 53. Le cadastre fera foi, en faveur de celui qui y est inscrit, contre la personne qui, se prétendant propriétaire en

[1] Voyez les §§ 139 et suivants du *Commentaire*.

tout ou en partie de l'immeuble litigieux, ne justifierait de son droit ni par un titre régulier de propriété, ni par la prescription qu'elle aurait acquise conformément au droit commun.

En aucun cas, l'inscription au cadastre ne pourra couvrir les vices du titre en vertu duquel elle aura été opérée.

CHAPITRE II.

DES MUTATIONS.

SECTION PREMIÈRE.

Du mode d'opérer les mutations sur les plans et les registres du cadastre.

Art. 54. Aucune mutation ne pourra être opérée au cadastre que lorsque le titre qui la constate aura été transcrit au bureau des hypothèques.

Art. 55. Toute mutation au cadastre sera faite d'office et sans frais.

Elle s'opérera d'après le registre de transcription et suivant le mode fixé par un règlement du Conseil d'État.

Art. 56. Toutes les fois qu'une mutation aura pour résultat de diviser le terrain d'une même parcelle, entre deux ou plusieurs personnes, il sera posé des limites et il sera fait, pour le bureau du cadastre, un plan indiquant les subdivisions à opérer [1].

Art. 57. Dans les cas ci-dessus, la parcelle sera divisée sur les plans du cadastre, en autant de parties qu'il y aura de portions attribuées à des propriétaires différents; chacune de ces parties sera désignée d'une manière distincte.

Art. 58. Les plans mentionnés en l'art. 56 seront faits sur la même échelle que le cadastre, et exécutés par un géomètre nommé par le Conseil d'État.

Le salaire de ce géomètre se composera d'une somme payée par l'État et d'un casuel mis à la charge des parties et déterminé par un règlement.

Art. 59. Lorsqu'une mutation aura pour effet de réunir, en

[1] Voyez les §§ 116 à 118 du *Commentaire*.

mains d'un même propriétaire, des parcelles ou des fractions de parcelles dont l'ensemble sera dans les conditions de contiguïté prévues par l'art. 5 de la présente loi, il en sera formé une seule parcelle, qui recevra un numéro spécial.

Les règlements du Conseil d'État détermineront le mode de concordance entre les désignations des anciennes parcelles et de la nouvelle, ainsi que les époques auxquelles devront avoir lieu les réunions ci-dessus mentionnées[1].

Art. 60. Lorsqu'un acte aura pour effet d'attribuer à des propriétaires différents des portions distinctes d'une propriété bâtie, la mutation ne s'opérera que sur les registres du cadastre.

Ces registres indiqueront, d'après l'acte, les portions qui seront indivises et celles qui seront assignées à des propriétaires distincts.

SECTION II.

De la forme générale des titres constatant une mutation[2].

Art. 61. Dans les titres constatant une mutation et présentés à la transcription, chaque partie contractante ou requérante sera désignée :

Par son nom et ses prénoms;

Par les prénoms de son père;

Par son état ou profession et son domicile.

Art. 62. S'il s'agit d'un établissement public, d'une association ou de tout autre corps moral, le titre présenté à la transcription contiendra la qualification sous laquelle ce corps est légalement reconnu, l'indication du domicile social ou du siége de l'établissement et l'autorisation du Conseil d'État dans les cas où cette autorisation est requise.

Art. 63. Dans les actes ci-dessus, les immeubles seront désignés :

Par leur nature;

Par le hameau ou la rue et la commune de la situation;

Par les numéros du cadastre;

Par leur contenance;

[1] Voyez les §§ 119 et 120 du *Commentaire*.
[2] Voyez les §§ 121 à 125 du *Commentaire*.

Par les numéros d'assurance des bâtiments et leur nature.

Art. 64. Lorsqu'une action judiciaire aura pour objet une contestation sur le droit de propriété de tout ou partie d'un immeuble, l'exploit d'ajournement ou les conclusions devront contenir une désignation des parties et des immeubles conforme à celle des trois articles précédents.

Art. 65. Aucun titre de mutation, par acte entre-vifs, ne sera transcrit que sur un certificat du bureau du cadastre, constatant que celui du chef duquel la mutation est opérée, est inscrit au cadastre comme propriétaire des parcelles qui en sont l'objet[1].

S'il s'agit d'une mutation par succession, la transcription ne pourra avoir lieu que sur la production du certificat mentionné en l'art. 72.

Art. 66. Les désignations des personnes et des immeubles devront être les mêmes dans le titre présenté à la transcription que dans le certificat mentionné en l'article précédent.

Art. 67. Dans le cas mentionné en l'art. 56, le plan ne sera déposé au bureau du cadastre qu'après avoir été présenté au bureau des hypothèques avec le titre soumis à la transcription.

Art. 68. Le conservateur des hypothèques ne restituera les titres transcrits que lorsque la mutation aura été opérée au cadastre, à moins toutefois qu'il ne s'agisse d'un jugement qui n'aurait pas acquis force de chose jugée.

Art. 69. En cas de contravention aux art. 61, 62, 63, 66 et 67, la mutation au cadastre sera suspendue, et le titre irrégulier sera retenu par le conservateur jusqu'à ce qu'il ait été rectifié.

Art. 70. L'acte de rectification sera transcrit au bureau des hypothèques et mentionné sur le registre des transcriptions en marge du titre rectifié.

Art. 71. Il n'est d'ailleurs rien innové aux lois des 28 juin 1820 et 28 juin 1830, sur la transcription des actes entre-vifs translatifs ou déclaratifs de propriété[2].

[1] Voyez les §§ 114 et 115 du *Commentaire*.
[2] Voyez le § 112 du *Commentaire*.

SECTION III.

Des règles particulières aux mutations par succession[1].

Art. 72. Ceux qui voudront faire opérer, à leur profit, la mutation au cadastre des immeubles qui leur seront provenus d'une succession, devront en former la demande par requête adressée au président du tribunal civil.

A ces fins, ils déposeront au greffe, avec cette requête :

1° Les pièces constatant que ceux au nom desquels la mutation au cadastre doit être opérée, sont seuls successeurs, à titre héréditaire, de la personne décédée;

2° Le certificat de l'agent du cadastre justifiant que les immeubles à l'égard desquels la mutation est demandée, sont inscrits au cadastre sous le nom du défunt.

Art. 73. Il sera gardé minute de l'ordonnance rendue par le président.

Art. 74. En cas de refus du président, le requérant pourra se pourvoir par requête devant le tribunal civil, qui statuera sur les conclusions du ministère public.

Ce jugement sera susceptible d'appel.

Art. 75. Si la mutation requise est accordée, l'ordonnance ou le jugement sera transcrit au bureau des hypothèques, conformément aux art. 54 et suivants.

Art. 76. L'enfant naturel, le conjoint survivant ou l'État, qui, conformément aux art. 767 et suivants du Code civil, aurait obtenu l'envoi en possession des biens d'une personne inscrite au cadastre, fera opérer la mutation en son nom, par la transcription du jugement qui aura ordonné l'envoi en possession.

Il en sera de même de ceux qui auront obtenu l'envoi en possession définitif des biens d'un absent, conformément aux art. 129 et suivants du Code civil.

Le requérant devra joindre à sa requête l'état des immeubles qu'il veut faire inscrire sous son nom.

Art. 77. La mutation au cadastre d'un immeuble indivis, par suite de succession, ne pourra être faite que collectivement et

[1] Voyez les §§ 126 à 129 du *Commentaire*.

au nom de tous les cohéritiers, encore qu'elle ne soit requise que par l'un d'eux ou par quelques-uns d'entre eux.

ART. 78. Dans les cas prévus par les art. 75 et 76, la transcription sera opérée à la diligence du greffier, dans la forme et dans les délais prescrits par la loi du 28 juin 1820 [1].

CHAPITRE III.

DES RECTIFICATIONS [2].

ART. 79. Aucune rectification concernant les lignes séparatives des propriétés ou les désignations des propriétaires, ne sera faite au cadastre qu'en vertu d'un acte transcrit au bureau des hypothèques.

ART. 80. Toutes les règles mentionnées aux deux premières sections du chapitre précédent, sur le mode d'opérer les mutations et sur la forme des titres qui les constatent, seront applicables à ces rectifications.

CHAPITRE IV.

DU MODE D'OPÉRER, SUR LES PLANS, LES CHANGEMENTS AUTRES QUE LES RECTIFICATIONS OU LES MUTATIONS.

ART. 81. Les changements dans la superficie du sol d'une propriété bâtie, ainsi que les nouvelles constructions, seront indiqués sur les plans [3].

Les règlements du Conseil d'État détermineront le mode de ces diverses indications, ainsi que les délais dans lesquels elles seront opérées [4].

Ces règlements détermineront les autres cas dans lesquels il y aura lieu à indiquer, sur les plans, les changements qui ne proviendraient ni d'une mutation, ni d'un acte de rectification [5].

[1] Voyez l'art. 275 du *Règlement général sur le cadastre du 14 octobre 1844*, et le § 112 du *Commentaire*.
[2] Voyez le § 130 du *Commentaire*.
[3] Voyez les §§ 63 à 66 du *Commentaire*.
[4] Voyez les art. 315 et suivants du *Règlement général de 1844*.
[5] Voyez *Supplément* nº 19, art. 7, et la note sur cet article.

CHAPITRE V.

DE LA CONSERVATION DES PLANS ET REGISTRES DU CADASTRE, ET DU MODE DE LES CONSULTER.

Art. 82. Les minutes des plans et des registres du cadastre, ainsi que les registres des conciliations tenus par les prud'hommes, seront déposés dans les archives cantonales.

Le mode de les conserver et de les consulter sera déterminé par les règlements du Conseil d'État.

Art. 83. Des copies des plans et des registres du cadastre de toutes les communes seront placées dans un dépôt public situé dans la ville de Genève.

Il y aura de plus, dans la mairie de chaque commune, les copies des plans et des registres concernant cette commune.

DISPOSITION TRANSITOIRE.

La seconde partie de la présente loi, *sur les dispositions relatives au cadastre définitif*, ne deviendra exécutoire que suivant la forme et dans les délais mentionnés aux art. 47, 48 et 49.

TABLE.

PREMIÈRE PARTIE.

DISPOSITIONS RELATIVES A L'ÉTABLISSEMENT D'UN NOUVEAU CADASTRE.

SECONDE PARTIE.

DISPOSITIONS RELATIVES AU CADASTRE DÉCLARÉ DÉFINITIF.

RÈGLEMENT GÉNÉRAL
SUR LE CADASTRE

DU 14 OCTOBRE 1844.

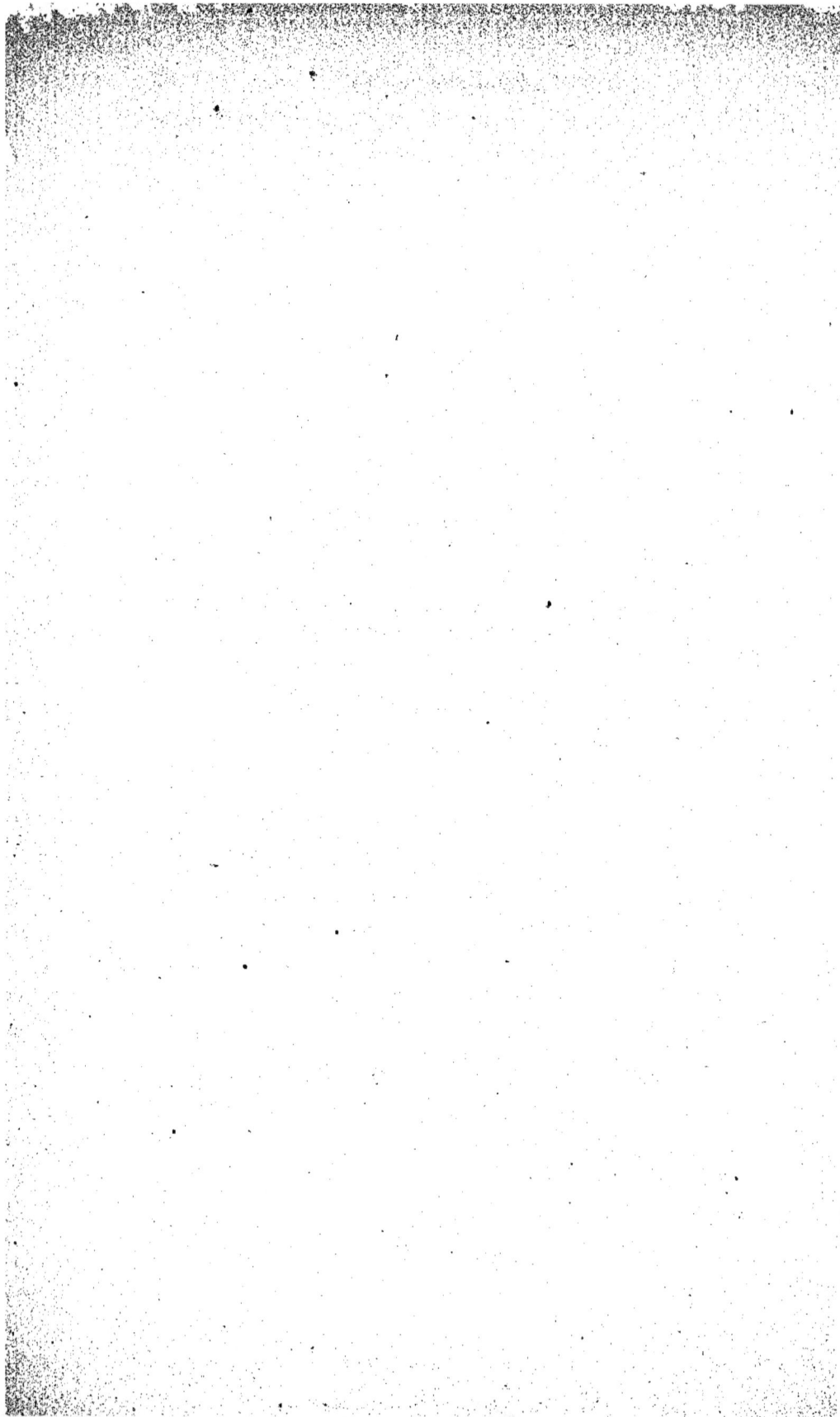

RÈGLEMENT GÉNÉRAL
SUR LE CADASTRE

DU 14 OCTOBRE 1844.

TITRE PRÉLIMINAIRE.

PRINCIPES DU NOUVEAU CADASTRE.

ART. 1er. Le cadastre fera foi en faveur de celui qui y est inscrit, contre la personne qui, se prétendant propriétaire en tout ou en partie de l'immeuble litigieux, ne justifierait de son droit ni par un titre régulier de propriété, ni par la prescription qu'elle aurait acquise conformément au droit commun.

En aucun cas, l'inscription au cadastre ne pourra couvrir les vices du titre en vertu duquel elle aura été opérée, sauf les dispositions de la loi sur la procédure civile relatives à la saisie immobilière (*Loi du 1er février 1841, art. 53*[1]).

ART. 2. Aucune revendication de la propriété des biens adjugés à la suite d'une saisie immobilière, ne sera admise postérieurement à l'adjudication, si, lors de cette adjudication, les biens adjugés étaient inscrits au cadastre sous le nom de la personne contre laquelle la saisie immobilière a été poursuivie (*art. 624 de la loi du 29 septembre 1819 sur la procédure civile, modifié par l'art. 3 de la loi du 16 septembre 1844*[2]).

ART. 3. Aucune mutation, soit par acte entre-vifs, soit par succession, et concernant des immeubles situés dans le canton, ne sera opérée au cadastre, si le titre qui la constate n'a été

[1] Voyez les §§ 139 et suivants du *Commentaire sur le nouveau cadastre.*
[2] Voyez les §§ 146 et 147 du *Commentaire.*

transcrit au bureau des hypothèques (*Loi du 1er février 1841, art. 54*[1]).

ART. 4. Aucun titre constatant une mutation entre-vifs ne sera transcrit, s'il n'est revêtu de la forme authentique, et s'il n'est accompagné d'un certificat constatant que celui du chef duquel la mutation est opérée est inscrit au cadastre comme propriétaire des immeubles qui en sont l'objet (*Loi du 28 juin 1830, art. 2, et loi du 1er février 1841, art. 65*[2]).

ART. 5. Les actes entre-vifs transmissifs ou déclaratifs de propriétés immobilières ne pourront être opposés aux tiers qu'à dater de leur transcription au bureau des hypothèques (*Loi du 28 juin 1830, art. 1er*).

Art. 6. Aucune mutation par succession ne sera transcrite, si elle n'a été autorisée par une ordonnance du président du tribunal civil ou par un jugement (*Loi du 1er février 1841, art. 72 et suiv.*).

Art. 7. Les mutations sur les plans et les registres du cadastre se feront d'office et sans frais, au fur et à mesure que les actes qui les constatent seront transcrits au bureau des hypothèques (*Loi du 1er février 1841, art. 55*).

ART. 8. Les immeubles seront classés sur les plans et sur les registres du cadastre en parcelles, à chacune desquelles sera affecté un numéro particulier. Les numéros des parcelles d'une même commune formeront une seule série.

ART. 9. Tous les immeubles d'un propriétaire situés dans une même commune formeront ensemble une seule parcelle, s'ils ne sont séparés par une rue, par un chemin, par une rivière ou par des fonds appartenant à autrui (*Loi du 1er février 1841, art. 5*[3]).

ART. 10. Les parcelles ne seront point désignées dans les plans ni dans les registres du cadastre par leur nature de culture.

Toutefois, les diverses cultures d'une même parcelle seront indiquées sur des copies à ce destinées, lorsque ces cultures

[1] Voyez les §§ 110 à 114 du *Commentaire*.
[2] Voyez le § 115 du *Commentaire*.
[3] Voyez les §§ 34 à 37 du *Commentaire*.

auront un caractère de fixité et que leur étendue le comportera.

Ces indications des natures de cultures n'auront aucun effet civil (*Loi du 1er février 1841, art. 8*).

Art. 11. Les lignes séparatives des parcelles ne seront tracées sur les plans du cadastre qu'après avoir été figurées sur le terrain par des bornes ou d'autres signes ostensibles.

A défaut par les propriétaires limitrophes de s'entendre sur la position des bornes ou de les placer dans le délai qui aura été fixé, la ligne séparative sera déterminée d'office, suivant les formes prescrites par la loi (*Loi du 1er février 1841, art. 30 et suiv.*).

Art. 12. Lorsqu'une mutation aura pour résultat de diviser le terrain d'une même parcelle entre deux ou plusieurs personnes, la parcelle sera divisée sur les plans par le conservateur du cadastre, et les subdivisions ainsi obtenues formeront des parcelles nouvelles, à chacune desquelles sera affecté un numéro faisant suite au dernier des numéros de la série (*Loi du 1er février 1841, art. 56 et suiv.*[2]).

Art. 13. Lorsqu'une mutation aura pour effet de réunir en mains d'un même propriétaire des parcelles ou des fractions de parcelles dont l'ensemble sera dans les conditions de contiguïté prévues par l'art. 9 du présent titre, il en sera formé une seule parcelle qui recevra un numéro spécial à la suite des numéros de la série (*Loi du 1er février 1841, art. 59*[2]).

Art. 14. Lorsque les mutations n'auront pas d'autre résultat que de faire passer une parcelle dans les mains d'un nouveau propriétaire, elles ne seront inscrites que sur les registres du cadastre, et la parcelle qui aura fait l'objet de la mutation conservera son numéro.

Art. 15. Lorsqu'un acte aura pour effet d'attribuer à des propriétaires différents des portions distinctes d'une propriété bâtie, la mutation ne s'opérera que sur les registres du cadastre. On indiquera, dans ce cas, sur ces registres, les portions indivises et celles qui seront assignées à des propriétaires distincts (*Loi du 1er février 1841, art. 60*).

[1] Voyez les §§ 97, 116 à 118 du *Commentaire*.
[5] Voyez les §§ 97, 119 et 120 du *Commentaire*.

TITRE PREMIER.

DES RÈGLES APPLICABLES A LA CONFECTION DU NOUVEAU CADASTRE.

CHAPITRE PREMIER.

DISPOSITIONS GÉNÉRALES.

ART. 16. Le département de l'intérieur et des travaux publics est chargé de la direction, de la surveillance et de la vérification des travaux relatifs à la confection du nouveau cadastre exécuté en vertu de la loi du 1er février 1841, en se conformant aux règles générales de l'administration intérieure du Conseil d'État.

ART. 17. A cet effet, il sera créé, dans le département de l'intérieur et des travaux publics, un bureau spécial ayant pour chef le directeur du cadastre.

ART. 18. Le Conseil d'État déterminera les fonctions du directeur du cadastre, ainsi que ses rapports avec l'ingénieur cantonal.

ART. 19. Toutes les fois que le département de l'intérieur et des travaux publics aura à délibérer et à statuer sur des questions relatives au cadastre, il se formera en section spéciale et il lui sera adjoint un membre du département des finances [1].

ART. 20. Il sera adjoint au département de l'intérieur et des travaux publics (section du cadastre) une commission consultative, composée de l'ingénieur cantonal, du conservateur des hypothèques, du directeur et du conservateur du cadastre et de trois autres membres.

CHAPITRE II.

DES PRUD'HOMMES [2].

SECTION I.

De l'institution des prud'hommes en général.

ART. 21. Le Conseil d'État nommera, pour chaque commune,

[1] Cet article a été abrogé par l'arrêté du 29 février 1848. *Supplément*, nº 14.

[2] Voyez les §§ 17 à 24, 53 et 54 du *Commentaire*.

un ou plusieurs prud'hommes chargés de coopérer à la confection du cadastre (*Loi du 1er février 1841, art. 12*).

Art. 22. Les fonctions des prud'hommes consisteront :

1° A faire les diverses sommations prévues par la loi et les règlements sur le cadastre;

2° A concilier les contestations qui pourraient s'élever à l'occasion du bornage et de la reconnaissance des bulletins de propriétés;

3° A statuer sur ces contestations, lorsqu'elles n'auront pas été conciliées (*Loi du 1er février 1841, art. 13*).

Art. 23. Avant d'entrer en fonctions, les prud'hommes prêteront serment devant le Conseil d'État (*Loi du 1er février 1841, art. 14*).

Art. 24. Chaque prud'homme opérera seul (*Loi du 1er février 1841, art. 15*).

Art. 25. Le prud'homme portera sur un registre-journal la mention sommaire de chacune de ses opérations. Cette mention sera signée par lui (*Loi du 1er février 1841, art. 16*).

SECTION II.

Des citations ou sommations faites à la requête des prud'hommes.

Art. 26. Les sommations ou citations faites à la requête des prud'hommes seront notifiées par un *appariteur* nommé et assermenté par le Conseil d'État (*Loi du 1er février 1841, art. 18*).

Art. 27. Les originaux de ces citations ou sommations contiendront la date;

Les noms et prénoms des personnes citées ou sommées;

Le lieu, le jour et l'heure de la comparution devant le prud'homme, s'il s'agit d'une citation;

L'objet de la citation ou de la sommation ;

L'indication de la personne à laquelle l'appariteur aura parlé au domicile des personnes citées ou sommées;

Et la signature de l'appariteur (*Loi du 1er février 1841, art. 19*).

Art. 28. Les dispositions des art. 36, 37, 38, 39, 40, 41 et 44 de la loi sur la procédure civile seront applicables aux citations que les prud'hommes feront remettre par les appariteurs aux héritiers d'une personne décédée, aux absents et aux corps moraux.

Les mineurs et les interdits seront cités ou sommés en la personne de leur tuteur.

Lorsqu'il s'agira de citer une femme mariée devant le prud'homme, le mari sera également cité pour autoriser sa femme.

ART. 29. L'appariteur remettra pour chaque personne citée ou sommée une copie de la citation ou de la sommation (*Loi du 1er février 1841, art. 20*).

ART. 30. Ces citations ou sommations se feront sur papier libre et sans frais (*Loi du 1er février 1841, art. 21*).

SECTION III.

Des conciliations opérées par les prud'hommes.

ART. 31. Les conciliations opérées par les prud'hommes seront textuellement portées sur un registre à ce destiné (*Loi du 1er février 1841, art. 22*).

ART. 32. Ces conciliations seront signées par le prud'homme et par les parties.

Si les parties ou l'une d'elles ne savent ou ne peuvent signer, leur signature sera remplacée par celle de deux témoins connaissant les parties.

Il sera donné lecture de la transaction aux parties et aux témoins, et il sera fait mention de l'accomplissement de cette formalité (*Loi du 1er février 1841, art. 23*).

ART. 33. Les conciliations, ainsi opérées et constatées par les prud'hommes, emporteront date certaine et feront pleine foi entre les parties et leurs héritiers ou ayants cause, mais seulement en ce qui concerne le cadastre (*Loi du 1er février 1841, art. 24*).

ART. 34. Si le prud'homme ne concilie pas les parties, il dressera un procès-verbal de non-conciliation (*Loi du 1er février 1841, art. 25*).

SECTION IV.

Des décisions rendues par les prud'hommes.

ART. 35. Les décisions rendues par les prud'hommes, dans

les cas prévus par les deux chapitres suivants, n'auront d'autre effet que de servir de base à la confection du cadastre (*Loi du 1er février 1841, art. 26*).

CHAPITRE III.

DES OPÉRATIONS PRÉALABLES A L'ACHÈVEMENT DES PLANS ET DES REGISTRES DÉFINITIFS DU CADASTRE, DANS LES COMMUNES AUTRES QUE LA VILLE DE GENÈVE.

SECTION PREMIÈRE.

Dispositions générales.

Art. 36. Les opérations qui doivent précéder la confection des plans et registres définitifs du cadastre de chaque commune autre que la ville de Genève se composent :

1° De la triangulation secondaire de la commune;

2° De la délimitation de la commune;

3° Du bornage des propriétés et des chemins;

4° Du levé des parcelles et de la confection des plans-minutes, soit plans de détail dressés par le géomètre-arpenteur;

5° De la confection de la carte d'ensemble de la commune;

6° De la vérification des plans de détail;

7° De la confection des registres préparatoires;

8° De la reconnaissance des bulletins des propriétés attribuées à chaque propriétaire.

Les opérations ci-dessus se feront successivement; toutefois, la délimitation de la commune pourra se faire en même temps que la triangulation secondaire, ou même la précéder, et le bornage des propriétés et des chemins pourra commencer avant que cette triangulation soit terminée.

SECTION II.

De la triangulation secondaire [1].

Art. 37. Le géomètre chargé du levé des parcelles d'une commune devra préalablement procéder à la triangulation se-

[1] Voyez le § 25 du *Commentaire*.

condaire de cette commune, en prenant pour base la triangulation faite pour tout le canton par l'ingénieur cantonal.

Art. 38. Le géomètre cherchera, autant que possible, à placer quelques points de la triangulation secondaire sur des parties du domaine public, et, en particulier, sur les lisières des routes cantonales et communales, de manière qu'on puisse ultérieurement placer des bornes en ces points d'une manière permanente.

Art. 39. Le géomètre sera porteur d'une commission délivrée par le département de l'intérieur et des travaux publics. Il exhibera cette commission au maire de la commune, avant d'y commencer ses opérations.

Art. 40. La triangulation secondaire étant achevée, il en sera dressé un plan à l'échelle d'un *dix-millième*, lequel sera remis au bureau du cadastre.

Les principaux triangles de cette triangulation secondaire seront reproduits sur le plan de la triangulation primitive de tout le canton.

SECTION III.

De la délimitation de la commune[1].

Art. 41. Le levé des parcelles de chaque commune sera précédé de la reconnaissance de son périmètre. Cette reconnaissance s'opérera par les soins d'un ou de plusieurs commissaires délégués par le Conseil d'État, en contradictoire du maire de la commune et de ceux des communes limitrophes.

Art. 42. La délimitation de chaque commune sera constatée par un seul procès-verbal qui sera signé par le maire de la commune, par les commissaires du gouvernement et par les maires des communes voisines.

Art. 43. Les points qui doivent déterminer le périmètre de la commune étant arrêtés, le conseil municipal sera convoqué pour en délibérer.

Art. 44. Le maire fera connaître le résultat de cette délibération au département de l'intérieur et des travaux publics, et

[1] Voyez le § 26 du *Commentaire*.

fera ensuite planter les bornes nécessaires à l'indication du périmètre de la commune, tel qu'il aura été fixé.

La partie du périmètre située entre deux bornes voisines sera toujours une ligne droite, à moins que la limite ne soit tracée par une rivière ou un chemin.

ART. 45. Les délibérations des conseils municipaux seront soumises au Conseil d'État, dans le cas où la circonscription de la commune serait modifiée. Il en sera de même, s'il y a contestation sur la délimitation de deux communes voisines.

ART. 46. Dans tous les cas où il y a eu contestation sur la ligne séparative de deux communes, la borne qui fixera cette ligne sera plantée en présence d'un commissaire du Conseil d'État et des délégués des communes voisines. Il sera dressé un procès-verbal particulier de cette opération par le commissaire.

SECTION IV.

Du bornage[1].

§ 1er. *Opérations préliminaires.*

ART. 47. Trois mois, au moins, avant l'époque où le géomètre devra commencer le levé des parcelles d'une commune, le Conseil d'État en donnera connaissance aux habitants de la commune, par une publication qui sera affichée à la diligence du maire.

Cette publication indiquera le nom du prud'homme et celui du géomètre chargé de l'arpentage de la commune; elle rappellera les dispositions de la loi et du présent règlement sur les effets civils du cadastre, sur les frais qui seraient faits pour suppléer au bornage et sur les peines encourues par ceux qui déplaceraient des bornes, des jalons ou autres signes indicatifs placés par les agents du cadastre (*Loi du 1er février 1841, art. 29*).

ART. 48. Dès que la publication ci-dessus aura été affichée, le département de l'intérieur et des travaux publics nommera un ou plusieurs commissaires pour le bornage des propriétés particulières situées dans la commune.

[1] Voyez les §§ 27 à 54 du *Commentaire*.

A cet effet, la commune sera divisée en sections, à chacune desquelles sera préposé un commissaire.

Les sections seront, autant que possible, déterminées par les chemins publics et par les rivières.

Cette division de la commune en sections n'aura d'effet que pour le bornage.

ART. 49. Le maire donnera ensuite son préavis sur le nombre et le choix des indicateurs qui devront faire connaître au géomètre l'étendue des propriétés situées dans la commune et les noms de leurs propriétaires.

Le département de l'intérieur et des travaux publics nommera ces indicateurs.

§ 2. *Du bornage volontaire des propriétés particulières.*

ART. 50. Les propriétaires seront convoqués à jour et heure fixes par lettres du commissaire de la section, aux fins de procéder au bornage de leurs propriétés.

ART. 51. Les convocations des commissaires seront réglées de manière que le bornage des propriétés de la commune soit terminé dans le délai de trente jours au plus, à partir de la nomination du commissaire[1].

ART. 52. Les lettres de convocation seront remises aux propriétaires par les soins du commissaire, trois jours au moins avant le jour fixé pour le bornage; elles rappelleront la nécessité du bornage, ainsi que les dispositions mentionnées dans la publication du Conseil d'État.

ART. 53. Lorsque le délai fixé par l'art. 51 sera expiré, le géomètre, accompagné de l'indicateur et du commissaire de section, fera la reconnaissance des périmètres des propriétés particulières de cette section, et indiquera par des jalons tous les lieux près desquels une borne doit être plantée. Ces jalons ne pourront être enlevés que par le géomètre.

Le géomètre donnera avis au prud'homme du jour qu'il aura

[1] Les délais fixés par l'art. 51 et par les deux articles suivants ont été modifiés par un arrêté du Conseil d'État du 26 novembre 1845, et par un arrêté du département de l'intérieur et des travaux publics du 15 janvier 1846. Voyez *Supplément*, nos 7 et 11, et les §§ 38 et 49 du *Commentaire*.

fixé pour la reconnaissance des périmètres des propriétés de la section.

Art. 54. Les jalons seront placés dans tous les points où des bornes seront nécessaires pour déterminer, d'une manière certaine, la ligne séparative.

Art. 55. Lorsque la ligne séparative sera déterminée dans toute son étendue par un mur, il ne sera pas nécessaire d'y placer des jalons ni des bornes.

Art. 56. Lorsque la ligne séparative sera déterminée par une palissade, par un fossé ou par une haie, le géomètre pourra faire planter aux extrémités de cette ligne deux bornes seulement, si ces deux bornes suffisent pour indiquer à qui appartient la palissade, le fossé ou la haie.

Art. 57. Lorsque la ligne séparative sera déterminée par la lisière d'un chemin vicinal, le géomètre pourra ne faire planter des bornes que sur les points où les lignes séparatives des parcelles contiguës au chemin vicinal viennent rencontrer la lisière de ce chemin[1].

Art. 58. Les propriétaires qui auront encore des bornes à poser en seront prévenus par lettres du commissaire de section.

Les dispositions des art. 50 et 52 seront applicables à ces nouvelles convocations.

Art. 59. Le bornage mentionné en l'article précédent sera terminé dans le délai de vingt jours, à partir de la reconnaissance du géomètre.

Art. 60. Le commissaire assistera les propriétaires de la section dans le bornage de leurs propriétés. Dans le cas où il s'élèverait quelque contestation relativement au bornage, il cherchera à la terminer à l'amiable; s'il ne peut y parvenir, il renverra les parties devant le prud'homme.

Art. 61. Les propriétaires pourront se faire représenter, dans

[1] D'après un arrêté du Conseil d'État, en date du 26 novembre 1845, le département de l'intérieur et des travaux publics est autorisé à faire procéder au bornage des chemins vicinaux, suivant le mode prescrit par les art. 75, 76, 78, 79, 80, 81, 82 et 83 du *Règlement général sur le cadastre* pour le bornage des chemins communaux. Dans ce cas, un commissaire spécial, nommé par le département, remplit les mêmes fonctions que celles qui sont attribuées au délégué communal. Voyez *Supplément*, n° 7, art. 2 et 3. Voyez aussi § 46 du *Commentaire*.

les opérations du bornage, par un mandataire muni d'une procuration authentique ou sous seing privé.

Toutefois, sera censé avoir reçu des pouvoirs suffisants, celui qui sera porteur de la lettre de convocation adressée au propriétaire, et qui en sera le copropriétaire indivis, le père, le fils, l'oncle, le neveu, le fermier, le domestique ou le commis.

Les femmes mariées, les mineurs et les interdits seront représentés par leurs maris, leurs pères ou leurs tuteurs[1].

Art. 62. Dans les dix jours après l'expiration du délai mentionné en l'art. 59, le géomètre fera de nouveau la reconnaissance des périmètres des propriétés de la section, dans tous les lieux où il avait indiqué, par des jalons, que des bornes devaient être placées. Il fera enlever les jalons indicatifs des lieux où les bornes ont été placées, et il fera connaître au prud'homme les noms des propriétaires qui n'auront pas posé des bornes aux places indiquées.

§ 3. *Du bornage des propriétés particulières opéré par le prud'homme.*

Art. 63. Dans les dix jours au plus tard qui suivront l'avis du géomètre, le prud'homme fera sommer, par l'appariteur, les propriétaires retardataires, pour qu'ils aient à placer des bornes dans les lieux désignés par le géomètre, en les prévenant que, faute de le faire avant le jour qu'il fixera, il fera planter ledit jour des piquets à demeure pour suppléer aux bornes.

Art. 64. L'intervalle entre le jour de la sommation et celui qui aura été fixé par le prud'homme pour la plantation des piquets à demeure, sera de dix jours au moins et de vingt jours au plus.

Art. 65. Les sommations mentionnées en l'art. 63 rappelleront les dispositions de l'art. 1er du titre préliminaire et des art. 69 et suivants du présent titre.

Art. 66. Au jour fixé pour la plantation des piquets à demeure, le prud'homme, accompagné du géomètre, fera planter lesdits piquets; les jalons indicatifs seront alors supprimés.

Art. 67. Dans toute contestation relative au bornage et por-

[1] Voyez le § 51 du *Commentaire.*

tée devant le prud'homme, celui-ci fera citer les parties en conciliation, suivant le mode prescrit aux art. 26 et suivants.

En cas de non-conciliation, le prud'homme rendra une décision, aux fins de déterminer la ligne séparative des propriétés. Il fera ensuite planter sur le terrain des piquets à demeure, conformément à la décision qui aura été rendue.

ART. 68. Les piquets à demeure que le prud'homme est appelé à placer, en cas de contestation entre deux voisins, seront plantés dans le délai qui aura été fixé, en vertu de l'art. 63, aux propriétaires retardataires de la même section.

S'il n'y a point de retardataire, ils seront plantés dans les deux mois qui suivront la première reconnaissance du géomètre.

ART. 69. Les piquets à demeure placés d'office par le prud'homme porteront les armes de l'État et ne pourront être enlevés avant la clôture des opérations du cadastre.

Tant qu'il ne sera intervenu ni convention ni jugement, les piquets à demeure n'auront d'autre effet que de servir de base aux opérations géométriques du cadastre (*Loi du 1er février 1841, art. 35*).

§ 4. *Des frais faits pour suppléer au bornage et du mode d'en opérer le recouvrement*[1].

ART. 70. Il sera payé à l'État en remboursement des frais avancés pour les bornages opérés d'office par les prud'hommes :

1° Dix francs pour chaque bornage opéré entre deux propriétaires;

2° Un franc pour chaque piquet planté d'office.

ART. 71. Le prud'homme déterminera la part de frais qui doit être payée par chacun des propriétaires intéressés.

Ne paiera point de frais le propriétaire qui, en cas de contestation, n'aura succombé sur aucun point de la demande ou de la défense.

Il en sera de même de celui qui, en cas de retard, se sera rendu à toutes les convocations du commissaire, et qui, avant la plantation des piquets à demeure, se sera mis en mesure d'opérer le bornage.

[1] Voyez la note au § 52 du *Commentaire*.

ART. 72. Dans le cas où l'un des propriétaires n'est tenu à payer aucune partie des frais, ils seront payés intégralement par celui ou par ceux qui possèdent la propriété limitrophe.

ART. 73. Le prud'homme dressera le rôle des frais qui seront dus en vertu des trois articles précédents et le transmettra au département des finances, après l'avoir signé.

ART. 74. Le département des finances ordonnancera ce rôle et en fera percevoir le montant suivant le mode de recouvrement des contributions directes (*Loi du 1er février 1841, art. 36*).

§ 5. *Du bornage des propriétés et des routes cantonales et communales*[1].

ART. 75. Le bornage des propriétés et des routes cantonales s'opérera par les soins d'un délégué du département de l'intérieur et des travaux publics; celui des propriétés communales et des chemins communaux s'opérera par un ou plusieurs délégués du conseil municipal.

Les délégués du conseil municipal seront nommés en même temps que les indicateurs.

ART. 76. Nul ne pourra coopérer au bornage d'un chemin ou d'une propriété communale, en qualité de délégué du conseil municipal, dans les portions de ce chemin ou de cette propriété communale qui bordent sa propriété particulière, celle de sa femme, de ses parents en ligne directe, de ses frères, sœurs ou alliés au même degré.

ART. 77. Les propriétés cantonales ou communales qui ne font pas partie des routes, des chemins, des rues ou des places publiques, seront bornées suivant le mode prescrit par les art. 50 et suivants pour le bornage des propriétés particulières.

L'État sera représenté, dans les opérations du bornage de ces propriétés, par un délégué du département de l'intérieur et des travaux publics, et la commune par un délégué du conseil municipal.

ART. 78. Dans les deux semaines qui suivront la publication mentionnée en l'art. 47, les délégués de l'administration cantonale ou communale feront placer des piquets indicatifs, dans

[1] Voyez l'art. 2 de l'arrêté du Conseil d'État du 26 novembre 1845 (*Supplément*, n° 7). Voyez aussi le § 38 du *Commentaire*.

tous les points où cela sera nécessaire, pour fixer l'étendue des chemins cantonaux ou communaux, des rues ou places publiques situées dans la commune, et pour déterminer à qui appartiennent les portions de terrain non cultivées qui se trouvent sur leurs lisières.

Ces piquets seront placés de manière que la ligne séparative passe par leur milieu; ils seront en nombre suffisant pour qu'en joignant deux piquets voisins, la flèche de la corde ainsi obtenue soit moindre de 0m,30[1].

Art. 79. Le délégué donnera avis à chaque propriétaire limitrophe, par lettre à lui adressée, du jour où les piquets indicatifs seront plantés sur la portion de route qui borde sa propriété; il l'avertira en même temps que, si aucune réclamation n'est élevée avant le délai d'un mois, à partir du jour où les piquets auront été placés, ces piquets serviront à déterminer la ligne séparative et pourront être remplacés plus tard par des bornes en pierre.

Seront applicables au bornage des routes cantonales et communales les dispositions de l'art. 61.

Art. 80. S'il y a contestation entre le délégué de l'administration cantonale ou communale et le propriétaire limitrophe, relativement à la position d'un piquet indicatif, le délégué suspendra le placement de la borne correspondante, et la ligne séparative sera déterminée par le prud'homme conformément à la loi et au présent règlement[2].

Art. 81. Les bornes en pierre pourront être placées dans une partie seulement des points déterminés par les piquets.

Dans ce cas, ces bornes seront établies aussi solidement que possible, de 250 en 250 mètres sur chaque lisière du chemin, et de manière que la borne placée sur l'une des lisières soit vis-à-vis du milieu de l'espace de 250 mètres qui sépare les deux bornes voisines placées sur l'autre lisière.

Art. 82. Les piquets indicatifs qui n'auront pas été remplacés par des bornes, ne pourront être enlevés avant la clôture des opérations du cadastre.

[1] Voyez la note au § 38 du *Commentaire*.
[2] Voyez les §§ 38 à 41 du *Commentaire*.

ART. 83. Les bornes employées par l'État seront en pierre taillée ; celles qui seront employées par les communes pourront n'être pas taillées, à moins qu'elles ne se trouvent dans le cas prévu par l'art. 81.

ART. 84. Les délégués de l'autorité communale pourront, avec l'autorisation du département de l'intérieur et des travaux publics, se faire assister du géomètre pour le placement des piquets indicatifs le long des routes communales.

ART. 85. Le département de l'intérieur et des travaux publics surveillera le placement des piquets indicatifs et des bornes le long des chemins communaux de première classe, afin d'empêcher tout empiétement du domaine public (*Loi du 25 mars 1816, art. 13*).

§ 6. *Des piquets placés par le géomètre pour suppléer au bornage dans la fixation des lignes sinueuses.*

ART. 86. Lorsque, dans les cas prévus par les art. 55, 56, 57 et 81, les bornes ne seront pas assez nombreuses pour dessiner toutes les sinuosités d'une ligne séparative, le géomètre, avant de procéder au levé de ces lignes sinueuses, plantera des piquets aux armes de l'État à des distances assez rapprochées, pour qu'en joignant deux piquets successifs, la flèche de la corde correspondante soit moindre de 0m,30 dans les parties levées à l'échelle de un millième et moindre de 0m,20 dans celles qui sont levées à l'échelle de un cinq centième.

ART. 87. Le géomètre plantera des piquets de la manière ci-dessus indiquée dans tous les cas où des chemins cantonaux ou communaux ne contiendront pas un nombre suffisant de bornes ou de piquets indicatifs.

Dans le cas où les bornes ne seraient placées que de 250 en 250 mètres, le géomètre placera en outre un piquet sur la lisière opposée à celle où la borne est placée et cotera la largeur du chemin en ce point.

Le géomètre placera également un piquet vis-à-vis des bornes placées sur les chemins vicinaux et en cotera la largeur en ce point[1].

[1] Voyez le *Supplément*, n° 7, art. 2 et 3, et la note insérée à l'art. 57 de ce *Règlement*.

ART. 88. Les piquets placés par le géomètre devront rester en place jusqu'à la clôture des opérations du cadastre.

SECTION V.

Du levé des parcelles et de la confection des plans-minutes, soit plans de détail dressés par le géomètre-arpenteur.

§ 1er. *Des instruments à employer par le géomètre.*

ART. 89. Le géomètre pourra se servir d'instruments de son choix[1].

Les chaînes dont il se servira devront être vérifiées, en présence de l'ingénieur cantonal, sur la ligne de 300 mètres mesurée à la plaine de Plainpalais.

§ 2. *De l'échelle des plans de détail*[2].

ART. 90. Les plans de détail de chaque commune seront levés à l'échelle de *un millième*, sauf les cas prévus en l'article suivant.

ART. 91. La ville de Carouge, les bourgs et villages seront levés à l'échelle de *un cinq centième*.

Il en sera de même toutes les fois qu'une trop grande subdivision des propriétés pourrait occasionner quelque confusion sur des plans levés à l'échelle de un millième.

Les contours des parties développées seront reproduits sur les feuilles levées à l'échelle ordinaire.

§ 3. *De la grandeur des plans de détail.*

ART. 92. Les plans de détail s'exécuteront sur des feuilles ayant 1 mètre de longueur et 67 centimètres de hauteur; il ne pourra jamais y être ajouté de bande quelque petite qu'elle soit.

ART. 93. Lorsque l'arpentage sera exécuté à la planchette, la minute du plan à remettre par le géomètre pourra se composer de la réunion des feuilles de planchettes collées ensemble.

Le géomètre ne réunira cependant ces feuilles que jusqu'à concurrence du format prescrit par l'article précédent.

[1] Voyez le § 56 du *Commentaire*.
[2] Voyez les §§ 57 et 58 du *Commentaire*.

§ 4. *Des diverses indications à porter sur les plans-minutes, soit plans de détail dressés par le géomètre-arpenteur.*

Art. 94. Les plans de détail seront divisés en parcelles d'après le principe posé par l'art. 9 du titre préliminaire.

Chaque parcelle sera désignée sur le plan par un numéro particulier, et son périmètre y sera exactement tracé [1].

Art. 95. Si l'étendue d'une parcelle est telle qu'elle ne puisse tenir sur une feuille du format prescrit, cette parcelle sera divisée en deux ou plusieurs feuilles par des lignes de raccordement, à moins que quelques parties excédantes ne puissent, sans confusion, être dessinées sur les blancs de la même feuille.

Art. 96. Toute maison formera une seule parcelle, quel que soit le nombre des propriétaires entre lesquels elle serait divisée.

Lors même qu'un propriétaire posséderait une portion de maison dont tous les points se projetteraient sur une même partie du sol, cette portion ne formera point une parcelle particulière, si elle n'est séparée en entier des portions voisines par des murs verticaux.

Art. 97. Les bâtiments, les moulins, les rivières, les ponts, les chemins cantonaux et communaux, les chemins vicinaux, les constructions ou établissements faits à bien plaire sur le domaine public, seront indiqués d'une manière particulière sur les plans.

Art. 98. Les plans indiqueront à qui appartiennent les murs, les haies, les ruisseaux ou cours d'eau et les fossés qui confinent les parcelles [2].

Art. 99. Les haies, les chemins, les fossés, les murs de clôture qui ne sont pas séparatifs de parcelles ne seront point indiqués sur les plans.

Il en sera de même des cours d'eau qui ne seraient pas séparatifs de parcelles et qui n'auraient pas plus d'un mètre de largeur.

Art. 100. Les plans indiqueront les points de la triangula-

[1] Voyez le § 60 du *Commentaire*.
[2] Voyez le § 61 du *Commentaire*.

tion primitive et de la triangulation secondaire, ainsi que les diverses espèces de bornes qui auront été placées pour déterminer les périmètres des communes ou des parcelles.

Art. 101. Les bâtiments porteront leurs numéros d'assurance.

Art. 102. Les plans de détail dressés par le géomètre porteront les subdivisions de la parcelle qui, d'après l'art. 10, doivent être indiquées dans les copies destinées à reproduire les diverses natures de culture.

La parcelle ne sera ainsi subdivisée, d'après ses natures de culture, que dans le cas où ces subdivisions auraient une étendue de vingt-cinq ares au moins.

Les cultures donnant lieu à une subdivision formeront quatre catégories, savoir : les bois, les vignes, les prés naturels et les autres terrains.

Lorsqu'une parcelle consistera en entier ou en presque totalité en bois ou en vignes, le géomètre l'indiquera également sur les plans-minutes.

Art. 103. Lorsque la limite de deux communes se trouvera établie par une rivière, un ruisseau ou un chemin, cette rivière, ce ruisseau ou ce chemin devront être figurés sur les plans de chacune des deux communes.

Art. 104. Les communes voisines seront désignées autour du périmètre de la commune.

Lorsque la commune voisine fera partie d'un des trois États limitrophes de France, de Savoie ou du canton de Vaud, on ajoutera au mot *commune* l'un des trois mots, *française*, *sarde* ou *vaudoise*.

Art. 105. Les feuilles contiguës seront indiquées autour du périmètre de chaque feuille.

Art. 106. Les numéros des parcelles des feuilles voisines devront être marqués avec leurs amorces autour de chaque feuille, de manière que les confins d'un numéro puissent toujours être connus à la simple inspection du plan. Toutefois, lorsque la feuille sera terminée par une rivière ou un chemin séparatif de parcelles, les numéros des parcelles contenues dans les feuilles voisines ne seront pas indiqués.

ART. 107. On inscrira sur les plans les noms des communes, des bourgs, des villages, des hameaux, des routes cantonales et communales, des rivières ou ruisseaux, et ceux des habitations isolées qui ne feraient partie d'aucun bourg, village ou hameau.

ART. 108. Les mots *lac de Genève* seront écrits sur les périmètres des feuilles, lorsque ces périmètres seront formés par le lac.

ART. 109. Les plans porteront de cent mètres en cent mètres des parallèles à la méridienne et à la perpendiculaire de la tour ouest de l'église de Saint-Pierre. Ils indiqueront la distance de chacune de ces parallèles à cette méridienne et à cette perpendiculaire.

ART. 110. Chaque feuille portera un numéro particulier, sera signée et datée, et indiquera l'échelle à laquelle le plan aura été levé.

ART. 111. On indiquera, sur chaque feuille, le premier et le dernier des numéros qui s'y trouvent.

ART. 112. Les largeurs des chemins publics et des chemins vicinaux seront cotées dans les cas prévus par l'art. 87.

ART. 113. Les plans ne doivent contenir aucune indication relative aux servitudes [1].

ART. 114. Le géomètre ne pourra, dans aucun cas, porter sur ses plans-minutes d'autres indications que celles qui sont mentionnées dans le présent *Règlement*, à moins qu'il n'y ait été autorisé préalablement par le bureau du cadastre.

§ 5. *Des chemins vicinaux en particulier* [2].

ART. 115. Tout chemin qui, sans être cantonal ou communal, est nécessaire pour conduire à des parcelles appartenant à d'autres propriétaires que celui dont la propriété est traversée par le chemin dont s'agit, sera tracé sur les plans, sauf l'exception portée en l'article suivant.

ART. 116. Si tous les propriétaires qui passent par un chemin

[1] Voyez le § 68 du *Commentaire*.

[2] Voyez le Règlement additionnel sur les chemins vicinaux du 6 juillet 1846 (*Supplément*, nº 12), et les §§ 43 à 46 et 62 du *Commentaire*.

pour arriver à leurs parcelles consentent par écrit à ce que le sol de ce chemin fasse partie d'une parcelle attribuée spécialement à un ou plusieurs propriétaires, ce chemin ne sera point tracé sur les plans.

Il en sera de même, si le terrain des deux côtés du chemin appartient à un même propriétaire et si d'ailleurs le chemin n'est déterminé ni par des haies, ni par des empierrements qui supposent un usage permanent et qui rendent impossible la culture du terrain.

ART. 117. En cas de doute sur l'interprétation de l'article précédent, le géomètre en référera au département de l'intérieur et des travaux publics.

ART. 118. Tout chemin tracé sur les plans sera séparatif de parcelles.

ART. 119. Tout chemin qui, sans être cantonal ou communal, est séparatif de parcelles, sera désigné dans les plans sous le nom de *chemin vicinal.*

ART. 120. Le chemin qui mène à une seule parcelle, et sur lequel le propriétaire de cette parcelle a seul droit de passage, fait nécessairement partie de celle-ci, quelle que soit d'ailleurs la position de ce chemin à travers d'autres parcelles.

§ 6. *De la manière de représenter sur les plans de détail les objets qui doivent y être portés.*

ART. 121. Tous les objets portés sur les plans y seront indiqués et figurés exactement, proportionnellement à leur grandeur réelle, et fidèlement placés par rapport aux objets environnants, sauf l'exception portée en l'article suivant.

ART. 122. Les lignes indiquant les divisions de cultures pourront être levées et tracées sur les plans d'une manière approximative.

ART. 123. Les objets qui doivent être indiqués sur les plans de détail par le géomètre-arpenteur y seront représentés de la manière suivante, savoir :

1° *Les périmètres des communes dans la partie qui est limi-*

trophe d'un autre État, par un liséré rouge carmin, et par une ligne ponctuée en petites croix.

2° *Les périmètres des communes, dans la partie qui est limitrophe d'une autre commune du canton*, par un liséré rouge carmin, et en outre par une ligne ponctuée en points longs toutes les fois que ce périmètre se trouvera dans l'intérieur d'un chemin ou d'une rivière.

3° *Les contours des feuilles, dans la partie où ce contour ne coïncide pas avec le périmètre de la commune*, par un liséré jaune clair.

4° *La ligne de raccordement entre deux feuilles sur lesquelles se trouve une même parcelle*, par une ligne ponctuée et traversée par un trait aux deux extrémités duquel se trouve le numéro de la parcelle.

5° *Les périmètres des parcelles*, par un simple trait à l'encre de Chine.

6° *Les bâtiments*, par une teinte rosée à l'intérieur.

7° *Les murs non mitoyens séparatifs de parcelles, placés entre un bâtiment et une propriété non bâtie*, par une ligne noire indiquant la ligne séparative.

8° *Les murs mitoyens entre un bâtiment et une propriété non bâtie*, par une ligne noire indiquant la ligne séparative, et par une ligne rouge carmin du côté de la propriété non bâtie.

9° *Les murs mitoyens entre deux bâtiments contigus*, par une ligne noire indiquant la ligne séparative.

10° *Les murs non mitoyens séparatifs de parcelles, attenant à deux bâtiments*, par une ligne noire indiquant la ligne séparative, et par une ligne rouge carmin du côté de la parcelle dont le mur fait partie.

11° *Les murs séparant deux maisons contiguës situées dans une même parcelle et portant deux numéros d'assurance différents*, par une ligne noire ponctuée.

12° *Les murs de clôture non mitoyens et séparatifs de parcelles*, par une ligne tracée à l'encre de Chine, indiquant la ligne séparative de la parcelle, et par une ligne rouge parallèle du côté de la propriété dont le mur fait partie.

13° *Les ruisseaux et les fossés non mitoyens et séparatifs de parcelles*, de la même manière que les murs, en substituant à la ligne rouge une ligne brune pour les fossés, et une bande bleue, de la largeur du ruisseau, pour les ruisseaux.

14° *Les haies non mitoyennes et séparatives de parcelles*, par un trait plein à l'encre de Chine, indiquant la ligne séparative, et par des festons en teinte verte du côté de la propriété dont la haie fait partie.

15° *Les haies mitoyennes*, par un trait plein à l'encre de Chine, indiquant la ligne séparative, et par des festons en teinte verte des deux côtés de cette ligne.

16° *Les murs de clôture mitoyens*, par une ligne tracée à l'encre de Chine, indiquant la ligne séparative de parcelles, et par deux lignes rouges parallèles.

17° *Les ruisseaux et les fossés mitoyens*, de la même manière que les murs de clôture mitoyens, en substituant, *pour les ruisseaux*, aux lignes rouges des bandes bleues qui aient entre elles la largeur du ruisseau, et, *pour les fossés*, des lignes vert clair.

18° *Les cours d'eau non séparatifs de parcelles et ayant une largeur de plus d'un mètre*, par deux lignes noires rompues, indiquant les deux bords du cours d'eau, et par une teinte bleu clair à l'intérieur.

19° *Les lignes séparatives de culture*, par une ligne ponctuée et traversée par un trait aux deux extrémités duquel se trouve un signe indiquant le genre de culture, savoir : B pour les bois, V pour les vignes, P pour les prés naturels, et T pour les autres terrains.

20° *Les parcelles consistant presque en entier en bois*, par un B placé au-dessous du numéro de la parcelle.

21° *Les parcelles consistant presqu'en entier en vignes*, par un V placé au-dessous du numéro de la parcelle.

22° *Les ponts de pierre*, par des traits au carmin.

23° *Les ponts de bois*, par des traits à l'encre de Chine.

24° *Les roues de moulin*, par leur projection horizontale.

25° *L'intérieur des constructions et établissements faits à bien plaire sur le domaine public*, par des lignes roses croisées, sans teinte à l'intérieur.

26° *Les rivières*, par une teinte bleue, avec une flèche indiquant la direction de leur cours.

27° *Les bornes entre deux communes*, par un carré tracé à l'encre de Chine, d'un millimètre et demi de côté, avec une teinte rouge à l'intérieur.

28° *Les bornes entre trois communes*, par un triangle équilatéral tracé à l'encre de Chine, d'un millimètre et demi de côté, avec une teinte rouge à l'intérieur.

29° *Les bornes en pierre placées le long des propriétés et des chemins*, par un carré d'un millimètre de côté, avec une teinte rouge à l'intérieur.

30° *Les piquets placés par le prud'homme*, par un carré d'un millimètre de côté, sans teinte à l'intérieur.

31° *Les piquets placés par le géomètre, et les piquets indicatifs placés le long des chemins cantonaux ou communaux*, par une circonférence tracée à l'encre de Chine, d'un millimètre de diamètre, sans teinte à l'intérieur.

32° *Les points de la triangulation primitive*, par un triangle tracé au carmin, d'un millimètre et demi de côté, sans teinte à l'intérieur, et par un chiffre rouge identique à celui qui se trouve sur le plan de triangulation dressé par l'ingénieur cantonal.

33° *Les points de la triangulation secondaire*, par un triangle d'un millimètre de côté, tracé au carmin s'il y a une borne, et à l'encre de Chine s'il n'y en a point, et par un chiffre rouge identique à celui qui se trouve sur le plan de triangulation secondaire dressé par le géomètre-arpenteur.

34° *Les parallèles à la méridienne et à la perpendiculaire de la tour ouest de l'église de Saint-Pierre*, par des lignes rouges.

35° *Les distances des parallèles ci-dessus à la méridienne et à la perpendiculaire de la tour ouest de l'église de Saint-Pierre*, par des chiffres rouges inscrits dans le sens de la longueur de chaque parallèle et sur les bords de la feuille.

36° *Les cotes*, par des chiffres bleus.

37° *Les numéros des parcelles limitrophes qui se trouvent dans les feuilles voisines*, par des chiffres bleus entre parenthèses, placés en dehors du contour de la feuille, écrits une seule fois vers le milieu de la ligne séparative, si cette ligne est droite, et écrits près de chacune des deux amorces correspondantes, ainsi qu'aux sommets principaux de la ligne séparative, si cette ligne est brisée.

Art. 124. L'orthographe des noms des communes, des bourgs, des villages et des hameaux sera la même que dans l'*Annuaire du Canton de* 1844. L'orthographe des autres noms sera indiquée par le bureau du cadastre.

Art. 125. Les bâtiments porteront deux numéros, savoir, le numéro d'assurance, en chiffres rouges, et le numéro de la parcelle, en chiffres noirs. Ces chiffres devront occuper le moins de place possible, sans cesser toutefois d'être lisibles.

Art. 126. Lorsqu'une parcelle ne se composera pas en entier d'un bâtiment, le numéro de la parcelle placé dans l'intérieur du bâtiment sera suivi d'un point noir, et il sera répété de la même manière dans la partie de la parcelle où il n'y a pas de bâtiments.

Dans le cas où la portion non bâtie de la parcelle serait trop petite pour qu'on pût y écrire sans confusion un numéro composé de plusieurs chiffres, le numéro sera écrit en partie sur le bâtiment et en partie sur la portion non bâtie.

Art. 127. Les numéros des parcelles formeront, dans chaque feuille, une série de l'est à l'ouest, en commençant au nord et finissant au sud.

Ils seront écrits autant que possible au centre de la parcelle.

Art. 128. Lorsqu'une parcelle formera plusieurs embranchements, son nnméro sera inscrit dans le centre de la parcelle et répété dans le milieu de chaque embranchement.

Chacun de ces numéros sera suivi d'un point noir.

Art. 129. Les lettres et les chiffres seront écrits à l'encre de Chine, sauf les exceptions prévues en l'art. 123.

Art. 130. Le titre de chaque feuille sera écrit dans le sens de la longueur de la feuille et à l'un des angles du côté droit de cette feuille.

Art. 131. Les écritures doivent être placées de manière à ne pas nuire à la netteté des détails.

Les titres s'écriront en lettres moulées et les autres indications en lettres d'une grandeur proportionnée à leur importance.

Les numéros des petites parcelles doivent être d'une grandeur telle qu'on puisse toujours y opérer une division et ajouter de nouveaux numéros.

SECTION VI.

De la confection de la carte d'ensemble de la commune.

ART. 132. Dès que le géomètre chargé de l'arpentage de la commune aura achevé les plans de détail, il construira la carte d'ensemble de cette commune à l'échelle d'*un dix millième.*

ART. 133. La carte d'ensemble de chaque commune contiendra la circonscription de cette commune, les contours de chaque feuille, les principaux chemins, les rivières et la position des hameaux.

Les contours des feuilles seront tracés au simple trait et à l'encre de Chine.

ART. 134. La carte d'ensemble portera de cinq lignes en cinq lignes, et avec leurs numéros, chacune des parallèles à la méridienne et à la perpendiculaire qui se trouveront sur les plans de détail.

On indiquera sur le bord de la carte la naissance des parallèles qui ne seront pas tracées dans toute leur longueur.

SECTION VII.

De la vérification des plans de détail[1].

ART. 135. La vérification des plans, en ce qui concerne la netteté du dessin et l'exactitude du levé, sera faite par des commissaires délégués à cet effet par le département de l'intérieur et des travaux publics et assistés de l'ingénieur cantonal.

ART. 136. Les commissaires ne procéderont à la vérification des plans qu'après que ceux-ci auront été approuvés et visés par le directeur du cadastre, en ce qui concerne l'observation des règlements.

ART. 137. Les commissaires examineront d'abord si les plans sont acceptables quant au dessin.

[1] Voyez le § 70 du *Commentaire.*

Si cet examen est satisfaisant, il sera procédé à la vérification du travail géométrique par trois opérations successives, savoir :

1° Par la mensuration de grandes lignes traversant un certain nombre de parcelles ;

2° Par la mensuration d'une partie des lignes sinueuses qui limitent les propriétés ;

3° Par la mensuration d'une partie des lignes joignant des points situés dans l'intérieur ou dans les environs des *mas* de maisons.

Art. 138. Afin de procéder à la première opération, le commissaire fixera sur le terrain deux points à son choix, de manière qu'on puisse retrouver très-exactement la position de ces deux points sur les plans.

Il fera ensuite mesurer la ligne droite qui joint ces deux points et les distances comprises entre les diverses intersections de cette ligne droite avec les lignes séparatives des parcelles comprises entre les points qui auront été choisis.

Il sera ainsi mesuré deux lignes au moins pour chaque commune. Ces lignes se couperont, autant que possible, à angle droit, et elles auront une étendue assez considérable pour traverser entre elles toutes, un sixième au moins du nombre total des feuilles.

Art. 139. Afin de procéder à la seconde opération, le commissaire fera mesurer sur le terrain une partie des lignes sinueuses séparatives de parcelles.

Dans ce but, il déterminera en premier lieu sur le terrain une ligne droite dans la direction de la ligne sinueuse qu'il s'agit de mesurer, de manière qu'on puisse retrouver exactement cette ligne droite sur les plans.

En second lieu, il vérifiera si les piquets placés par le géomètre pour suppléer aux bornes, sont assez rapprochés pour que les flèches des cordes déterminées par deux piquets consécutifs soient inférieures à 0^{m},30 dans les plans dressés à l'échelle d'un millième, et inférieures à 0^{m},20 dans les plans dressés à l'échelle d'un cinq centième.

En troisième lieu, il fera mener sur la ligne droite qui a été tracée sur le terrain, des perpendiculaires, à partir des bornes et des piquets qui dessinent la ligne sinueuse, et il fera mesurer les longueurs de ces diverses perpendiculaires.

Il sera ainsi mesuré trois lignes sinueuses au moins, dans les communes de moins de cinq cents hectares, et quatre lignes au moins dans les autres communes.

Ces lignes seront choisies dans diverses feuilles.

Art. 140. Afin de procéder à la troisième opération, le commissaire fera mesurer directement, sur le terrain, un certain nombre de lignes joignant des points situés dans l'intérieur ou dans les environs des *mas* de maisons. Ces lignes seront, autant que possible, indépendantes les unes des autres; elles seront au nombre de dix par feuille choisie; le nombre des feuilles choisies sera de deux au moins dans les communes de cinq cents hectares, et de trois au moins dans les autres communes.

Art. 141. Les mensurations mentionnées aux trois articles précédents s'opéreront par le géomètre dont les plans sont soumis à la vérification et avec ses propres instruments.

Art. 142. Les résultats de ces mensurations seront écrits au fur et à mesure par le géomètre, en présence du commissaire, et il n'en sera point pris copie; la mensuration étant terminée, ces résultats seront mis, sans désemparer, sous un pli que le géomètre scellera de son sceau.

Art. 143. Le géomètre tiendra en outre une note :

1° Des données propres à fixer la position des lignes tracées dans la première opération;

2° Des diverses lignes mesurées dans la deuxième et la troisième opération.

Il remettra cette note à l'ingénieur cantonal.

Art. 144. Aussitôt que toutes les opérations de vérification seront terminées sur le terrain, l'ingénieur cantonal mesurera ou fera mesurer, sur les plans, les lignes qui auront été mesurées sur le terrain, et il sera tenu une note exacte de tous les résultats.

Art. 145. Les opérations mentionnées en l'article précédent étant achevées, les divers plis cachetés contenant les résultats obtenus sur le terrain, seront ouverts en présence de l'ingénieur cantonal, du commissaire et du géomètre, et on transcrira de suite ces résultats vis-à-vis de ceux qui auront été trouvés sur les plans.

Art. 146. Si les différences entre les résultats obtenus sur les plans et ceux qui ont été obtenus sur le terrain ne dépassent pas les tolérances accordées par le règlement, les plans seront acceptés.

Dans le cas contraire, le géomètre sera appelé à faire, dans le délai qui sera fixé par le département de l'intérieur et des travaux publics, les travaux nécessaires pour que les plans, étant soumis à une nouvelle vérification, deviennent acceptables.

Art. 147. La nouvelle vérification sera opérée suivant le mode fixé par les art. 135 et suivants, sur un nombre de nouvelles lignes qui soit au moins égal à celui des lignes vérifiées précédemment.

On vérifiera, en outre, si les lignes reconnues fautives dans la première vérification ne contiennent plus d'erreur au-dessus des tolérances.

Les plans ne seront acceptés que si les différences trouvées dans la seconde vérification ne dépassent pas les tolérances accordées.

Art. 148. Dans le cas où un plan ne serait pas admis à la suite d'une seconde vérification, l'administration décidera, suivant l'importance des erreurs, si le même géomètre continuera à être chargé des travaux d'arpentage, ou s'il y a lieu à les faire exécuter à nouveau par un autre géomètre.

Art. 149. Si, dans le cas prévu par l'article précédent, le même géomètre est chargé de continuer les travaux d'arpentage de la commune, l'administration fixera l'époque à laquelle ces travaux devront être terminés.

Ces travaux étant achevés, il sera procédé, suivant le mode prescrit par les art. 135 et suivants, à une troisième vérification, sur un nombre de nouvelles lignes qui soit au moins égal à celui des lignes qui avaient été mesurées dans chacune des vérifications précédentes. On vérifiera, en outre, si les lignes reconnues fautives dans la deuxième vérification ne contiennent plus d'erreur au-dessus des tolérances.

Art. 150. Si, lors de la troisième vérification, les différences obtenues dépassent les tolérances accordées par le règlement, les plans seront rejetés définitivement, et le travail sera confié à un autre géomètre.

Art. 151. On accordera dans la vérification des plans les tolérances suivantes :

Pour une longueur de	20 mètres	la tolérance de	0m,31
»	50	»	0m,46
»	100	»	0m,62
»	200	»	0m,80
»	300	»	0m,92
»	400	»	1m,02
»	500	»	1m,10
»	575	»	1m,15

Pour toute longueur au-dessus, un cinq centième.

Pour les longueurs intermédiaires, les tolérances seront déterminées proportionnellement.

Art. 152. Dans le cas où l'échelle est au cinq centième, les tolérances ci-dessus seront réduites aux trois quarts.

Art. 153. Il ne sera procédé à la vérification des contenances que sur les plans qui auront été reconnus acceptables.

Art. 154. Le calcul des contenances et leur vérification se feront suivant le mode qui sera prescrit par le département de l'intérieur et des travaux publics.

Art. 155. Les calculs des contenances devront être refaits lorsque la vérification donnera une différence plus forte que

7	mètres carrés pour	500	mètres carrés.
10	»	1,000	»
24	»	5,000	»
35	»	10,000	»
100	»	50,000	»
2	pour mille au delà de	50,000	»

Pour les surfaces intermédiaires, les tolérances seront déterminées proportionnellement.

Art. 156. Les commissaires vérificateurs dresseront un procès-verbal circonstancié de leurs opérations et le transmettront au département de l'intérieur et des travaux publics.

SECTION VIII.

De la confection des registres préparatoires[1].

Art. 157. Dès que les plans-minutes et les contenances des parcelles auront été vérifiés et reconnus exacts, le géomètre dressera les registres préparatoires des numéros suivis et des bâtiments.

Art. 158. Le registre préparatoire des numéros suivis indiquera par ordre de numéros toutes les parcelles figurées sur les plans, leur contenance en mesures métriques et en mesures fixées par la loi du 1er octobre 1816, la feuille où se trouve chaque parcelle, les numéros d'ordre des articles du registre préparatoire des bâtiments correspondants à chaque parcelle et le nom de la localité où sont situés les bâtiments d'habitation; enfin, les noms, les prénoms, les prénoms du père, la profession et le domicile des propriétaires, aussi exactement que le géomètre aura pu se les procurer.

Art. 159. Le registre préparatoire des bâtiments indiquera les numéros d'assurance des divers bâtiments contenus dans chaque parcelle, le bourg, le village, le hameau ou la rue dont font partie les bâtiments d'habitation, ou le nom particulier de ces habitations, si celles-ci sont isolées et ne font partie d'aucun bourg, village ou hameau; la surface de ces bâtiments en mesures métriques, leur destination, la nature des matériaux avec lesquels ils sont construits; la part qui doit être attribuée à chacun des copropriétaires d'un mur mitoyen, dans le cas où ces parts ne seraient pas égales; les droits respectifs des particuliers, de l'État ou de la commune sur les constructions particulières élevées dans une partie du domaine public; enfin, les mentions prescrites par l'art. 15 du présent *Règlement*, dans le cas où des portions distinctes d'une propriété bâtie seraient attribuées à des propriétaires différents.

Art. 160. Les registres préparatoires des numéros suivis et

[1] Les art. 157, 158 et 159 du *Règlement de 1844* ont été modifiés, dans la pratique, par un mode de vivre qui est exposé au § 84 du *Commentaire*, et a été sanctionné par les conventions passées avec les géomètres. Voyez aussi le § 87 du *Commentaire*.

des bâtiments étant remis par le géomètre au bureau du cadastre, ce bureau établira :

1° Le registre préparatoire et par ordre alphabétique des propriétaires de la commune, indiquant les numéros et les contenances des parcelles qui sont attribuées à chacun d'eux, ainsi que les mentions tirées du registre des bâtiments qui sont relatives à ces parcelles;

2° Un répertoire alphabétique des principaux lieux dits de la commune, indiquant les feuilles où ils se trouvent.

Les noms de ces lieux dits seront tirés des anciens plans cadastraux [1].

Le bureau du cadastre établira ensuite les copies et les registres qui doivent être déposés à la mairie de la commune, conformément à l'art. 162.

SECTION IX.

De la reconnaissance des bulletins de propriété [2].

Art. 161. Le registre préparatoire des propriétaires étant dressé, le bureau du cadastre enverra à chaque propriétaire *un bulletin de propriété*, soit une copie de l'article qui le concerne, avec invitation d'en vérifier l'exactitude pendant le mois qui suivra cet envoi (*Loi du 1er février 1841, art. 38*).

Art. 162. A cet effet, chaque propriétaire pourra consulter à la mairie de la commune ou au lieu indiqué par le maire :

1° Une copie sur calques des plans de la commune;

2° Une copie des registres préparatoires des numéros suivis;

3° Un répertoire alphabétique des propriétaires indiquant seulement le numéro des parcelles attribuées à chacun d'eux;

4° Le répertoire alphabétique des lieux dits.

Art. 163. La copie-calque des plans déposés à la mairie, en vertu de l'article précédent, portera les divisions de culture et les principaux lieux dits; elle sera d'ailleurs conforme aux copies mentionnées en l'art. 258.

Art. 164. Après l'expiration du délai fixé en l'art. 161,

[1] Voyez le § 69 du *Commentaire*.
[2] Voyez les §§ 86 à 89 du *Commentaire*.

chaque propriétaire sera appelé à reconnaître ou à contredire son bulletin devant un commissaire délégué par le Conseil d'État. Il recevra, à cet effet, une lettre indiquant le lieu, le jour et l'heure où il devra comparaître (*Loi du 1er février 1841, art. 39*).

ART. 165. Le propriétaire qui ne pourra comparaître en personne se fera représenter par un mandataire muni d'une procuration authentique ou sous seing privé.

ART. 166. Le bulletin du propriétaire qui est sous puissance d'autrui sera reconnu par la personne sous l'autorité de laquelle il se trouve ou par le mandataire de celle-ci.

ART. 167. Le bulletin d'une propriété qui est indivise entre plusieurs cohéritiers, et qui est inscrite au registre des propriétaires comme propriété d'une hoirie, pourra être reconnu par un seul des cohéritiers.

ART. 168. Si le propriétaire ou la personne qui le représente reconnaît l'exactitude de son bulletin, le commissaire en dressera procès-verbal. Ce procès-verbal sera signé par le commissaire et par le propriétaire ou son représentant.

Dans le cas où le propriétaire ne saurait ou ne pourrait signer, il en sera fait mention dans le procès-verbal, et sa signature sera remplacée par celle de deux témoins (*Loi du 1er février 1841, art. 41*).

ART. 169. Si le propriétaire s'est fait représenter par un mandataire, porteur d'une procuration authentique, le commissaire prendra note de la date de la procuration et du notaire devant lequel elle aura été passée.

Si la procuration est en brevet ou sous seing privé, le commissaire l'annexera au procès-verbal de reconnaissance.

ART. 170. Lors de la reconnaissance des bulletins, le commissaire prendra toutes les informations nécessaires, soit auprès des propriétaires eux-mêmes, soit auprès de toute autre personne, pour s'assurer que chaque parcelle est attribuée, dans toutes ses parties, à son véritable propriétaire, et que celui-ci est désigné d'une manière exacte et conforme aux prescriptions de la loi et des règlements.

Il pourra exiger des propriétaires la production de leurs titres de propriété et de leur acte de naissance.

Art. 171. Le commissaire rectifiera le registre alphabétique des propriétaires, conformément aux informations qu'il aura recueillies, en vertu de l'article précédent.

Art. 172. S'il s'élève une réclamation à l'occasion d'un bulletin, le commissaire convoquera les propriétaires intéressés et les invitera à se concilier et à reconnaître leurs bulletins.

S'il ne peut y parvenir, il dressera procès-verbal de la contestation et le communiquera au prud'homme.

Art. 173. Les décisions rendues par le prud'homme à l'occasion du bornage n'empêcheront pas le propriétaire de contester l'exactitude de son bulletin (*Loi du 1er février 1841, art. 40*).

Art. 174. Le commissaire dressera un procès-verbal des non-comparutions et le communiquera au prud'homme (*Loi du 1er février 1841, art. 41*).

Art. 175. Le prud'homme fera citer en conciliation les propriétaires qui auront élevé des contestations à l'occasion de leur bulletin et ceux dont les bulletins portent des parcelles contestées.

Si le prud'homme ne peut concilier les parties, il statuera sur ces contestations (*Loi du 1er février 1841, art. 43*).

Art. 176. Le prud'homme fera encore citer par-devant lui, aux fins de contredire ou de reconnaître leurs bulletins, les propriétaires qui n'auront pas comparu devant le commissaire (*Loi du 1er février 1841, art. 44*).

Art. 177. Tout propriétaire cité en vertu de l'article précédent, et qui de nouveau ne comparaîtra pas, sera considéré comme approuvant son bulletin.

Si le propriétaire cité comparaît devant le prud'homme et conteste son bulletin, il sera procédé conformément à l'art. 175 (*Loi du 1er février 1841, art. 45*).

Art. 178. Le prud'homme fera connaître sans délai au commissaire les résultats des sommations qu'il aura envoyées et des décisions qu'il aura rendues.

Art. 179. La reconnaissance de chaque bulletin se fera sur le registre préparatoire des propriétaires, au folio du compte du propriétaire désigné dans le bulletin. Le commissaire mentionnera au même folio les rectifications qu'il aura faites d'office, les réclamations qui lui auront été adressées, le résultat des conciliations et celui des décisions rendues par le prud'homme à l'occasion de ce bulletin.

ART. 180. Pendant le délai fixé en l'art. 161, le département de l'intérieur et des travaux publics fera examiner les plans par un délégué spécial, aux fins de s'assurer de l'exactitude des lignes séparatives entre le terrain appartenant à l'État et les propriétés particulières.

Ce délégué examinera également les mentions indiquées par le registre préparatoire des bâtiments relativement aux constructions particulières élevées sur le domaine public.

ART. 181. Dans le même délai, un délégué du conseil municipal examinera les plans en ce qui concerne la ligne séparative entre les propriétés particulières et les terrains ou chemins communaux.

ART. 182. Il sera envoyé au commissaire du Conseil d'État et au prud'homme les extraits de registres constatant les nominations des délégués du département de l'intérieur et des travaux publics et du conseil municipal.

ART. 183. Avant qu'il soit procédé à la reconnaissance des bulletins, le délégué fera connaître par écrit au commissaire, s'il a ou non des réclamations à faire.

Dans le cas où le délégué ferait une réclamation, le commissaire l'appellera à la reconnaissance du bulletin de la propriété particulière à raison de laquelle la réclamation se sera élevée.

ART. 184. Si, lors de la reconnaissance d'un bulletin concernant une propriété à raison de laquelle le délégué n'a point fait de réclamation, le propriétaire élève une contestation sur la ligne séparative entre sa propriété et le terrain cantonal ou communal, le commissaire ou le prud'homme citera l'État ou la commune en la personne du délégué.

CHAPITRE IV[1].

DES OPÉRATIONS PRÉALABLES A L'ACHÈVEMENT DES PLANS ET DES REGISTRES DÉFINITIFS DU CADASTRE DE LA VILLE DE GENÈVE.

SECTION PREMIÈRE.

Dispositions générales.

Art. 185. Les opérations qui doivent précéder dans la ville de Genève la confection des plans et registres définitifs du cadastre, se composent :

1° De la délimitation entre les places, rues ou ruelles de la ville de Genève et les propriétés particulières ;

2° Du levé par le géomètre des polygones qui serviront de base au levé parcellaire ;

3° De la reconnaissance des périmètres des parcelles ;

4° Du levé des parcelles par le géomètre-arpenteur ;

5° De la vérification des plans parcellaires ;

6° De la confection du registre préparatoire des numéros suivis ;

7° De la reconnaissance des bulletins de propriété.

Art. 186. Les feuilles des plans seront limitées de tous côtés par des rues, des places, des promenades publiques ou par le terrain des fortifications.

Art. 187. L'étendue de chaque feuille sera déterminée par le département de l'intérieur et des travaux publics.

SECTION II.

Délimitation des places, des rues ou ruelles de la ville de Genève.

Art. 188. Dès que le géomètre chargé de l'arpentage de tout ou partie de la ville de Genève aura été nommé, le département de l'intérieur et des travaux publics en donnera avis au conseil administratif.

Art. 189. Avant de procéder au levé des parcelles situées dans une feuille, le géomètre levera et tracera sur le plan les places, les rues ou ruelles qui se trouvent dans cette feuille.

[1] Voyez le § 58 du *Commentaire*.

ART. 190. Le géomètre se conformera, pour les opérations mentionnées en l'article précédent, aux instructions qui lui seront données par le conseil administratif, en tout ce qui concerne la détermination de l'étendue des places, des rues ou ruelles. Il suivra, à tous autres égards, les prescriptions du présent règlement.

ART. 191. Lorsque le géomètre aura achevé le travail mentionné en l'art. 189, il le soumettra au conseil administratif, qui l'examinera et qui fera opérer, s'il y a lieu, les corrections nécessaires.

ART. 192. Dès que le conseil administratif aura approuvé définitivement le travail du géomètre, il en fera dresser une copie, qui sera signée par le géomètre et par un délégué du conseil administratif. Il en donnera ensuite avis au département de l'intérieur et des travaux publics.

ART. 193. Le conseil administratif invitera les propriétaires intéressés, par lettres à eux adressées, à venir examiner la copie du plan, mentionnée en l'article précédent, dans le lieu et aux jours et heures qu'il aura fixés. Ces lettres feront connaître les dispositions des art. 195 à 197.

ART. 194. Le dépôt mentionné en l'article précédent aura lieu pendant un mois, à partir du jour où les lettres auront été remises aux propriétaires.

ART. 195. Si aucune réclamation n'est élevée par un propriétaire dans le délai fixé en l'article précédent, le géomètre prendra pour base de son travail la ligne séparative qui aura été tracée sur le plan déposé.

ART. 196. En cas de contestation élevée par un propriétaire avant l'expiration du délai d'un mois, elle sera portée devant un délégué du conseil administratif. Celui-ci cherchera à la terminer à l'amiable, et, s'il ne peut y parvenir, il la renverra au prud'homme qui appellera d'abord les parties en conciliation, conformément aux art. 26 et suivants, et qui statuera, s'il n'a pu réussir à les concilier.

ART. 197. Les propriétaires pourront se faire représenter devant le délégué du conseil administratif et devant le prud'homme, conformément à l'art. 61.

Art. 198. La décision du prud'homme sera rendue dans le délai d'un mois, à partir du jour où la contestation lui aura été renvoyée.

Art. 199. Le délégué du conseil administratif fera connaître sans délai au géomètre et au département de l'intérieur et des travaux publics, les modifications qui auront été consenties par le conseil administratif postérieurement au dépôt du plan. Le prud'homme fera connaître, de la même manière, les décisions qu'il aura rendues.

Art. 200. Le géomètre opérera sans délai, sur la minute du plan et sur la copie déposée, les modifications qui lui auront été indiquées, en vertu de l'article précédent.

SECTION III.

Du levé des polygones qui doivent servir de base au levé parcellaire.

Art. 201. Le géomètre procédera au levé des polygones qui doivent servir de base au levé parcellaire, en suivant les procédés qu'il jugera les plus convenables.

Art. 202. Le levé des polygones étant achevé, le géomètre en dressera un canevas à l'échelle d'*un dix millième*. Ce canevas sera remis au bureau du cadastre.

SECTION IV.

De la reconnaissance des périmètres des parcelles.

Art. 203. Dès que les opérations mentionnées dans les deux sections précédentes seront terminées, il sera procédé à la reconnaissance des périmètres des parcelles situées dans la feuille.

Cette reconnaissance se fera par le géomètre, assisté d'un commissaire nommé par le département de l'intérieur et des travaux publics.

Art. 204. Le commissaire fera connaître aux propriétaires, par lettres à eux adressées, le jour et l'heure où il fera la reconnaissance de leurs propriétés, et il les invitera à s'y rencontrer.

Cette reconnaissance devra être achevée dans le délai de trois semaines, à partir de la nomination du commissaire.

ART. 205. Le commissaire et le géomètre prendront auprès des propriétaires toutes les informations nécessaires pour dresser le registre préparatoire des numéros suivis, en conformité de l'art. 237.

ART. 206. Si, lors de la reconnaissance des parcelles, il s'élève une contestation entre deux propriétaires limitrophes, le commissaire cherchera à la terminer à l'amiable; s'il ne peut y parvenir, il renverra les parties devant le prud'homme. Celui-ci appellera d'abord les propriétaires en conciliation, conformément aux art. 26 et suivants, et il statuera s'il n'a pu réussir à concilier les parties.

ART. 207. Les propriétaires pourront se faire représenter devant le commissaire et devant le prud'homme, conformément à l'art. 61.

ART. 208. Le prud'homme rendra sa décision dans le délai d'un mois, à partir du jour où elle aura été portée devant lui. Il la fera connaître sans délai au commissaire.

ART. 209. Dès que la reconnaissance des parcelles sera terminée et que le prud'homme aura statué sur toutes les contestations qui lui auront été renvoyées, le géomètre procédera au levé des parcelles, conformément aux dispositions de la section suivante.

SECTION V.

Du levé des parcelles et de la confection des plans par le géomètre chargé de l'arpentage de la ville de Genève.

§ 1er. *Des instruments à employer par le géomètre.*

ART. 210. Les dispositions de l'art. 89 sur les instruments à employer par le géomètre seront observées dans le levé des plans de la ville de Genève.

§ 2. *De l'échelle des plans.*

ART. 211. Les plans de détail de la ville de Genève seront levés à l'échelle d'un *deux cent cinquantième* (*Loi du 1er février 1841, art. 3*).

§ 3. *De la grandeur des plans de détail.*

Art. 212. Les dispositions des art. 92 et 93 sur la grandeur des plans de détail seront applicables au cadastre de la ville de Genève.

§ 4. *Des diverses indications à porter sur les plans de détail.*

Art. 213. Les dispositions des art. 94 et 96 sur les divisions des plans en parcelles seront observées dans les plans du cadastre de la ville de Genève.

Art. 214. Tout ce qui fera partie des places, des rues ou ruelles, des promenades publiques et du terrain des fortifications ne formera point de parcelle.

Art. 215. Les places publiques, les rues, les quais, les ruelles, les eaux du Rhône, les constructions faites à bien plaire sur le domaine public, seront indiqués sur les plans.

Art. 216. Les bâtiments appartenant au canton ou à la ville de Genève seront indiqués sur les plans et formeront des parcelles distinctes.

Le périmètre de ces parcelles, dans la partie limitrophe du terrain public, sera déterminé par le contour du mur extérieur du bâtiment.

Art. 217. Les rues et les places formant le contour de deux feuilles contiguës seront tracées en entier dans chaque feuille.

Art. 218. Les plans indiqueront les bâtiments des particuliers, ainsi que les murs de clôture qui seront séparatifs de parcelles.

Art. 219. Les plans indiqueront si les murs séparatifs de parcelles sont mitoyens, et, dans le cas où ils ne le seraient pas, les plans indiqueront à laquelle des propriétés limitrophes ils appartiennent.

Art. 220. Les plans indiqueront les voûtes ou arcades établies sur les rues ou ruelles.

Art. 221. Les plans ne porteront aucune indication relative aux servitudes.

Art. 222. Les plans indiqueront, autant que possible, les cotes des diverses lignes formant le contour de chaque parcelle.

ART. 223. Les numéros d'assurance des bâtiments seront indiqués sur les plans. Ces numéros seront écrits de manière à être facilement distingués des numéros des parcelles.

ART. 224. Les plans indiqueront les noms des promenades, places, quais, rues et ruelles, ainsi que ceux de tous les bâtiments et constructions destinés au public.

ART. 225. Les plans porteront de cinquante en cinquante mètres des parallèles à la méridienne et à la perpendiculaire de la tour ouest de l'église Saint-Pierre. Ils indiqueront la distance de chacune de ces parallèles à cette méridienne et à cette perpendiculaire.

ART. 226. Les feuilles contiguës seront indiquées autour du périmètre de chaque feuille.

ART. 227. Chaque feuille portera son numéro particulier, ainsi que sa date et la signature du géomètre.

ART. 228. On indiquera sur chaque feuille le premier et le dernier des numéros des parcelles.

§ 5. *De la manière de représenter et de dessiner sur les plans les objets qui doivent y être portés.*

ART. 229. Tous les objets portés sur les plans y seront indiqués et figurés exactement, proportionnellement à leur grandeur réelle, et fidèlement placés par rapport aux objets environnants.

ART. 230. Tout ce qui concerne le mode de dessiner et de tracer les objets à porter sur les plans, sera réglé par une instruction du département de l'intérieur et des travaux publics. Cette instruction sera uniforme pour toutes les feuilles.

ART. 231. Les règles prescrites par les art. 125, 126, 127 et 128 sur les numéros des parcelles seront applicables à la ville de Genève.

ART. 232. Le géomètre se conformera aux instructions du conseil administratif pour tout ce qui concerne l'indication et l'orthographe des noms des rues, des places, des promenades et des édifices publics.

SECTION VI.

De la vérification des plans parcellaires.

ART. 233. La vérification de chaque feuille, en ce qui concerne le levé des parcelles, sera faite par un commissaire délégué à cet effet par le département de l'intérieur et des travaux publics, et assisté de l'ingénieur cantonal.

ART. 234. Le commissaire examinera d'abord si les plans sont acceptables quant au dessin.

Si cet examen est satisfaisant, il fera mesurer directement, sur le terrain, un certain nombre de lignes joignant des points situés dans l'intérieur de la feuille.

Ces lignes seront au nombre de quinze au moins, et elles seront, autant que possible, indépendantes les unes des autres. Le commissaire fera ensuite connaître à l'ingénieur cantonal quelles lignes ont été mesurées.

ART. 235. On accordera dans la vérification des plans les tolérances suivantes :

Pour une longueur de	5	mètres	0m,08
»	10	»	0m,12
»	20	»	0m,16
»	50	»	0m,25
»	100	»	0m,36
»	200	»	0m,48
»	300	»	0m,60

Pour les longueurs intermédiaires, les tolérances seront déterminées proportionnellement.

ART. 236. Les dispositions des art. 136, 141, 142, 144, 145, 146, 148, 149, 150, 153, 154, 155 et 156 seront observées dans la vérification des plans du cadastre de la ville de Genève.

SECTION VII.

De la confection du registre préparatoire des numéros suivis.

ART. 237. Dès que la vérification d'une feuille sera terminée, le bureau du cadastre dressera le registre préparatoire des numéros suivis contenus dans cette feuille, indiquant par ordre de numéros chacune des parcelles figurées sur la feuille, sa contenance et la rue où elle se trouve.

Art. 238. Le registre préparatoire des numéros suivis contiendra, en outre, les mentions relatives aux bâtiments qui sont prescrites par l'art. 159.

SECTION VIII.

De la reconnaissance des bulletins de propriété.

Art. 239. Le registre préparatoire des numéros suivis étant dressé, il en sera envoyé, sous le nom de *bulletin de propriété*, une copie *in parte qua* à chaque propriétaire, avec invitation d'en vérifier l'exactitude dans le mois qui suivra cet envoi (*Loi du 1er février 1841, art. 38*).

Art. 240. A cet effet, chaque propriétaire pourra consulter au lieu désigné par le département de l'intérieur et des travaux publics :

1° Une copie de la feuille;

2° Une copie du registre préparatoire des numéros suivis;

3° Un répertoire alphabétique des propriétaires des parcelles situées dans la feuille indiquant seulement les numéros des parcelles attribuées à chacun d'eux.

Art. 241. Les dispositions des art. 165, 166, 167, 168, 169, 170, 172, 173, 174, 175, 176, 177 et 178 sur la reconnaissance des bulletins, seront applicables au cadastre de la ville de Genève.

Art. 242. La reconnaissance de chaque bulletin se fera sur le registre préparatoire des numéros suivis au numéro de la parcelle portée dans le bulletin. Il sera d'ailleurs procédé par le commissaire conformément à l'art. 179.

Art. 243. Pendant le délai fixé en l'art. 239, le département de l'intérieur et des travaux publics fera examiner les plans par un délégué spécial, aux fins de s'assurer de l'exactitude des lignes séparatives entre le terrain appartenant à l'État et les propriétés particulières. Le délégué examinera en outre, s'il y a lieu, les mentions indiquées par le registre préparatoire des numéros suivis, en ce qui concerne les constructions élevées sur le domaine public.

Il sera envoyé au commissaire du Conseil d'État et au prud'homme un extrait des registres constatant la nomination du délégué.

Art. 244. Avant qu'il soit procédé à la reconnaissance des bulletins, le délégué fera connaître au commissaire du Conseil d'État, s'il a ou non des réclamations à faire. Dans le cas où le délégué ferait une réclamation, le commissaire l'appellera à la reconnaissance du bulletin de la propriété particulière à raison de laquelle la réclamation se sera élevée.

Art. 245. Si, lors de la reconnaissance d'un bulletin concernant une propriété à raison de laquelle le délégué n'a point fait de réclamation, le propriétaire élève une contestation sur la ligne qui sépare sa propriété et le terrain de l'État, le commissaire ou le prud'homme citera l'État en la personne du délégué.

Art. 246. Dans les contestations qui, lors de la reconnaissance d'un bulletin, se seraient élevées sur la ligne qui sépare la voie publique ou une propriété de la ville de Genève d'avec une propriété particulière, la commune de Genève sera citée, s'il y a lieu, par le commissaire et par le prud'homme, au bureau du conseil administratif, et elle sera représentée par un délégué de ce conseil.

CHAPITRE V.

DE LA CONFECTION DES PLANS ET DES REGISTRES DÉFINITIFS.

SECTION PREMIÈRE.

Des corrections à opérer sur les plans-minutes et sur les registres préparatoires.

Art. 247. La reconnaissance des bulletins de toute la commune étant achevée, et les prud'hommes ayant statué sur toutes les contestations et procédé à toutes les sommations, le commissaire remettra au bureau du cadastre les registres mentionnés aux art. 179 et 242. Le directeur du cadastre fera ensuite opérer sur les registres préparatoires et sur les plans-minutes toutes les corrections indiquées dans les registres qui lui auront été remis par le commissaire.

ART. 248. Lorsque les corrections auront pour effet de réunir en tout ou en partie deux parcelles voisines, ou de diviser une même parcelle en deux ou plusieurs autres, elles s'opéreront sur les plans-minutes et sur les registres préparatoires des numéros suivis suivant les règles prescrites par les art. 299 à 311 pour les réunions et les divisions de parcelles survenues après que le cadastre aura été déclaré définitif.

Les numéros qui auront disparu seront reproduits dans le registre définitif des numéros suivis, avec les annotations prescrites par les susdits articles; ils ne seront pas reproduits dans les mises au net ni dans les copies-calques.

ART. 249. Les nouvelles parcelles, qui auront été créées dans les cas prévus par l'article précédent, seront désignées provisoirement sur les plans-minutes et sur le registre préparatoire des propriétaires par l'ancien numéro de la parcelle dont elles faisaient partie, en faisant suivre ce numéro des lettres *a*, *b*, *c*, etc. Ces numéros provisoires seront écrits au crayon dans les plans-minutes.

SECTION II.

De l'arrêté du Conseil d'État aux fins d'ordonner l'achèvement des plans et des registres définitifs.

ART. 250. Les corrections mentionnées en l'art. 247 étant achevées, et le Conseil d'État ayant rendu l'arrêté prescrit par l'art. 46 de la loi du 1er février 1841, aux fins d'ordonner l'achèvement des plans et la confection des registres définitifs, le bureau du cadastre fera établir ces plans et ces registres.

ART. 251. Dès que l'arrêté ci-dessus aura été rendu, les prud'hommes cesseront d'exercer leurs fonctions dans la commune, et il ne sera fait de rectification ou de changement sur les registres et sur les plans qu'en suivant les formes prescrites par le titre second du présent *Règlement*, sur les règles applicables au cadastre déclaré définitif (*Loi du 1er février 1841, art. 47*).

SECTION III.

Des plans définitifs du cadastre.

§ 1er. *Des plans du cadastre de la ville de Genève.*

Art. 252. Les plans du cadastre de la ville de Genève, à confectionner en vertu de l'art. 250, se composent pour chaque feuille des plans-minutes, de deux mises au net, destinées la première au bureau de la conservation du cadastre, la seconde au bureau du conseil administratif.

La copie mentionnée en l'art. 240 sera en outre déposée au bureau de la conservation du cadastre, après y avoir fait les corrections nécessaires.

Celle qui est mentionnée en l'art. 192 sera déposée aux archives cantonales.

Art. 253. Les mises au net seront exactement semblables aux plans-minutes; l'ingénieur cantonal y apposera sa signature lorsqu'il les aura reconnues conformes. Elles seront soumises à l'approbation et au visa du directeur du cadastre en ce qui concerne l'observation des règlements.

Art. 254. Les changements survenus par suite de divisions ou de réunions de parcelles seront indiqués sur les mises au net et sur la copie mentionnée en l'art. 240.

§ 2. *Des plans du cadastre des communes autres que la ville de Genève*[1].

Art. 255. Les plans à confectionner par le bureau du cadastre, en vertu de l'art. 250, dans les communes autres que la ville de Genève, se composeront pour chaque feuille des plans-minutes :

1° De deux mises au net, destinées l'une au bureau de la conservation du cadastre et l'autre à la mairie de la commune;

2° De deux copies-calques, contenant les désignations de cultures, et destinées l'une à la mairie de la commune et l'autre au bureau de la conservation du cadastre.

Art. 256. Les mises au net seront exactement semblables aux plans-minutes dressés par le géomètre, sauf les exceptions portées en l'article suivant.

[1] Voyez le § 91 du *Commentaire.*

ART. 257. Les mises au net ne porteront ni divisions ou désignations de cultures, ni cotes, ni signature du géomètre, ni indication des points de la triangulation secondaire, à moins que ces points ne soient indiqués par des bornes.

L'ingénieur cantonal y apposera sa signature lorsqu'il les aura reconnues conformes; elles seront soumises à l'approbation et au visa du directeur du cadastre, en ce qui concerne l'observation des règlements.

ART. 258. Les copies-calques porteront les mêmes divisions et désignations de cultures que dans les plans-minutes; elles porteront, en outre, les principaux lieux dits tels qu'ils résultent de l'ancien cadastre; enfin, elles ne porteront que deux lignes d'orientation, l'une parallèle à la méridienne et l'autre à la perpendiculaire de la tour ouest de l'église de Saint-Pierre.

Ces copies seront d'ailleurs, à tous autres égards, exactement semblables aux mises au net.

ART. 259. Le bureau du cadastre pourra employer, pour les copies de la catégorie mentionnée en l'article précédent, celles qui auront été déposées à la mairie, lors de la reconnaissance des bulletins, en y faisant toutefois les changements nécessaires.

ART. 260. Les changements survenus par suite des divisions ou des réunions de parcelles ne seront indiqués que sur les mises au net.

SECTION IV.

Des registres définitifs du cadastre[1].

ART. 261. Les registres à confectionner par le bureau du cadastre, en vertu de l'art. 250, se composent :

1° De deux exemplaires du registre des numéros suivis, et destinés l'un au bureau de la conservation du cadastre, et l'autre aux archives de la commune.

2° De deux exemplaires du registre des bâtiments servant de supplément au registre des numéros suivis, en ce qui concerne la propriété bâtie, et destinés l'un au bureau de la conservation du cadastre, et l'autre aux archives de la commune.

[1] Voyez les §§ 92 à 106 du *Commentaire*.

3° D'un registre des propriétaires, destiné au bureau de la conservation du cadastre, et indiquant les numéros et les contenances des parcelles attribuées à chaque propriétaire.

4° D'un répertoire alphabétique des propriétaires correspondant au registre précédent.

5° D'un exemplaire du répertoire alphabétique des propriétaires, destiné aux archives de la commune et indiquant seulement les numéros des parcelles attribuées à chaque propriétaire.

6° D'un registre des mutations, destiné au bureau de la conservation du cadastre et indiquant les changements successifs survenus par suite des mutations et des rectifications opérées depuis l'époque où le Conseil d'État aura ordonné l'achèvement des plans et des registres définitifs.

Art. 262. Outre les registres mentionnés en l'article précédent, le bureau du cadastre confectionnera, pour les communes autres que la ville de Genève, deux exemplaires du répertoire alphabétique des principaux lieux dits de la commune, et destinés l'un au bureau de la conservation du cadastre et l'autre à la mairie de la commune.

Le bureau du cadastre pourra employer, pour ces répertoires, ceux qui auront été confectionnés lors de la reconnaissance des bulletins, en y faisant toutefois les changements nécessaires.

Art. 263. Dans les registres des numéros suivis, dans celui des propriétaires et dans celui des mutations, chaque propriétaire sera désigné par son nom et ses prénoms, par les prénoms de son père, par son état ou profession et son domicile.

S'il s'agit d'un établissement public, d'une association ou de tout autre corps moral, les registres contiendront la qualification sous laquelle ce corps sera légalement reconnu, et l'indication du domicile social ou du siége de l'établissement (*Loi du 1er février 1841, art. 10* [1]).

Art. 264. Le registre des numéros suivis de chaque commune contiendra les numéros des parcelles de la commune dans leur ordre numérique.

On y indiquera pour chaque parcelle :

[2] Voyez le § 85 du *Commentaire*.

1° Le numéro de la feuille où se trouve la parcelle ;

2° La contenance de la parcelle, en mesures métriques et en mesures fixées par la loi du 1er octobre 1816 ;

3° La désignation des propriétaires successifs de la parcelle, la date de la mutation en vertu de laquelle la parcelle a été inscrite sous le nom de chaque propriétaire successif, et le numéro d'ordre du registre des mutations où cette mutation a été constatée ;

4° La suite des lettres placées sur les plans aux sommets des angles du polygone formé par la parcelle, dans le cas prévu par les art. 307 et 308 ;

5° Les numéros des parcelles qui ont servi en tout ou en partie à former la parcelle dont s'agit ;

6° La date de la mutation qui a donné lieu à la formation de la parcelle, et le numéro d'ordre du registre des mutations où cette mutation est constatée ;

7° Les numéros des parcelles qui ont été en tout ou en partie formées par la parcelle dont s'agit ;

8° La date de la mutation qui a donné lieu à la formation des parcelles nouvelles, et le numéro d'ordre du registre des mutations où cette mutation est constatée ;

9° Le numéro d'ordre de l'article du registre des bâtiments concernant la parcelle dont s'agit, et le nom de la localité où sont situés les bâtiments d'habitation[1].

Art. 265. Le registre des bâtiments se subdivisera en autant d'articles portant un numéro d'ordre particulier qu'il y aura de parcelles contenant un ou plusieurs bâtiments.

On indiquera dans chaque article :

1° Les numéros d'assurance des bâtiments contenus dans la parcelle ;

2° Le nom du bourg, du village, du hameau ou de la rue dont les bâtiments d'habitation font partie, ou le nom particulier de ces bâtiments si, étant isolés, ils ne font partie d'aucun bourg, village ou hameau[2] ;

[1] Voyez les §§ 94 et suivants du *Commentaire*.
[2] Voyez le § 69 du *Commentaire*.

3° La surface en mesures métriques de chacun de ces bâtiments ;

4° Leur destination et la nature de leurs matériaux ;

5° L'indication de la part qui doit être attribuée à chacun des copropriétaires d'un mur mitoyen, dans le cas où ces parts ne seraient pas égales ;

6° Les mentions relatives aux droits respectifs des particuliers et de l'État ou de la commune sur les constructions particulières élevées dans une partie du domaine public ;

7° Les mentions exigées par l'art. 15 du titre préliminaire, dans les cas où des portions distinctes d'une propriété bâtie sont attribuées à des propriétaires différents [1].

Art. 266. Il sera ouvert un compte à chaque propriétaire dans le registre des propriétaires, et chaque compte indiquera :

1° Les numéros des parcelles attribuées au propriétaire désigné dans le compte, et leur contenance en mesures métriques et en mesures fixées par la loi du 1er octobre 1816 ;

2° Les numéros des feuilles où se trouvent ces parcelles ;

3° Les numéros d'ordre des articles du registre des bâtiments correspondant à chacune des parcelles portées dans le compte, et le nom de la localité où sont situés les bâtiments d'habitation ;

4° La date et le numéro d'ordre de la mutation qui a donné lieu à l'inscription d'une parcelle dans le compte dont s'agit ;

5° La date et le numéro d'ordre de la mutation qui a fait sortir une parcelle du compte dont s'agit, et la désignation du nouveau propriétaire au compte de qui cette parcelle a été portée.

Dans le cas où une propriété est indivise entre plusieurs personnes, on ouvrira un compte collectif à l'ensemble des propriétaires indivis, et on le mentionnera au compte individuel de chacun de ces propriétaires [2].

Art. 267. Dès que les registres et les plans destinés aux archives de la commune seront achevés et reconnus exacts, ils y seront déposés.

[1] Voyez les §§ 99 et 102 du *Commentaire*.
[2] Voyez les §§ 103 et 104 du *Commentaire*.

Art. 268. Les plans-minutes et les registres préparatoires des propriétaires et des numéros suivis seront déposés aux archives cantonales à l'époque qui sera fixée ultérieurement par le Conseil d'État; jusqu'alors ils resteront déposés au bureau de la conservation du cadastre.

Art. 269. Dans les deux mois qui suivront l'époque où le cadastre aura été déclaré définitif dans une commune, il sera remis par le bureau de la conservation du cadastre au département des finances :

1° Un extrait du registre des propriétaires de la commune indiquant la contenance totale des parcelles attribuées à chacun d'eux d'après le nouveau cadastre;

2° Un extrait du registre des bâtiments dressé suivant le mode qui sera prescrit par l'administration.

CHAPITRE VI.

DU CADASTRE DÉCLARÉ DÉFINITIF.

Art. 270. Les plans et registres d'une commune, tels qu'ils sont mentionnés dans les art. 255 à 266, étant tous achevés, et le directeur du cadastre ayant reconnu leur conformité avec les données fournies par les registres préparatoires remis au bureau du cadastre en vertu de l'art. 247, un arrêté du Conseil d'État déclarera le cadastre définitif pour cette commune. Cet arrêté sera publié dans la forme prescrite pour la promulgation des lois (*Loi du 1er février 1841, art. 48*).

Art. 271. Cette publication aura pour effet de rendre exécutoire dans la commune la seconde partie de la loi sur le cadastre du 1er février 1841.

Toutefois, la disposition de l'art. 53 de ladite loi, soit de l'art. 1er du présent *Règlement* sur les effets civils du cadastre, ne pourra être opposée aux actions intentées devant les tribunaux antérieurement à ladite publication (*Loi du 1er février 1841, art. 49*).

CHAPITRE VII.

DISPOSITIONS PÉNALES [1].

ART. 272. Quiconque, pendant les opérations du cadastre, supprimera ou déplacera des bornes, des piquets ou d'autres signes indicatifs, placés par les géomètres ou autres agents du cadastre, sera puni d'un emprisonnement qui ne pourra excéder un mois, et d'une amende qui pourra s'élever à cinquante francs; sans préjudice des dommages-intérêts auxquels le délinquant pourrait être condamné envers l'État ou toute autre personne intéressée (*Loi du 1er février 1841, art. 50*).

ART. 273. Quiconque, par des voies de fait, se sera opposé à la confection des travaux autorisés par le gouvernement, sera puni d'un emprisonnement de trois mois à deux ans, et d'une amende qui ne pourra excéder le quart des dommages-intérêts, ni être au-dessous de seize francs.

Les moteurs subiront le *maximum* de la peine (*Code pénal, art. 438*).

ART. 274. Quiconque aura, en tout ou en partie, comblé des fossés, détruit des clôtures, de quelques matériaux qu'elles soient faites, coupé ou arraché des haies vives ou sèches; quiconque aura déplacé ou supprimé des bornes ou pieds corniers, ou autres arbres plantés ou reconnus pour établir la limite entre différents héritages, sera puni d'un emprisonnement qui ne pourra être au-dessous d'un mois ni excéder une année, et d'une amende égale au quart des restitutions et des dommages-intérêts, qui, dans aucun cas, ne pourra être au-dessous de cinquante francs (*Code pénal, art. 456*).

[1] Voyez le § 108 du *Commentaire*.

TITRE DEUXIÈME.

RÈGLES APPLICABLES AU CADASTRE DÉCLARÉ DÉFINITIF.

CHAPITRE PREMIER.

DES MUTATIONS.

SECTION PREMIÈRE.

Des règles applicables aux actes de mutation en général.

ART. 275. Les greffiers et les notaires seront tenus de présenter à la transcription, et dans les quinze jours de leur date, les minutes des actes de leur ressort qui sont transmissifs ou déclaratifs de propriétés immobilières.

Le défaut de transcription dans le délai ci-dessus entraînera contre les greffiers et les notaires les mêmes peines que le défaut d'enregistrement, dans les délais fixés pour cette dernière formalité (*Loi du 28 juin 1820, art. 3 et 4; Loi du 1er février 1841, art. 78*).

ART. 276. Les actes notariés ou judiciaires que les notaires ou les greffiers auront négligé de faire transcrire dans le délai prescrit, pourront être transcrits en tout temps sur l'expédition qu'en représentera la partie (*Loi du 28 juin 1820, art. 6*).

ART. 277. Dans les titres constatant une mutation et présentés à la transcription, chaque partie contractante ou requérante sera désignée :

Par son nom et ses prénoms;

Par les prénoms de son père;

Par son état ou profession et son domicile (*Loi du 1er février 1841, art. 61*[1]).

ART. 278. S'il s'agit d'un établissement public, d'une association ou de tout autre corps moral, le titre présenté à la transcription contiendra la qualification sous laquelle ce corps est légalement reconnu, l'indication du domicile social ou du

[1] Voyez le § 85 du *Commentaire*.

siége de l'établissement, et l'autorisation du Conseil d'État dans les cas où cette autorisation est requise (*Loi du 1er février 1841, art. 62*).

Art. 279. Dans les actes ci-dessus, les immeubles seront désignés :

Par leur nature;

Par le hameau ou la rue et la commune de la situation;

Par les numéros du cadastre;

Par leur contenance;

Par les numéros d'assurance des bâtiments et leur nature (*Loi du 1er février 1841, art. 63*).

Art. 280. Lorsqu'une action judiciaire aura pour objet une contestation sur le droit de propriété de tout ou partie d'un immeuble, l'exploit d'ajournement ou les conclusions devront contenir une désignation des parties et des immeubles conforme à celle des trois articles précédents (*Loi du 1er février 1841, art. 64*).

Art. 281. Les désignations de la personne du chef de laquelle la mutation est opérée et celles de l'immeuble qui fait l'objet de la mutation, quant aux indications officielles fournies par les registres du cadastre, seront les mêmes dans le titre présenté à la transcription que dans le certificat délivré par le conservateur du cadastre et mentionné en l'art. 4 du titre préliminaire.

Art. 282. Si l'acquéreur d'un immeuble est inscrit au cadastre comme propriétaire, les désignations qui lui seront données dans l'acte de mutation, en ce qui concerne l'orthographe de son nom de famille, ses prénoms, et ceux de son père, seront conformes à celles qui existent déjà dans les registres du cadastre.

Art. 283. Si l'acquéreur d'un immeuble n'est pas encore inscrit au cadastre comme propriétaire, les désignations qui lui seront données dans l'acte de mutation, seront conformes à celles de son acte de naissance, dans tous les cas où cet acte pourra être produit.

Art. 284. Le conservateur des hypothèques transcrira sans délai les actes de mutation présentés à la transcription, si les prescriptions des art. 4 et 6 du titre préliminaire ont été observées.

Art. 285. Lorsque les actes présentés à la transcription contiendront en même temps des dispositions soumises à la transcription, et d'autres pour lesquelles cette formalité n'est pas requise, la transcription ne comprendra que les premières (*Loi du 28 juin 1820, art. 5*).

Art. 286. Le conservateur du cadastre extraira des registres de transcription les mutations constatées par les actes transcrits, et les inscrira sans délai sur le registre des mutations, sur celui des numéros suivis et sur celui des propriétaires.

Art. 287. Le conservateur des hypothèques ne restituera les titres transcrits que lorsque la mutation aura été opérée au cadastre, à moins toutefois qu'il ne s'agisse d'un jugement qui n'aurait pas acquis force de chose jugée (*Loi du 1er février 1841, art. 68*).

Art. 288. En cas de contravention aux art. 277, 278, 279, 281, 282, 283, la mutation au cadastre sera suspendue, et le titre irrégulier sera retenu par le conservateur des hypothèques jusqu'à ce qu'il ait été rectifié (*Loi du 1er février 1841, art. 69*).

Art. 289. L'acte de rectification sera transcrit au bureau des hypothèques et mentionné sur le registre des transcriptions en marge du titre rectifié (*Loi du 1er février 1841, art. 70*).

Art. 290. S'il y a lieu à refuser la restitution d'un acte transcrit, le conservateur des hypothèques donnera, sur papier libre et sans frais, à l'officier public qui a rédigé l'acte, une copie des motifs du refus.

Art. 291. Au fur et à mesure que les actes soumis à la transcription seront transcrits par le conservateur des hypothèques, mention sommaire sera faite de ces transcriptions sur un registre particulier.

Art. 292. Le registre dont il est parlé en l'article précédent sera divisé en quatre colonnes.

On indiquera dans la première colonne la date et la nature de l'acte; dans la seconde, la désignation succincte des personnes qui auront paru dans l'acte comme parties; dans la troisième, la mention du conservateur des hypothèques que l'acte est régulier ou qu'il y a lieu à en suspendre la restitution; dans la quatrième, la mention du conservateur du cadastre, qu'il s'oppose ou non, en ce qui le concerne, à la restitution de l'acte transcrit.

SECTION II.

Des règles particulières aux mutations par successions[1].

Art. 293. Ceux qui voudront faire opérer, à leur profit, la mutation au cadastre des immeubles qui leur seront provenus d'une succession, devront en former la demande par requête adressée au président du tribunal civil.

A ces fins, ils déposeront au greffe, avec cette requête :

1° Les pièces constatant que ceux au nom desquels la mutation au cadastre doit être opérée, sont seuls successeurs, à titre héréditaire, de la personne décédée;

2° Le certificat du conservateur du cadastre justifiant que les immeubles à l'égard desquels la mutation est demandée, sont inscrits au cadastre sous le nom du défunt (*Loi du 1er février 1841, art. 72*).

Art. 294. Il sera gardé minute de l'ordonnance rendue par le président (*Loi du 1er février 1841, art. 73*).

Art. 295. En cas de refus du président, le requérant pourra se pourvoir par requête devant le tribunal civil, qui statuera sur les conclusions du ministère public.

Ce jugement sera susceptible d'appel (*Loi du 1er février 1841, art. 74*).

Art. 296. Si la mutation requise est accordée, l'ordonnance ou le jugement sera transcrit au bureau des hypothèques, conformément aux art. 275 et suivants (*Loi du 1er février 1841, art. 75*).

Art. 297. L'enfant naturel, le conjoint survivant ou l'État, qui, conformément aux art. 767 et suivants du Code civil, aurait obtenu l'envoi en possession des biens d'une personne inscrite au cadastre, fera opérer la mutation en son nom, par la transcription du jugement qui aura ordonné l'envoi en possession.

[1] Voyez les §§ 126 à 129 du *Commentaire*.

Il en sera de même de ceux qui auront obtenu l'envoi en possession définitif des biens d'un absent, conformément aux art. 129 et suivants du Code civil.

Le requérant devra joindre à sa requête l'état des immeubles qu'il veut faire inscrire en son nom (*Loi du 1er février 1841, art. 76*).

ART. 298. La mutation au cadastre d'un immeuble indivis, par suite de succession, ne pourra être faite que collectivement et au nom de tous les cohéritiers, encore qu'elle ne soit requise que par l'un d'eux ou par quelques-uns d'entre eux (*Loi du 1er février 1841, art. 77*).

SECTION III.

Des règles particulières à la division et à la réunion des parcelles[1].

ART. 299. Lorsque la mutation aura pour résultat de diviser une parcelle en plusieurs autres attribuées à divers propriétaires, le géomètre du cadastre fera placer les bornes nécessaires pour indiquer, sur le terrain, les lignes séparatives, et il dressera le plan de ces subdivisions sur la même échelle que les plans du cadastre[2].

ART. 300. Le géomètre du cadastre pourra, pour les opérations ci-dessus, transporter sur les lieux l'exemplaire des plans et registres du cadastre de la commune qui est déposé à la mairie.

ART. 301. Le plan mentionné en l'art. 299 sera remis au bureau des hypothèques en même temps que le titre soumis à la transcription; il sera ensuite déposé au bureau de la conservation du cadastre.

[1] Voyez les §§ 116 à 120 du *Commentaire*.

[2] Par un arrêté du Conseil d'État, en date du 21 octobre 1848, l'art. 299 a été remplacé par le suivant :

« Lorsque la mutation aura pour résultat de diviser une parcelle en deux « ou plusieurs parcelles attribuées à des propriétaires différents, les parties « intéressées seront tenues de faire placer sur le terrain les bornes nécessaires « pour indiquer les lignes séparatives des nouvelles parcelles.

« Après que ce bornage aura été opéré, le géomètre du cadastre dressera « le plan des nouvelles subdivisions sur la même échelle que les plans du ca- « dastre » (Voyez au *Supplément*, n° 15, la note sur les art. 5 et 6 de l'arrêté du 21 octobre 1848).

ART. 302. En cas de contravention à l'article précédent, la mutation au cadastre sera suspendue, et le titre soumis à la transcription sera retenu par le conservateur des hypothèques jusqu'à ce qu'il ait été rectifié.

Il sera procédé, dans ce cas, suivant les art. 288, 289 et 290 (*Loi du 1er février 1841, art. 69*).

ART. 303. Lorsqu'il y aura lieu à diviser une parcelle en deux ou plusieurs autres, le numéro de la parcelle divisée disparaîtra, et les nouvelles parcelles porteront de nouveaux numéros à la suite du dernier des numéros suivis de la commune.

ART. 304. Lorsque deux parcelles voisines seront réunies en tout ou en partie, les numéros de ces parcelles disparaîtront et les parcelles nouvellement créées porteront de nouveaux numéros à la suite du dernier des numéros suivis de la commune.

ART. 305. La disparution d'un numéro sera indiquée sur les registres des numéros suivis et sur les plans par un trait passé sur le numéro qui aura disparu. La disparution sur les plans d'une ligne séparative sera indiquée, sauf l'exception portée en l'article suivant, par une ligne tracée en zig-zag sur celle qui aura disparu.

ART. 306. Dans le cas où les lignes séparatives des parcelles seraient très-rapprochées les unes des autres, on indiquera la disparution d'une ligne séparative en écrivant à côté de cette ligne, et dans le sens de sa longueur, les deux lettres placées aux extrémités de cette ligne, et en tirant sur ces deux lettres un trait rouge parallèle à la ligne dont s'agit.

ART. 307. Le conservateur du cadastre indiquera sur les plans, par des lettres écrites en petits caractères, les sommets des nouveaux angles résultant de la division des parcelles, de manière que les polygones formés par toutes les parcelles, tant anciennes que nouvelles, puissent être désignés sur les registres d'une manière distincte.

ART. 308. Les lettres destinées à indiquer, conformément à l'article précédent, les polygones formés par les diverses parcelles, ne seront écrites sur les plans et les registres que lorsqu'il y aura lieu à un changement dans la configuration d'une parcelle. Dans ce cas, on placera des lettres aux sommets de tous les angles de la parcelle ou des parcelles qui doivent subir un changement, ainsi qu'à ceux des parcelles limitrophes et des parcelles nouvellement créées.

ART. 309. Les numéros des parcelles nouvelles seront indiqués, sur les plans, à la suite de l'indication du premier et du dernier des numéros placés par le géomètre lors de la confection des plans.

Lorsque plusieurs parcelles seront créées à la fois sur une même feuille, les numéros de ces parcelles se suivront, et on n'indiquera que le premier et le dernier numéro en les joignant par un tiret.

ART. 310. Lorsque la feuille d'un plan sera trop surchargée de lignes ou de numéros, pour que les changements qui surviendraient ultérieurement puissent y être indiqués avec clarté, le conservateur du cadastre dressera, sur une feuille nouvelle, les lignes séparatives et les bâtiments existant à l'époque de la création de la feuille.

Cette nouvelle feuille portera sa date ainsi que la désignation du conservateur; elle recevra tous les changements ultérieurs qui pourraient résulter des subdivisions et des réunions de parcelles, ainsi que ceux qui seraient produits par de nouvelles constructions; elle sera d'ailleurs assimilée, tant pour la minute que pour les copies, aux autres feuilles des plans du cadastre.

ART. 311. Les limites placées sur le terrain, afin d'indiquer la division d'une parcelle, seront en pierre taillée; les frais en seront supportés par les parties [1].

CHAPITRE II.

DES RECTIFICATIONS [2].

ART. 312. Aucune rectification concernant les lignes séparatives des propriétés ou les désignations des propriétaires, ne sera faite au cadastre qu'en vertu d'un acte transcrit au bureau des hypothèques (*Loi du 1er février 1841, art. 79*).

[1] Voyez le § 30 du *Commentaire*.
[2] Voyez le § 130 du *Commentaire*.

ART. 313. Toutes les règles mentionnées au chapitre précédent, sur le mode d'opérer les mutations et sur la forme des titres qui les constatent, seront applicables à ces rectifications (*Loi du 1er février 1841, art. 80*).

ART. 314. Les dispositions des deux articles précédents ne s'appliqueront point aux corrections concernant les erreurs qui auraient été commises en copiant les plans-minutes sur les mises au net, ou en transcrivant les registres provisoires sur les registres définitifs. Ces corrections seront faites d'office par le conservateur du cadastre, et mentionnées sur un registre particulier, qui sera coté et paraphé par un membre du département des finances (section du cadastre). La mention sera datée et signée par le conservateur.

CHAPITRE III.

DU MODE DE CONSTATER ET D'INDIQUER, SUR LES PLANS ET LES REGISTRES DU CADASTRE, LES CHANGEMENTS RELATIFS AUX BATIMENTS[1].

ART. 315. Dès que le département des finances aura connaissance, soit d'une démolition de tout ou partie d'un bâtiment, soit d'une construction nouvelle, soit enfin d'une réparation dont l'effet serait de changer la superficie du sol d'un bâtiment ou d'en altérer la nature, il rendra un arrêté prescrivant au géomètre du cadastre de lever le plan des parties démolies ou des constructions nouvelles, de vérifier la nature des bâtiments, et de faire apposer, s'il y a lieu, un nouveau numéro d'assurance.

Il en sera de même, lorsqu'une numérotation nouvelle aura été ordonnée et qu'il y aura lieu à inscrire sur un bâtiment un nouveau numéro d'assurance.

ART. 316. Dans le mois qui suivra l'arrêté ci-dessus, le géomètre du cadastre se rendra sur les lieux, afin de lever le plan de la nouvelle construction ou de la partie démolie, sur la même échelle que les plans du cadastre, de vérifier la nature des bâtiments mentionnés dans l'arrêté, et de faire apposer, s'il y a

[1] Voyez les §§ 63 à 66 et 133 du *Commentaire*.

lieu, un nouveau numéro. Le géomètre calculera aussi, en mesures métriques, la contenance des constructions nouvelles et des parties démolies. Il dressera enfin un procès-verbal de toutes ses opérations.

Art. 317. Dès que les opérations mentionnées en l'article précédent seront terminées, le géomètre remettra au bureau des hypothèques l'arrêté du département des finances, ainsi que le plan et le procès-verbal qu'il aura dressés.

Art. 318. Le procès-verbal et l'arrêté ci-dessus seront transcrits sur le registre des transcriptions, et mentionnés par le conservateur du cadastre sur le registre des mutations; le plan du géomètre sera ensuite déposé au bureau de la conservation du cadastre.

Art. 319. Le conservateur du cadastre opérera sur les plans et les registres du cadastre tous les changements indiqués en vertu des trois articles précédents.

Art. 320. Les constructions élevées sur un terrain où il n'existait pas antérieurement d'autre bâtiment, seront indiquées, sur les plans, par une teinte semblable à celle qui est prescrite par l'art. 123, pour les bâtiments existant sur le terrain, lors de la confection du cadastre.

Il en sera de même des constructions élevées sur le terrain d'un bâtiment démoli, si, la construction ayant suivi immédiatement la démolition, celle-ci n'a pas été indiquée sur les plans.

Art. 321. Les constructions démolies et les constructions élevées sur un terrain où existait un bâtiment dont la démolition avait été indiquée sur les plans, seront désignées par deux teintes particulières. Ces teintes différeront de celle qui est mentionnée en l'art. 320.

Art. 222. Le conservateur du cadastre indiquera sur les plans, par des lettres rouges écrites en petits caractères, les sommets des angles des bâtiments, de manière que les polygones formés par les bâtiments, tant anciens que nouveaux, puissent être désignés d'une manière distincte.

Art. 323. Dans le cas prévu par l'article précédent, la suite des lettres indiquant le contour d'un bâtiment, sera écrite en caractères rouges dans l'intérieur du bâtiment ancien et dans l'intérieur du nouveau bâtiment. Un trait noir sera tiré sur la suite des lettres indiquant le bâtiment qui aura disparu ou celui dont la superficie aura été altérée.

ART. 324. Les lettres mentionnées aux deux articles précédents ne seront portées sur les plans et sur les registres que dans le cas où les contours des bâtiments anciens pourraient se confondre avec ceux des nouveaux.

ART. 325. Les nouveaux numéros d'assurance seront indiqués sur les registres et sur les plans; un trait sera tiré sur les numéros qui auront disparu.

CHAPITRE IV.

DU MODE DE CONSERVATION DES PLANS ET REGISTRES DU CADASTRE[1].

ART. 326. Les plans et registres du cadastre, déposés dans les archives cantonales, ne pourront y être consultés, par les particuliers, que sur une autorisation délivrée par un des membres du département des finances (section du cadastre), ou par l'un des présidents de la Cour de justice ou du tribunal civil.

ART. 327. Le mode de conservation de ces plans et registres sera déterminé par un règlement intérieur.

ART. 328. La conservation, dans les archives cantonales, des registres de conciliations opérées par les prud'hommes, sera assimilée à celle des registres des tribunaux.

ART. 329. Les changements opérés dans les plans du cadastre de la ville de Genève seront reproduits, dans le délai d'un mois, sur les plans déposés aux archives de la commune.

ART. 330. Les maires des communes, autres que la ville de Genève, remettront au bureau de la conservation du cadastre, et aux époques qui seront fixées par le département des finances, les copies des plans et des registres du cadastre de leur commune, afin d'y faire insérer les changements survenus précédemment[2].

ART. 331. Le dépôt mentionné en l'article précédent, durera quatre semaines au plus[2].

[1] Voyez le § 135 du *Commentaire*.

[2] Les art. 330 et 331 ci-dessus ont été abrogés par un règlement du 16 janvier 1847 (Voyez *Supplément*, n° 13, et le § 136 du *Commentaire*).

CHAPITRE V.

DES FONCTIONS, DE LA SURVEILLANCE ET DE LA RESPONSABILITÉ DU CONSERVATEUR ET DU GÉOMÈTRE DU CADASTRE [1].

SECTION PREMIÈRE.

Dispositions générales.

Art. 332. Le conservateur et le géomètre du cadastre seront sous la surveillance du département des finances. Ils seront nommés par le Conseil d'État.

Art. 333. Toutes les fois que le département des finances aura à délibérer et à statuer sur des questions relatives au cadastre, il se formera en section spéciale, et il lui sera adjoint un membre du département de l'intérieur et un membre du département de justice et police [2].

SECTION II.

Dispositions relatives au conservateur du cadastre.

Art. 334. Le conservateur du cadastre nommera et révoquera tous les employés du bureau de la conservation du cadastre.

Art. 335. Le registre des mutations sera écrit sans blanc ni interligne. Tous les articles en seront signés au fur et à mesure par le conservateur.

Art. 336. Le conservateur inscrira sur les plans et les divers registres du cadastre les mutations et les rectifications, ainsi que les changements relatifs aux bâtiments, au fur et à mesure qu'ils seront mentionnés dans le registre des mutations. Il mentionnera en marge de chaque article de ce registre les inscriptions qu'il aura ainsi opérées, et il signera cette mention.

Art. 337. Le conservateur du cadastre remettra en outre au département des finances, dans la première quinzaine de chaque mois, un extrait du registre des mutations indiquant les changements opérés dans le mois précédent.

[1] Voyez le § 188 du *Commentaire*.

[2] L'art. 333 a été abrogé par un arrêté du Conseil d'État du 29 février 1848 (Voyez cet arrêté au n° 14 du *Supplément*).

ART. 338. Le conservateur du cadastre sera responsable envers les particuliers des dommages qu'il aura pu leur causer par les erreurs ou omissions qu'il aurait commises, soit dans les certificats délivrés aux fins de constater les inscriptions des divers propriétaires sur les registres du cadastre, soit dans les insertions sur les plans et les registres, des mutations, des rectifications, ou des changements relatifs aux bâtiments, qui seraient constatés par le registre des transcriptions.

ART. 339. Le conservateur du cadastre ne sera point responsable des erreurs qui existeraient sur les actes de mutation ou de rectification, ou sur les registres de transcription, ni de celles qui auraient été commises par le géomètre du cadastre, dans les plans ou procès-verbaux faits en vertu des art. 299 et 316, ni, enfin, de celles qu'auraient commises les conservateurs précédents.

ART. 340. La responsabilité mentionnée en l'art. 337 durera pendant tout le temps que le conservateur sera en office, et elle sera prolongée six années après la cessation de ses fonctions. Dès que ces six années seront expirées, le conservateur ou ses héritiers seront affranchis de toute responsabilité.

ART. 341. Afin d'assurer la responsabilité du conservateur du cadastre, il fournira un cautionnement de 24,000 fr., en immeubles situés dans le canton. Ce cautionnement demeurera spécialement et exclusivement affecté à la responsabilité du conservateur pour les erreurs ou les omissions dont il est garant envers les particuliers. Cette affectation subsistera six années après la cessation des fonctions du conservateur [1].

ART. 342. En cas de maladie ou d'autre empêchement, le conservateur du cadastre pourra se faire remplacer par un délégué. Celui-ci devra être agréé par le Conseil d'État. Le conservateur sera responsable pour son délégué, sauf son recours contre ce dernier.

SECTION III.

Dispositions relatives au géomètre du cadastre.

ART. 343. Le géomètre du cadastre est chargé de lever les

[1] Voyez le § 138 du *Commentaire*.

plans et de rédiger les procès-verbaux mentionnés aux art. 299 et 316.

ART. 344. Le géomètre du cadastre est responsable envers les particuliers de la régularité de ses plans et de ses procès-verbaux.

ART. 345. Les tolérances accordées au géomètre du cadastre seront les quatre cinquièmes de celles qui sont mentionnées aux art. 151, 155 et 235.

Tous les plans dressés par le géomètre du cadastre seront signés par lui.

ART. 346. Le géomètre du cadastre fournira un cautionnement hypothécaire de 10,000 fr., qui sera affecté spécialement à la responsabilité du géomètre pour les irrégularités dont il est garant.

Cette affectation durera six années après que le géomètre aura cessé ses fonctions. Après cette époque, le géomètre ou ses héritiers seront déchargés de toute responsabilité.

ART. 347. En cas de maladie ou d'autre empêchement, le géomètre du cadastre pourra se faire remplacer par un délégué. Celui-ci devra être agréé par le Conseil d'État.

Le géomètre sera responsable pour son délégué, sauf son recours contre ce dernier.

TITRE TROISIÈME.

DISPOSITIONS CONCERNANT LE MODE DE TRANSITION DE L'ANCIEN AU NOUVEAU CADASTRE.

CHAPITRE Ier.

DISPOSITIONS GÉNÉRALES.

ART. 348. Lorsque la reconnaissance des bulletins d'une commune aura commencé et ne sera pas terminée, les titres relatifs à la mutation d'un immeuble situé dans cette commune ne pourront être présentés à la transcription qu'autant qu'ils seront accompagnés d'un certificat du conservateur du cadastre constatant que le bulletin concernant l'immeuble qui fait l'objet de la mutation n'a pas été reconnu par l'ancien propriétaire, ou que, s'il l'a été, le nouveau propriétaire a fait la reconnaissance d'un nouveau bulletin, conformément à l'acte de mutation.

ART. 349. En cas de contravention à l'article précédent, le titre constatant la mutation sera retenu par le conservateur des hypothèques jusqu'à ce que le certificat du conservateur du cadastre lui ait été présenté.

ART. 350. Dès que le Conseil d'État aura rendu un arrêté, aux fins d'ordonner, dans une commune, l'achèvement des plans et des registres définitifs, conformément à l'art. 46 de la loi du 1er février 1841, les mutations ou rectifications relatives à des immeubles situés dans cette commune ne pourront s'opérer que conformément aux dispositions des chapitres Ier et II du titre II, *sur les règles applicables au cadastre déclaré définitif.*

ART. 351. Aussitôt que l'arrêté prescrit par l'art. 46 de la loi du 1er février 1841 aura été rendu pour l'une des communes du canton, il sera ouvert au bureau des hypothèques une nouvelle série de volumes de transcription, laquelle sera désignée par le nom de *Série des communes cadastrées.*

Tous les actes de mutation ou de rectification concernant des immeubles situés dans une commune cadastrée, seront transcrits dans cette nouvelle série. Le conservateur des hypothèques continuera à transcrire les actes relatifs aux immeubles situés dans les autres communes, sur la série actuelle des volumes de transcription.

ART. 352. Tout acte soumis à la transcription et concernant des immeubles situés en partie dans des communes cadastrées et en partie dans des communes non cadastrées, sera transcrit sur les registres de la nouvelle série et sur ceux de l'ancienne.

ART. 353. Seront constamment affichés au bureau du cadastre, au bureau de la conservation du cadastre, au bureau des hypothèques, au greffe et à la salle des audiences du tribunal civil :

1° Le tableau des communes où la reconnaissance des bulletins aura commencé;

2° Le tableau des communes où la reconnaissance des bulletins aura été terminée, sans que le cadastre y ait été déclaré définitif;

3° Le tableau des communes où le cadastre aura été déclaré définitif.

CHAPITRE II.

DISPOSITIONS SPÉCIALES CONCERNANT LES SAISIES IMMOBILIÈRES.

ART. 354. Si la reconnaissance d'un bulletin concernant un immeuble saisi, n'a pas eu lieu avant l'apposition des placards, elle sera ajournée après l'adjudication, à moins que cet ajournement ne retarde l'achèvement des plans et la confection des registres définitifs.

ART. 355. Lorsque les placards d'une saisie auront été apposés avant la reconnaissance du bulletin concernant un immeuble saisi, et qu'il y aura lieu à cette reconnaissance avant l'adjudication, le bulletin sera reconnu tant par le propriétaire saisi que par le créancier poursuivant. Dans ce but, on fera à ce créancier les notifications exigées par les art. 161 et suivants.

ART. 356. En cas de dissentiment entre le propriétaire saisi et le créancier poursuivant, dans la fixation d'une des lignes séparatives entre une parcelle saisie et une parcelle voisine, le prud'homme statuera. Cette décision produira tous les effets des décisions rendues par les prud'hommes dans les cas prévus par les art. 175 et suivants.

ART. 357. Dans le cas où le bulletin concernant un immeuble saisi aura été reconnu, entre l'époque de l'apposition des placards et celle de l'adjudication, il sera donné lecture, lors de l'ouverture des enchères et lors de la mise aux enchères des divers lots, des numéros du nouveau cadastre et de la contenance de chacun de ces lots.

Ces nouvelles désignations seront conformes au certificat délivré par le conservateur du cadastre, et elles seront reproduites dans l'ordonnance d'adjudication.

ART. 358. Lorsqu'il y aura lieu à la saisie d'un immeuble porté dans un bulletin reconnu, et que la reconnaissance de tous les bulletins de la commune n'aura pas eu lieu, le certificat du conservateur du cadastre ainsi que les placards indiqueront que les numéros affectés aux parcelles saisies sont provisoires, et qu'il pourra en être substitué d'autres par l'ordonnance d'adjudication.

ART. 359. Lors de l'ouverture des enchères et lors de la mise aux enchères de chaque lot, il sera donné lecture des numéros qui auront été attribués définitivement aux parcelles saisies.

Ces nouvelles désignations seront conformes au certificat délivré par le conservateur du cadastre, et elles seront reproduites dans l'ordonnance d'adjudication.

DISPOSITION TRANSITOIRE

RELATIVE A LA DÉSIGNATION DE L'IMMEUBLE SAISI.

ART. 360. Dans les communes où le nouveau cadastre ne sera pas encore terminé, les désignations de l'immeuble saisi, dans les placards de saisie, seront conformes au certificat délivré par le géomètre du cadastre. Ce certificat indiquera les confins de chaque parcelle et leur contenance à un vingtième près.

TABLE.

TITRE II.

RÈGLES APPLICABLES AU CADASTRE DÉCLARÉ DÉFINITIF.

TITRE III.

DISPOSITIONS CONCERNANT LE MODE DE TRANSITION DE L'ANCIEN AU NOUVEAU CADASTRE.

SUPPLÉMENT

A LA LOI SUR LE CADASTRE DU 1er FÉVRIER 1841

ET

AU RÈGLEMENT GÉNÉRAL SUR LE CADASTRE DU 14 OCTOBRE 1841,

OU

LOIS, RÈGLEMENTS, ARRÊTÉS ET INSTRUCTIONS

POSTÉRIEURS A L'ANNÉE 1844.

SUPPLÉMENT

A LA LOI SUR LE CADASTRE DU 1er FÉVRIER 1841 ET AU RÈGLEMENT GÉNÉRAL SUR LE CADASTRE DU 14 OCTOBRE 1844,

OU

LOIS, RÈGLEMENTS, ARRÊTÉS ET INSTRUCTIONS

POSTÉRIEURS A L'ANNÉE 1844.

N° 1.

ARRÊTÉ DU DÉPARTEMENT DES TRAVAUX PUBLICS
relatif aux bâtiments indivis,

du 11 avril 1845[1].

§ 1er. Lorsqu'un bâtiment sera indivis entre plusieurs propriétaires, que les portions seront distinctes et que l'une d'elles au moins se projettera sur une même partie du sol, le géomètre reproduira ce bâtiment sur une feuille à ce destinée, à l'échelle de *un deux cent cinquantième.*

§ 2. Dans le cas prévu par l'article précédent, seront considérées comme faisant partie de la même parcelle que le bâtiment, les portions de terrain non bâties attenantes à ce bâtiment, si elles appartiennent à l'un des copropriétaires indivis et si leur surface est au-dessous de vingt-cinq mètres.

[1] Voyez le § 66 du *Commentaire.*

9.

§ 3. Le géomètre tracera les lignes séparatives des portions qui se projettent sur une même partie du sol; il les distinguera par des lettres particulières, et il indiquera au registre préparatoire la nature de la séparation de ces portions, leur surface et les noms de leurs propriétaires.

§ 4. Le dessin de chaque bâtiment et les mentions correspondantes inscrites au registre préparatoire, seront reproduites au registre des bâtiments à l'article de ce registre qui concerne ce bâtiment.

N° 2.

ARRÊTÉ DU CONSEIL D'ÉTAT

relatif à la distinction entre les biens du mari et ceux de la communauté,

du 2 mai 1845[1].

Le Conseil d'État,

Considérant que le but essentiel de la loi du 1er février 1841, sur le cadastre, est de faire inscrire chaque immeuble au nom de son véritable propriétaire, et qu'il est en conséquence indispensable d'indiquer dans les actes et jugements translatifs ou déclaratifs de propriété, si un immeuble devient la propriété exclusive de l'acquéreur, ou s'il tombe dans la communauté qui pourrait exister entre deux époux;

Vu les art. 2, 55 et 61 de la loi du 1er février 1841,

Arrête:

§ 1er. Tout titre translatif ou déclaratif d'une propriété immobilière acquise par un homme actuellement marié, énoncera si l'acquisition est faite par le mari en son nom personnel, ou par la communauté qui existerait entre lui et sa femme.

§ 2. Seront applicables, en cas de contravention à l'article précédent, les dispositions de l'art. 288 du *Règlement général sur le cadastre du 14 octobre 1844*.

[1] Voyez le § 85 du *Commentaire* et l'Instruction du 24 mai 1845 (*Supplément*, n° 3).

N° 3.

INSTRUCTION DU DÉPARTEMENT DE L'INTÉRIEUR (SECTION DU CADASTRE)

pour MM. les conservateurs des hypothèques et du cadastre, et pour M. le commissaire chargé par le Conseil d'État de la reconnaissance des bulletins, relativement à l'exécution de l'arrêté du 2 mai 1845 concernant la distinction des biens du mari et de ceux qui appartiennent à la communauté,

du 24 mai 1845[1].

§ 1er. M. le directeur du cadastre distinguera, autant que possible, sur les registres préparatoires, les immeubles appartenant à la communauté qui existerait entre deux époux de ceux qui sont la propriété particulière du mari, et M. le commissaire, lors de la reconnaissance des bulletins, prendra toutes les informations nécessaires pour établir cette distinction sur les registres définitifs. Toutefois, dans le cas où des immeubles de la communauté seraient contigus à des immeubles propres au mari, M. le directeur du cadastre n'en fera, lors de l'établissement des registres, qu'une seule parcelle qui sera portée au compte collectif du mari et de la communauté.

§ 2. Afin de faciliter à MM. les notaires et à M. le conservateur des hypothèques l'exécution de l'arrêté du 2 mai, M. le conservateur des hypothèques devra envisager, comme conformes à cet arrêté, les actes déclaratifs ou translatifs de propriété immobilière dans lesquels on aura observé les règles qui suivent :

a. Si l'acquisition est faite au nom d'un tuteur pour son pupille, au nom d'une société ou d'un établissement public, ou encore au nom d'une femme, le notaire ne sera tenu à aucune interpellation ni à aucune mention relativement à l'arrêté du 2 mai; mais, dans les autres cas, l'acquéreur devra déclarer, sur l'interpellation du notaire, s'il est actuellement marié ou s'il ne l'est pas.

b. Si l'acquéreur déclare qu'il est marié, le notaire lui de-

[1] Voyez le § 85 du *Commentaire*.

mandera s'il est marié sous le régime de la communauté et si son mariage a été célébré dans le canton postérieurement au 25 février 1804, date de la promulgation dans le département du Léman du titre V, livre 3 du Code civil sur le contrat de mariage.

c. Si le mariage a été célébré dans le canton, l'acquéreur devra justifier par la production de son contrat de mariage qu'il n'existe pas de communauté entre lui et sa femme, et, en ce cas, l'acte translatif ou déclaratif de propriété énoncera la date du contrat de mariage et le nom du notaire qui l'aura reçu.

§ 3. M. le conservateur des hypothèques observera des règles analogues à celles ci-dessus pour les ordonnances d'adjudication qui lui seront remises par M. le greffier du tribunal civil.

N° 4.

EXTRAIT DE LA LOI

sur la contribution foncière,

du 11 juin 1848[1].

Dans les communes pour lesquelles le nouveau cadastre n'aura pas été déclaré définitif, le contingent de la contribution non bâtie qui leur est attribué, continuera à être réparti entre les divers propriétaires d'après les bases de la classification adoptée en 1831.

Dans les communes pour lesquelles un arrêté du Conseil d'État aura déclaré le nouveau cadastre définitif, et dans l'année qui suivra la date dudit arrêté, le contingent de la contribution foncière non bâtie qui est attribué auxdites communes, sera réparti entre les divers propriétaires de la commune au *prorata* de la contenance attribuée par le nouveau cadastre à chaque propriété, conformément aux règles ci-après :

a. Le Conseil d'État pourra diviser chaque commune en sections, d'après les différentes qualités du terrain, dont il ne pourra être fait plus de trois classes.

[1] Voyez les §§ 36 et 136 du *Commentaire.*

b. Le périmètre de ces sections devra être déterminé par des rues, des chemins, des rivières ou des cours d'eau.

c. Le Conseil d'État déterminera dans chaque commune la différence proportionnelle à établir entre chaque classe de terrain.

d. Le contingent de contribution attribué à la commune, sera réparti entre les sections qui composeront chaque classe de terrain au *proraia* de leur contenance, dans la proportion ainsi fixée.

e. Dans chacune des sections ci-dessus mentionnées, le contingent de la contribution foncière qui lui sera attribué, sera réparti entre les propriétaires de la section au *prorata* de la contenance attribuée par le nouveau cadastre à chaque propriété.

N° 5.

ARRÊTÉ DU CONSEIL D'ÉTAT

concernant les numéros d'assurance des bâtiments dans les communes rurales,

du 30 juin 1848 [1].

Le Conseil d'État,

Considérant que, d'après l'art. 63 de la loi sur le cadastre du 1er février 1841, les numéros d'assurance des bâtiments doivent être inscrits au cadastre, et qu'il est en conséquence indispensable de soumettre à des règles uniformes l'apposition de ces numéros sur les bâtiments.

Vu les dispositions des art. 125, 315 et suivants du *Règlement général sur le cadastre du 14 octobre 1844.*

Arrête:

§ 1er. Le propriétaire qui aurait fait construire un bâtiment nouveau, qui aurait supprimé un bâtiment existant ou qui en aurait changé la superficie par des travaux quelconques, devra en informer, dans le plus bref délai, le département des finances.

§ 2. Il est défendu aux particuliers de supprimer, de modi-

[1] Voyez les §§ 64 et 65 du *Commentaire.*

fier, d'altérer ou de masquer d'une manière quelconque, les numéros d'assurance d'un bâtiment et d'en apposer eux-mêmes sur les bâtiments nouveaux.

§ 3. Lorsque, par vétusté ou par toute autre cause, les numéros d'assurance auront été endommagés ou effacés, les propriétaires des maisons devront en donner connaissance immédiatement au département des finances ou au maire de leur commune. Dans ce dernier cas, le maire communiquera, dans le plus bref délai, au département des finances l'avis qui lui aura été donné par le propriétaire.

§ 4. Le géomètre du cadastre se rendra, au moins une fois par année, dans chaque commune, afin d'inspecter l'état des numéros apposés sur les divers bâtiments, et de signaler au département des finances les constructions nouvelles qui n'auraient pas été indiquées, ainsi que les bâtiments où les numéros auraient été supprimés ou altérés, sans qu'aucun avis en ait été donné par les propriétaires à l'administration.

§ 5. Les numéros d'assurance des nouveaux bâtiments, ainsi que ceux qui sont destinés à remplacer les numéros supprimés, endommagés ou effacés, seront apposés par un agent du cadastre, d'après les ordres et sous la direction du département des finances. Les frais auxquels cette opération donnera lieu seront pris sur les fonds alloués pour la confection du cadastre.

§ 6. Les dispositions des cinq articles précédents sont applicables à toutes les communes autres que la ville de Genève; elles y deviendront exécutoires au fur et à mesure que les opérations du cadastre y auront commencé.

§ 7. Les personnes qui contreviendraient aux dispositions du présent règlement, seront passibles d'une amende qui pourra s'élever jusqu'à quinze francs.

N° 6.

INSTRUCTION DU DÉPARTEMENT DE L'INTÉRIEUR ET DES TRAVAUX PUBLICS (DIVISION DU CADASTRE)

réglant le mode suivant lequel les propriétaires inscrits au cadastre doivent y être désignés,

du 7 août 1845[1].

Art. 1er. Dans tous les registres du cadastre, et dans tous les cas, les noms de famille seront écrits en caractères plus gros que les autres mots, et les prénoms seront mis à la suite du nom de famille et du surnom, s'il y a lieu, et rangés dans l'ordre alphabétique.

Le surnom sera toujours précédé du mot « *dit.* »

Art. 2. Tout propriétaire autre qu'un corps moral sera désigné dans les divers registres du cadastre :

1° Par son nom de famille, puis par son surnom, s'il y a lieu;

2° Par ses prénoms;

3° Par les prénoms de son père, précédés des mots « *fils de* » ou « *fille de,* » sauf le cas prévu par l'art. 13 pour les parcelles indivises.

Si les prénoms du père sont inconnus, on les remplacera par ceux de la mère, et si les prénoms de celle-ci sont aussi inconnus, par les mots « *de parents dont les prénoms sont inconnus.* »

Ces désignations étant une fois inscrites sur les registres ne pourront plus être modifiées que par un jugement.

Art. 3. Indépendamment des trois désignations constantes mentionnées en l'article précédent, le propriétaire autre qu'un corps moral, une hoirie ou une communauté entre époux, sera désigné de la manière suivante dans le compte particulier qui lui sera ouvert sur le registre des propriétaires :

a. Si le propriétaire est un homme majeur, il sera désigné, en quatrième lieu, par son état ou sa profession;

En cinquième lieu, par son domicile, précédé des mots « *domicilié à;* »

En sixième lieu, par le chiffre de l'année où le compte a été ouvert, précédé du mot « *en.* »

[1] Voyez le § 85 du *Commentaire*.

b. Si le propriétaire est une fille majeure, la désignation sera la même que pour l'homme majeur, toutefois en faisant précéder l'indication de la profession des mots « *fille majeure* ».

c. Si le propriétaire est une femme mariée, on indiquera, en quatrième lieu, le nom et le surnom du mari, précédés des mots « *femme de* » ;

En cinquième lieu, les prénoms du mari ;

En sixième lieu, la profession ou l'état du mari ;

En septième lieu, le domicile du mari, précédé des mots « *domicilié à* » ;

En huitième lieu, le chiffre de l'année où le compte a été ouvert, précédé du mot « *en* ».

d. Si le propriétaire est une veuve, on indiquera en quatrième lieu, le nom et le surnom du mari, précédés des mots « *veuve de* » ;

En cinquième lieu, les prénoms du mari ;

En sixième lieu, la profession de la veuve ;

En septième lieu, le domicile de la veuve, précédé des mots « *domiciliée à* ».

En huitième lieu, le chiffre de l'année où le compte a été ouvert, précédé du mot « *en* ».

e. Si le propriétaire est en état de minorité, on indiquera seulement le chiffre de l'année où le compte aura été ouvert, en le faisant précéder des mots « *mineur en* » ou « *mineure en.* » On ajoutera ensuite les mots « *sous la tutelle de* » qu'on fera suivre d'une désignation du tuteur ou de la tutrice, conforme aux art. 2 et 3.

Art. 4. Le compte ouvert à une communauté entre époux indiquera :

1° Le nom et le surnom du mari, précédés des mots « *la communauté entre* » ;

2° Les prénoms du mari ;

3° Les prénoms du père du mari, précédés des mots « *fils de* » ;

4° Le nom de la femme, précédé du mot « *et* » ;

5° Les prénoms de la femme, suivis des mots « *sa femme* ».

Ces désignations une fois inscrites sur les registres ne pourront plus être modifiées que par un jugement.

Art. 5. Indépendamment des désignations constantes exigées

par l'article précédent pour indiquer la communauté entre époux, on y ajoutera, dans le compte particulier ouvert à cette communauté :

1° La profession ou l'état du mari, précédé des mots «*le mari*» ;

2° Le domicile du mari, précédé des mots «*domicilié à*» ;

3° Le chiffre de l'année où le compte a été ouvert, précédé du mot «*en*».

ART. 6. Les désignations exigées par les art. 3 et 5, et concernant l'état ou la profession et le domicile d'un individu inscrit au cadastre, ainsi que sa qualité de femme, de fille majeure, de veuve, de mineur, continueront à subsister sur les registres, quelles que soient d'ailleurs les modifications apportées postérieurement à ces désignations et mentionnées dans des actes authentiques présentés à la transcription.

Toutefois, lorsque postérieurement à ces actes, l'individu dont s'agit, sera encore inscrit au cadastre comme propriétaire, on ajoutera aux désignations déjà indiquées les désignations analogues fournies par lesdits actes, en mentionnant l'année où ce supplément de désignations aura été ajouté.

Ces désignations supplémentaires seront seulement portées au compte particulier ouvert à l'individu dont s'agit sur le registre des propriétaires et au répertoire dudit registre ; elles ne seront point portées au registre des numéros suivis.

ART. 7. Les désignations mentionnées aux art. 2, 3, 4 et 5 et les désignations supplémentaires prescrites par l'art. 6, seront reproduites dans les certificats du conservateur de la manière suivante :

« N. Pierre, fils de Paul, inscrit au cadastre en 1845 sous la désignation de *Conseiller d'État domicilié à Genève*, et en 1854 sous la désignation de *Maire de la commune de Cologny, domicilié à Cologny*. »

ART. 8. Le compte ouvert à une hoirie indiquera :

1° Le nom et le surnom du défunt, précédés des mots «*l'hoirie de*» ;

2° Les prénoms du défunt ;

3° Les prénoms du père du défunt;

4° La profession ou l'état du défunt au moment du décès, précédé des mots « *quand vivait.* »

Si le défunt est une femme ou une veuve, on fera précéder l'indication de la profession des mots « *femme de* » ou « *veuve de,* » et on fera suivre ces mots du nom et du prénom du mari. Les mots « *quand vivait* » seront, dans ce cas, avant les mots « *femme de* » ou « *veuve de.* »

5° Le domicile du défunt à l'époque du décès, précédé des mots « *domicilié à* ».

Art. 9. Dans le compte ouvert à un corps moral sur le registre des propriétaires et dans le répertoire correspondant, le mot principal sera indiqué le premier et écrit dans les mêmes caractères que les noms de famille, et les mots qui, dans le langage ordinaire, auraient dû précéder ce mot principal seront placés à la suite entre parenthèses. Ainsi on désignera la Société économique, l'Hôpital de Genève, la commune de Plainpalais etc., de la manière suivante :

Économique (la Société).
Hôpital de Genève (l').
Plainpalais (la commune de).

Les Sociétés anonymes seront indiquées de la même manière, en y ajoutant le siége de l'établissement et la date de l'autorisation du Conseil d'État. Ainsi on désignera la Société pour l'éclairage au gaz, comme suit :

Gaz (la Société génevoise pour l'éclairage au), établie à Genève et autorisée le 22 janvier 1844.

Enfin, quant aux Sociétés commerciales, elles seront désignées par la raison sociale, en indiquant entre parenthèses, si la Société est en nom collectif ou en commandite, et en ajoutant la date de l'inscription au greffe.

Ainsi la Société *Lombard Odier et Comp.* serait indiquée comme suit :

Lombard Odier et Comp. (la Société en commandite), inscrite au greffe le

Art. 10. L'ordre alphabétique sera suivi pour l'ouverture à

une même époque des divers comptes du registre des propriétaires.

Si le nom de famille est le même, on suivra l'ordre alphabétique des prénoms.

Si les prénoms sont les mêmes, on suivra l'ordre alphabétique des prénoms du père.

ART. 11. Toute parcelle indivise entre plusieurs propriétaires sera portée à un compte ouvert collectivement à tous les propriétaires, et, en outre, à chacun des comptes particuliers ouverts à ceux-ci.

ART. 12. Tout compte collectif commencera par les mots: *Compte ouvert collectivement à*. Les propriétaires désignés dans ce compte seront ensuite indiqués dans l'ordre alphabétique, en faisant précéder les noms et prénoms de chaque propriétaire des chiffres 1°, 2°, 3°, etc., et en les faisant suivre du numéro du compte particulier ouvert au propriétaire désigné; le numéro du compte particulier, précédé des lettres C. p. sera écrit entre parenthèses.

ART. 13. Chacun des propriétaires d'une ou de plusieurs parcelles indivises sera désigné au compte collectif correspondant par son nom de famille et ses prénoms seulement. Les prénoms du père ne seront indiqués, pour désigner le propriétaire d'une parcelle indivise, que si ce propriétaire a le même nom et les mêmes prénoms que l'un des autres copropriétaires portés au même compte collectif.

Si l'un des propriétaires était une communauté, on n'indiquera que les noms de famille et les prénoms du mari et de la femme, et on suivra, pour les autres indications, les règles prescrites par l'art. 4.

ART. 14. Le compte particulier ouvert au propriétaire qui est le premier indiqué dans un compte collectif, suivra immédiatement ce compte collectif; les autres comptes particuliers seront à leur rang, d'après l'ordre alphabétique.

ART. 15. La part attribuée à chaque propriétaire d'une parcelle indivise ne sera indiquée, dans le registre préparatoire, que dans le cas où elle aura été fixée par une convention; elle ne sera jamais indiquée, lorsqu'il s'agira d'une cour indivise entre les propriétaires voisins, et, en général, d'une portion de terrain qui ne peut servir qu'à l'usage exclusif des voisins.

Cette part ne sera indiquée sur les registres définitifs que lorsqu'elle aura été reconnue par tous les intéressés sur le registre préparatoire.

Art. 16. Lorsqu'il y aura lieu à indiquer la part de chaque propriétaire d'une parcelle indivise, elle sera indiquée à la colonne des observations du compte collectif et à celle de chaque compte particulier.

On indiquera dans le compte collectif la part de chacun, et dans chaque compte particulier, la part seulement de la personne désignée dans ce compte. Cette part sera désignée sous la forme d'une fraction.

L'indication de cette part dans un compte collectif sera inscrite comme suit :

« La première personne désignée dans le présent compte a droit à un quart; la seconde à deux quarts; la troisième à un quart. »

Si toutes les parts étaient égales, on l'indiquera ainsi qu'il suit :

« Les parts des copropriétaires désignés au présent compte dans la parcelle (ou dans les parcelles) ci-contre, sont égales. »

Dans le compte particulier, la part sera indiquée ainsi qu'il suit :

« Le propriétaire porté au présent compte a droit à un cinquième » (Voy. C. C. 203).

Art. 17. Les numéros des parcelles portées dans un même compte et à la même époque, devront se suivre dans leur ordre de numérotation; en conséquence, les parcelles indivises portées à des comptes particuliers s'intercaleront, s'il y a lieu, dans leur ordre de numéro, parmi les parcelles non indivises portées au même compte.

Art. 18. Le numéro d'une parcelle indivise portée à un compte particulier y sera précédé du mot *« ind. »* Les contenances n'y seront point indiquées et elles seront remplacées par des tirets; on y indiquera, s'il y a lieu, le nom de l'habitation et l'article du registre des bâtiments; enfin, on y mentionnera, à la colonne des observations, le numéro du compte collectif; ce numéro y sera précédé de l'indication de la part indivise, dans les cas prévus par l'art. 16.

ART. 19. La désignation du propriétaire d'une parcelle sera la même sur le registre des numéros suivis que sur celui des propriétaires.

Toutefois les mots :

fils de ou fille de	seront mis en abrégé sous la forme ci-contre	f.
domicilié à		à
la communauté entre		la C_t ent.
quand vivait		q. v.

Si la parcelle est indivise, la désignation des propriétaires sera conforme à celle qui est exigée, pour le compte collectif correspondant, par l'art. 12, en supprimant toutefois le mot *collectivement*.

ART. 20. Les désignations d'un propriétaire dans le registre des numéros suivis seront suivies du numéro du compte particulier ouvert à ce propriétaire, mis entre parenthèses et précédé de la lettre C.

Dans le cas où la parcelle serait indivise, les désignations de chaque propriétaire seront suivies du numéro du compte particulier ouvert à ce propriétaire et précédé des lettres C. p., conformément aux art. 12 et 19. Dans le même cas, le numéro du compte collectif sera mis à la suite du numéro du compte particulier ouvert au dernier des propriétaires, d'après l'ordre alphabétique, et sera précédé du signe C. C.

ART. 21. Dans le cas où la part de chaque propriétaire d'une parcelle indivise serait indiquée sur le registre des propriétaires, cette part sera indiquée sur le registre des numéros suivis par une fraction mise entre parenthèses, et précédant le numéro du compte particulier.

ART. 22. Lorsque l'un des époux mariés en communauté aura un compte particulier pour ses biens propres, les parcelles inscrites au compte de la communauté seront indiquées, à leur ordre de numéro, dans ce compte particulier. Dans ce cas, le numéro de la parcelle faisant partie de la communauté sera précédé du mot « *com.* »; les contenances ne seront point indiquées et elles seront remplacées par des tirets. On indiquera, s'il y a lieu, le nom de l'habitation et l'article du registre des bâtiments correspondant; enfin, on mentionnera à la colonne des observations, et vis-à-vis du numéro de la parcelle dont s'agit, le numéro du compte de communauté correspondant ainsi qu'il suit :

« *Voyez compte de communauté, N°* »

ART. 23. Lorsque le domicile du propriétaire sera un village, un hameau ou une habitation isolée de la commune où les biens sont situés, le nom de la commune ne sera point indiqué; il en sera de même toutes les fois que la dénomination du domicile sera identique avec le nom ou l'un des noms de la commune; dans tous les autres cas, on ajoutera à la dénomination du domicile celle de la commune où se trouve ce domicile.

Exemple : Dans les registres de Bernex-Onex-Confignon, le domicile du propriétaire, domicilié à Sézenove, sera indiqué comme suit :

« *Un tel domicilié à Sézenove;* mais dans les registres de Compésières, on ajouterait à la désignation ci-dessus les mots « Commune de Bernex-Onex-Confignon.

Autre exemple : Si un individu est domicilié à Onex, on l'indiquera ainsi : « *Un tel domicilié à Onex* » et cela, soit dans les registres de Bernex-Onex-Confignon, soit dans ceux des autres communes.

Si le domicile est situé dans un autre canton de la Suisse, on ajoutera aux dénominations ci-dessus prescrites, le nom du canton précédé des mots « *canton de* ». Si le domicile est situé en France, en Savoie, etc., on ajoutera les mots « *en France, en Savoie, etc.* »

Exemple : S'il s'agit d'un individu domicilié à Crevins, et d'un autre domicilié à Bossey, près le mont Salève, on dira pour le premier :

« *Un tel domicilié à Crevins, cvmmune de Bossey, en Savoie.* »

Et pour le second :

« Un tel domicilié à Bossey, en Savoie. »

No 7.

ARRÊTÉ DU CONSEIL D'ÉTAT

relatif aux délais du bornage et à la délimitation des chemins et des propriétés cantonales et communales,

du 26 novembre 1845.

ART. 1er. Les délais fixés pour le bornage, par le *Règlement général du 14 octobre 1844,* pourront être modifiés, suivant les circonstances, par le département de l'intérieur et des travaux publics[1].

ART. 2. Il pourra être procédé par deux opérations distinctes au bornage des propriétés particulières et à celui des chemins cantonaux, communaux et vicinaux, des rues, des places publiques et des propriétés cantonales et communales[1].

ART. 3. Le département de l'intérieur et des travaux publics est autorisé à faire procéder au bornage des chemins vicinaux, suivant le mode prescrit par les art. 75, 76, 78, 79, 80, 81, 82 et 83 du *Règlement général sur le cadastre*, pour le bornage des chemins communaux.

Dans ce cas, un commissaire spécial, nommé par le département, remplira les mêmes fonctions que celles qui sont attribuées au délégué communal. Le département déterminera, dans le même cas, la quantité et la nature des bornes qui doivent être placées le long des chemins vicinaux[2].

No 8.

ARRÊTÉ DU CONSEIL D'ÉTAT

relatif à la délimitation des rivières et des cours d'eau séparatifs de parcelles,

du 28 novembre 1845[3].

ART. 1er. Les eaux courantes qui auront été classées par un

[1] Voyez le § 38 du *Commentaire.*

[2] Voyez les §§ 43 à 46 du *Commentaire.*

[3] Voyez les §§ 47 et 48 du *Commentaire*, et l'Instruction du 11 décembre 1845 (*Supplément*, no 9).

arrêté parmi les rivières, seront toujours séparatives de parcelles (*Art. 5, loi du 1er févri r 1841*).

Art. 2. Dans les trois mois qui suivront la publication prescrite par l'art. 47 du *Règlement général sur le cadastre*, un arrêté du Conseil d'État décidera quelles sont les eaux courantes de la commune qui, sans être classées parmi les rivières, seront dans tout ou partie de leur cours séparatives de parcelles, lors même qu'elles traverseraient le fond d'un même propriétaire.

Art. 3. Le département de l'intérieur et des travaux publics déterminera le mode spécial suivant lequel les rivières et les cours d'eau devront être délimités et figurés sur les plans. Il fixera également les délais dans lesquels devront s'opérer la délimitation et la vérification du levé des rivières et des cours d'eau.

N° 9.

INSTRUCTION DU DÉPARTEMENT DE L'INTÉRIEUR ET DES TRAVAUX PUBLICS

sur le mode de délimitation des rivières et d'autres cours d'eau,

du 11 décembre 1845[1].

§ 1er. *Dispositions concernant la délimitation des rivières.*

Art. 1er. Les eaux courantes qui auront été classées par un arrêté parmi les rivières seront toujours séparatives de parcelles.

Art. 2. Avant que le géomètre procède au levé du plan d'une rivière, il fera placer des piquets ou d'autres signes indicatifs le long de ses berges, si celles-ci sont suffisamment prononcées; dans le cas contraire, il fera placer ces signes indicatifs sur les lignes occupées en moyenne par les deux bords de l'eau courante, dans l'époque de l'année où cette eau est la plus élevée. Toutefois, les terrains en rapport agricole formeront des parcelles en dehors du lit de la rivière, lors même que ces terrains seraient inondés dans les hautes crues.

[1] Voyez les §§ 47 et 48 du *Commentaire* et l'arrêté du Conseil d'État du 28 novembre 1845 (*Supplément*, n° 8).

Art. 3. Les distances auxquelles ces signes indicatifs seront placés, devront être conformes à celles qui sont déterminées par l'art. 86 du *Règlement sur le cadastre du 14 octobre 1844.*

Art. 4. Dès que les signes indicatifs, mentionnés aux deux articles précédents, auront été placés, le géomètre en donnera connaissance au délégué cantonal. Dans les quinze jours qui suivront cet avis, le délégué cantonal examinera si ces piquets ont été placés convenablement, et il fera opérer, s'il y a lieu, les rectifications qu'il aura jugées nécessaires.

Art. 5. Dès que le délégué cantonal aura déterminé la place que doivent occuper les signes indicatifs, il en sera donné connaissance aux propriétaires riverains par un avis affiché et publié dans la commune.

Cet avis indiquera le délai pendant lequel les propriétaires pourront adresser leurs réclamations; ce délai sera fixé par le département des travaux publics dans chaque cas particulier.

Art. 6. Dans le cas où il y aurait désaccord entre le délégué cantonal et un propriétaire, sur la plantation des signes indicatifs, le département statuera.

Art. 7. Le plan dressé par le géomètre, en ce qui concerne le levé d'une rivière, pourra être soumis à une vérification spéciale, antérieurement à la vérification générale des plans de détail. Il sera procédé, s'il y a lieu, à cette vérification suivant les règles prescrites par la sect. VII du chap. VIII, tit. Ier du *Règlement sur le cadastre.*

§ 2. *Dispositions relatives aux cours d'eau non classés parmi les rivières.*

Art. 8. Dans les trois mois qui suivront la publication prescrite par l'art. 47 du *Règlement général sur le cadastre*, un arrêté du Conseil d'État décidera quelles sont les eaux courantes de la commune qui, sans être classées parmi les rivières, seront séparatives de parcelles, lors même qu'elles traverseraient une propriété.

Art. 9. Avant de lever le plan des cours d'eau mentionnés dans l'article précédent, le géomètre fera placer des signes indicatifs pour déterminer le milieu du cours, en se conformant aux instructions données par l'ingénieur cantonal. Le département des travaux publics déterminera en même temps la largeur moyenne des cours d'eau.

ART. 10. Lorsqu'il y aura lieu à délimiter une propriété bornée par un cours d'eau non compris dans les rivières ou dans les cours d'eau mentionnés en l'art. 8, la délimitation s'en fera conformément à la sect. IV du chap. VIII du tit. Ier du *Règlement général sur le cadastre*.

DISPOSITION GÉNÉRALE.

ART. 11. Le directeur du cadastre et le délégué cantonal informeront, s'il y a lieu, les particuliers que la présente instruction ne porte aucun préjudice aux droits que les propriétaires riverains pourraient avoir sur tout ou partie du lit des rivières non navigables ni flottables.

DISPOSITION TRANSITOIRE.

La présente instruction ne sera applicable qu'aux communes dans lesquelles la publication prescrite par l'art. 47 du *Règlement général sur le cadastre* n'a pas encore eu lieu. Quant aux communes dans lesquelles a eu lieu cette publication, le département statuera pour chacune d'elles, si la présente instruction doit y être appliquée en entier, ou si elle doit y subir quelques modifications.

N° 10.

ARRÊTÉ DU DÉPARTEMENT DE L'INTÉRIEUR ET DES TRAVAUX PUBLICS

relativement aux biens de paroisses et à ceux qui appartiennent à des sections ou des hameaux [1],

du 18 décembre 1845.

Le département,

Considérant en premier lieu qu'il existe dans diverses communes du canton, et en particulier dans celles qui ont fait partie autrefois de la Savoie, des parcelles qui appartiennent à une section ou à un hameau d'une commune et non à la commune entière ;

[1] Voyez le § 85 du *Commentaire*.

Considérant, toutefois, que dans l'esprit de la loi du 20 mars 1843 sur l'administration des communes, ces propriétés ne peuvent être envisagées que comme des biens communaux qui doivent être gérés et administrés par les autorités municipales de la commune;

Considérant que si la gestion de ces propriétés n'était pas confiée aux autorités municipales de la commune, elle ne pourrait légalement être confiée à personne;

Considérant, dès lors, qu'il importe d'admettre pour la reconnaissance des bulletins de propriété de cette catégorie un mode qui, tout en garantissant aux sections ou aux hameaux les propriétés qui leur appartiennent, consacre en même temps le principe que leur gestion appartient à l'autorité municipale créée par la constitution et les lois;

Considérant en second lieu, quant aux biens de paroisses, que la constitution a reconnu l'existence des fabriques pour les paroisses catholiques; que, dès lors, rien n'empêche légalement que les biens qui seraient reconnus appartenir à une paroisse ne soient administrés par la fabrique, soit par un corps moral autre que l'autorité municipale,

Par ces motifs arrête:

Art. 1er. Lorsqu'un immeuble appartiendra exclusivement à une paroisse catholique, la fabrique déléguera l'un de ses membres pour représenter la paroisse dans les opérations relatives au bornage et à la reconnaissance des bulletins concernant ledit immeuble; l'extrait de registres de la fabrique, relatif à cette délégation, sera communiqué au département de l'intérieur et des travaux publics.

Art 2. Lorsqu'une parcelle sera la propriété exclusive d'une section de commune, elle sera inscrite comme une propriété communale, attribuée à ladite section ainsi qu'il suit:

« Biens communaux attribués à (le nom de la section), section « de la commune de (le nom de la commune). »

Art. 3. Lorsqu'une parcelle sera la propriété exclusive d'un ou de plusieurs hameaux, et que ces hameaux ne constitueront pas une section, elle sera inscrite comme une propriété communale, attribuée à ce ou à ces hameaux ainsi qu'il suit :

« Biens communaux attribués à (le nom du ou des hameaux), « hameau de la commune de (le nom de la commune). »

ART. 4. Dans les cas prévus par les deux articles précédents, le conseil municipal choisira un délégué spécial, parmi ceux de ses membres qui appartiennent à la section ou au hameau, afin de représenter la commune dans les opérations du bornage et dans la reconnaissance des bulletins concernant les parcelles attribuées spécialement à cette section ou à ce hameau.

S'il ne se trouve dans le conseil municipal aucun membre qui appartienne à la section ou au hameau, les fonctions de ce délégué seront remplies de droit par le maire de la commune, et, en cas d'empêchement, par l'un des adjoints.

ART. 5. L'arrêté du 10 juin 1845 du département de l'intérieur et des travaux publics, relativement aux biens de paroisses et à ceux qui appartiennent à des sections ou des communautés, est rapporté.

N° 11.

ARRÊTÉ DU DÉPARTEMENT DE L'INTÉRIEUR ET DES TRAVAUX PUBLICS

relatif à l'époque où doivent avoir lieu les opérations du géomètre chargé de l'arpentage d'une commune,

du 15 janvier 1846 [1].

ART. 1er. Le géomètre chargé de la confection des plans d'une commune ne pourra commencer ses opérations d'arpentage, dans une partie de commune correspondante à une section de l'ancien cadastre, que sept semaines au moins après qu'il aura procédé à la reconnaissance des parcelles de cette section, et qu'il aura livré au bureau du cadastre l'état certifié conforme des parcelles restant à limiter dans cette section.

ART. 2. Le géomètre ne fera dans chaque section qu'une seule reconnaissance; il sera accompagné dans cette opération d'un indicateur et d'un agent spécial du cadastre.

[1] Voyez le § 52 du *Commentaire*.

Art. 3. S'il y a lieu à des reconnaissances postérieures, elles seront opérées par l'agent du cadastre qui aura accompagné le géomètre dans la première reconnaissance. Cet agent remplira, quant au bornage, toutes les fonctions attribuées au géomètre par le *Règlement*.

Art. 4. L'époque où devra commencer la reconnaissance mentionnée dans l'art. 1er, sera fixée par le directeur du cadastre; le géomètre devra en avoir connaissance au moins dix jours d'avance. Dans les cas où le géomètre aura demandé à commencer les travaux d'arpentage dans une section de commune, et où cette demande ne serait pas en opposition avec les prescriptions des art. 6, 9 et 10 ci-après, le directeur du cadastre devra faire opérer cette reconnaissance dans les six semaines qui suivront la demande.

Art. 5. Le directeur fera borner complétement les parcelles indiquées dans l'état remis par le géomètre dans le délai de sept semaines au plus, après que cet état aura été remis au bureau du cadastre.

Art. 6. L'ordre dans lequel se feront les opérations d'arpentage dans les diverses communes sera réglé par le directeur du cadastre.

Art. 7. Les dispositions des six articles précédents ne sont pas applicables aux communes dont les plans ont été soumis à la vérification et acceptés; elles ne sont pas non plus applicables aux communes d'*Aire-la-Ville*, de *Choulex*, de *Carouge*, de *Chancy*, de *Collex-Bossy*, de *Cologny*, des *Eaux-Vives*, de *Lancy*, de *Meinier*, de *Vandœuvres* et de *Versoix*, où les travaux d'arpentage sont suffisamment avancés.

Art. 8. Dans celles des sections des communes d'Avusy-Laconnex-Sorral et de Satigny, où les travaux d'arpentage ont commencé, sans être terminés, le géomètre ne pourra continuer ses travaux que sept semaines au moins après avoir remis au bureau du cadastre la liste des parcelles à limiter dans cette section; cette liste sera dressée par le géomètre suivant ses convenances, sans être astreint aux prescriptions des art. 1 et 4 du présent arrêté; celles des sections d'Avusy-Laconnex-Sorral et de Satigny, où les travaux d'arpentage n'ont pas encore commencé, seront réglées par la présente instruction.

Art. 9. MM. Valet et Fitteau ne devront pas, à l'avenir, opérer l'arpentage dans plus de quatre communes, sans que les plans et registres des autres communes aient été achevés : en conséquence, ils ne pourront commencer les travaux d'arpentage dans une commune autre que celles où les opérations sont déjà commencées aujourd'hui, avant que les plans et les registres préparatoires de toutes les communes commencées par eux, sauf trois, aient été livrés au bureau du cadastre. Lorsqu'ils seront arrivés à cette limite, et qu'ils n'auront plus que trois communes en cours d'exécution, ils pourront commencer les travaux d'arpentage dans la commune d'Avully, puis dans celle de Cartigny, puis dans les autres communes qui leur ont été adjugées ; le tout dans l'ordre fixé par le directeur, et de manière qu'il n'y ait jamais plus de quatre communes où les travaux aient commencé, sans que les plans et registres aient été achevés.

Art. 10. L'ordre dans lequel se feront les opérations des communes adjugées à MM. Mayer et Fœx, sera réglé de manière que l'un de ces géomètres ne puisse commencer les travaux d'arpentage dans l'une des communes qui lui sont adjugées, avant que les plans et registres de toutes les communes commencées par eux, sauf une, aient été livrés.

N° 12.

RÈGLEMENT ADDITIONNEL

sur les chemins vicinaux,

du 6 juillet 1846[1].

Le Conseil d'État,

Considérant en premier lieu qu'on ne peut classer, parmi les chemins communaux proprement dits, les chemins ouverts au public et dont le sol appartient à un particulier, et qu'il convient, en conséquence, d'assimiler les chemins de cette catégorie à ceux qui sont désignés dans les art. 115 et suiv. du *Règlement du 14 octobre 1844*, sous le nom de *chemins vicinaux*, c'est-à-dire aux

[1] Voyez les §§ 43 à 46 et 62 du *Commentaire*.

terrains servant de passage aux propriétaires de plusieurs parcelles et dont le sol n'est attribué ni à l'État, ni à la commune;

Considérant, en deuxième lieu, que lorsque le propriétaire d'une parcelle contiguë à un chemin vicinal a un droit de propriété sur le sol de ce chemin, l'inscription au cadastre de ce droit de propriété peut avoir de l'utilité pour le propriétaire et qu'elle peut s'opérer, dans ce cas spécial, sans amener de trop grandes complications dans les plans et les registres du cadastre;

Vu les art. 2 et 55 de la loi du 1er février 1841,

Arrête:

§ 1er. *Dispositions relatives à la confection du nouveau cadastre.*

Art. 1er. Seront assimilés aux chemins vicinaux mentionnés aux art. 115 et suiv. du *Règlement du 14 octobre 1844*, les chemins qui servent de communication au public entre deux voies cantonales ou communales et dont le sol n'appartient pas à la commune.

Art. 2. L'inscription du droit de propriété sur le sol d'un chemin vicinal pourra s'opérer au cadastre dans le cas où le propriétaire d'une parcelle sera le même que le propriétaire du sol de toute la partie du chemin vicinal qui longe ladite parcelle.

Dans tous les autres cas, les titres établissant un droit de propriété sur le sol d'un chemin vicinal ne donneront lieu à aucune inscription sur les plans et registres du cadastre.

Art. 3. L'inscription mentionnée en l'article précédent aura lieu, si le propriétaire intéressé en fait la demande et s'il justifie de son droit de propriété.

Art. 4. Le droit de propriété sur le sol d'un chemin vicinal sera considéré comme justifié, s'il y a consentement donné à cet égard, devant le commissaire chargé de la reconnaissance des bulletins, par les divers propriétaires des parcelles contiguës à la partie du chemin vicinal dont la propriété du sol est réclamée, et s'il n'y a, en outre, aucune opposition de la part des propriétaires ayant droit de passage sur cette partie de chemin vicinal.

Dans le cas prévu par l'art. 1er, les délégués municipaux pour le bornage des propriétés communales et pour la reconnaissance des bulletins desdites propriétés seront entendus ou appelés de la même manière que si la commune était propriétaire d'une parcelle longeant le chemin vicinal dont la propriété du sol fait l'objet de la réclamation.

Art. 5. Dans le cas où il y aurait opposition ou refus de consentement à la demande faite par le propriétaire d'une parcelle relativement à la propriété du sol du chemin vicinal qui longe cette parcelle, la contestation sera portée devant le prud'homme qui admettra la demande, si le réclamant produit des preuves suffisantes. Si le prud'homme ne regarde pas la demande comme suffisamment justifiée, le sol du chemin vicinal à l'égard duquel il y a contestation, ne sera attribué à personne sur les plans et registres du cadastre, sans préjudice des dispositions des art. 8 et 9 ci-après.

Art. 6. Lorsque le sol d'un chemin vicinal aura été attribué au propriétaire d'une parcelle contiguë et que ce propriétaire possédera, en outre, la parcelle qui est de l'autre côté dudit chemin, les bornes qui auront servi à délimiter le chemin vicinal pourront être supprimées, dès que la reconnaissance des bulletins de la commune sera terminée.

Art. 7. Le mode d'indication sur les plans et registres du cadastre du droit de propriété du sol d'un chemin vicinal sera réglé par le département de l'intérieur et des travaux publics.

§ 2. *Dispositions relatives au cadastre déclaré définitif.*

Art. 8. Dans le cas où le sol d'un chemin vicinal n'aurait pas été attribué, lors de la confection du cadastre, au propriétaire de l'une des parcelles contiguës, cette attribution pourra être opérée en tout temps, pourvu qu'elle soit constatée par le consentement de tous les propriétaires ayant droit de passage ou par un jugement rendu en leur contradictoire.

Seront observées, dans ces actes de rectifications, les formalités mentionnées aux art. 312 et 313 du *Règlement général sur le cadastre du 14 octobre 1844.*

Art. 9. Les parties intéressées pourront toujours, en se conformant aux prescriptions de l'article précédent, faire opérer sur les plans et registres du cadastre, soit une modification dans l'attribution déjà faite de la propriété du sol d'un chemin vicinal, soit d'un changement dans sa direction ou sa largeur, soit la création d'un chemin vicinal qui n'existait pas antérieurement, soit, enfin, la suppression de tout ou partie d'un chemin vicinal tracé précédemment.

Lorsque les changements ci-dessus mentionnés seront de nature à modifier la configuration d'une parcelle, les actes ou les jugements qui les constateront, seront accompagnés d'un plan dressé par le géomètre du cadastre, suivant les règles prescrites par les art. 299 et suiv. du *Règlement général sur le cadastre*.

ART. 10. L'indication sur les registres de la propriété du sol d'un chemin vicinal en faveur du propriétaire de l'une des parcelles contiguës sera reproduite dans les certificats délivrés par le conservateur du cadastre.

ART. 11. Dans toutes les transactions relatives aux chemins mentionnés en l'art. 1er du présent règlement et qui seraient postérieures au cadastre déclaré définitif, l'intervention de la commune sera nécessaire, et elle aura lieu suivant les règles prescrites par la loi du 20 mars 1843, sur l'administration des communes.

N° 13.

RÈGLEMENT DU GOUVERNEMENT PROVISOIRE
sur les plans et registres du cadastre déposés dans les communes,

du 16 janvier 1847.

ART. 1er. Aux termes de l'art. 83 de la loi du 1er février 1841 *et des art. 255, 261 et 262 du* Règlement *général sur le cadastre, du 14 octobre 1844, seront déposés dans chaque commune*[1]*:*

1° Une mise au net des plans-minutes;

2° Une copie-calque des mêmes plans, contenant la désignation de culture des parcelles et des lieux dits;

3° Un exemplaire du registre des numéros suivis;

4° Un exemplaire du registre des bâtiments;

5° Un répertoire alphabétique des propriétaires, avec l'indication des parcelles attribuées à chacun d'eux.

[1] Afin de rendre cet article intelligible au lecteur, j'ai dû introduire dans le texte les mots écrits en caractères italiques, quoiqu'ils ne se trouvent pas dans le *Recueil officiel*.

6° Une table alphabétique des principaux lieux dits de la commune.

Art. 2. Les plans et registres mentionnés en l'article précédent ne seront déposés dans une commune qu'après que le conservateur du cadastre se sera assuré que le lieu et les meubles destinés à les recevoir sont convenables pour leur parfaite conservation. Il sera dressé un inventaire détaillé des plans et registres qui seront déposés dans chaque commune, et le directeur du cadastre n'en fera la délivrance au maire que contre le récipissé de ce fonctionnaire, mis au bas de l'inventaire ci-dessus.

Art. 3. Ces plans et registres ne seront jamais consultés qu'en présence du maire ou d'une personne désignée par lui.

Art. 4. Toute personne à laquelle les plans et registres auront été communiqués et qui les aura altérés ou dégradés d'une manière quelconque, sera passible des frais nécessaires pour réparer le dommage.

Art. 5. Toutes les mutations, rectifications ou autres changements, opérés sur les plans et registres, en exécution des chapitres II, III et IV, partie II° de la loi du 1er février 1841, seront reproduits sur les plans et registres déposés dans les communes. A cet effet, le conservateur du cadastre ouvrira pour chaque commune un carnet-agenda, dans lequel il mentionnera les mutations, rectifications ou changements, concernant cette commune, à mesure qu'il les aura opérés sur les plans et registres officiels [1].

Art. 6. Le conservateur du cadastre, ou les commis par lui délégués, se rendra dans chaque commune pour opérer les mutations, vérifications ou changements mentionnés à l'article précédent, au moins une fois par année, et plus souvent lorsque le nombre des opérations l'exigera.

Le département des finances veillera à ce que les plans et registres, déposés dans les communes, reçoivent en temps convenable toutes les mentions portées sur les registres officiels; il donnera tous les ordres nécessaires à cet égard [1].

Art. 7. Les art. 330 et 331 du *Règlement général sur le cadastre, du 14 octobre 1844*, sont abrégés et remplacés par les art. 5 et 6 du présent règlement.

[1] Voyez au § 135 du *Commentaire* les observations faites sur les art. 5 et 6 de ce règlement.

N° 14.

ARRÊTÉ DU CONSEIL D'ÉTAT

fixant les attributions du département des contributions publiques et des travaux publics, en ce qui concerne la confection et la conservation du nouveau cadastre,

du 29 février 1848.

ART. 1er. La section instituée par l'art. 333 du *Règlement général sur le cadastre* est et demeure dissoute.

ART. 2. Le département des contributions publiques reçoit les attributions qu'avait autrefois le département des finances, relativement au cadastre.

ART. 3. Le département des contributions publiques est chargé de la décision de toutes les questions relatives à la conservation du cadastre, au casuel et aux centimes additionnels.

ART. 4. Le département des travaux publics a dans sa compétence tout ce qui se rapporte à la confection du cadastre.

ART. 5. Ces deux départements en réfèrent, pour les cas importants ou contentieux, à la décision du Conseil d'État.

N° 15.

ARRÊTÉ DU CONSEIL D'ÉTAT

concernant le mode d'opérer le bornage des parcelles nouvellement créées;

du 21 octobre 1848.

Article unique.

L'art. 299 du *Règlement général sur le cadastre, du 14 octobre 1844*, est abrogé et remplacé par la disposition suivante:

« Lorsque la mutation aura pour résultat de diviser une par-
« celle en deux ou plusieurs parcelles attribuées à des proprié-
« taires différents, les parties intéressées seront tenues de faire
« placer sur le terrain les bornes nécessaires pour indiquer les
« lignes séparatives des nouvelles parcelles.

« Après que ce bornage aura été opéré, le géomètre du ca-

« dastre dressera le plan des nouvelles subdivisions sur la même « échelle que les plans du cadastre[1]. »

N° 16.

ARRÊTÉ DU CONSEIL D'ÉTAT

sur les certificats de concordance entre les numéros de l'ancien cadastre et ceux du nouveau,

du 13 mars 1849.

ART. 1er. Les certificats de concordance entre les numéros de l'ancien cadastre et ceux du nouveau seront délivrés par le directeur du cadastre sur l'autorisation du département des contributions publiques. Ces certificats n'entraînent aucune responsabilité de la part du département ni du conservateur[2].

[1] D'après l'art. 299 du *Règlement général sur le cadastre*, le géomètre fait lui-même poser les bornes nécessaires pour indiquer sur le terrain les lignes séparatives; les rédacteurs de cet art. 299 avaient pensé, en effet, que le géomètre du cadastre était bien placé pour exercer, dans les partages d'hoirie, le ministère d'arbitre-expert. Tel est le motif pour lequel ils avaient adopté une rédaction qui admettait l'intervention du géomètre avant le placement des bornes. Ce mode aurait aussi évité aux parties la nécessité de recourir, en cas de partage, à un géomètre particulier avant d'appeler celui du cadastre; il aurait, enfin, offert beaucoup plus de garantie que le mode actuel pour une plantation convenable des bornes, ce qui est une chose fort importante pour la conservation future du cadastre. Je comprends, d'un autre côté, que l'intervention du géomètre du cadastre dans les partages aurait entraîné à des longueurs qui eussent été incompatibles avec l'organisation actuelle du bureau du cadastre.

[2] L'ancien cadastre étant défectueux et incomplet, il ne sera pas toujours possible d'indiquer exactement la concordance des numéros de l'ancien et du nouveau cadastre; il était dès lors très-convenable de n'imposer, à cet égard, aucune responsabilité au conservateur. Dans tous les cas, il eût été absolument impossible d'établir *à priori* et d'une manière générale des tableaux de concordance entre l'ancien et le nouveau cadastre, ainsi que le demandaient quelques personnes peu versées dans la confection des plans. Ce travail, en effet, si l'on eût voulu y apporter quelque soin, aurait entraîné à des longueurs et à des frais hors de proportion avec son utilité, car sur cent immeubles il s'en trouve à peine un pour lequel on ait besoin de connaître, à raison d'une hypothèque spéciale ou d'une autre circonstance, le rapport des parcelles du nouveau cadastre avec celles de l'ancien. Ce n'est donc que dans chaque cas particulier, et sur la demande des parties ou sur celle du juge chargé de dresser un ordre de créanciers, que le conservateur indique à quelle parcelle de l'ancien cadastre correspond une parcelle du nouveau. Le conservateur, connaissant ainsi le but de chacune de ses opérations et pouvant s'aider dans ses recherches des renseignements qui lui sont fournis par le juge ou par les parties, ne sera pas exposé à commettre de grandes erreurs, comme cela lui serait souvent arrivé, s'il eût procédé d'une manière générale.

Art. 2. Les requêtes pour obtenir des concordances indiqueront les motifs qui les rendent nécessaires et seront accompagnées des pièces justificatives.

No 17.

ARRÊTÉ DU CONSEIL D'ÉTAT

réglant le mode d'après lequel les demandes d'expéditions de certificats et plans du nouveau cadastre doivent être adressées par les particuliers,

du 20 décembre 1850.

Art. 1er. Les demandes d'expéditions de certificats et plans du nouveau cadastre seront faites par écrit et signées par le requérant, sur un modèle qui sera délivré par le conservateur du nouveau cadastre.

Art. 2. La demande ne sera reçue et il n'y sera donné suite que lorsque le requérant aura déposé la valeur de la pièce demandée.

Art. 3. Le département des contributions publiques est chargé de pourvoir à l'exécution du présent arrêté.

No 18.

RÈGLEMENT DU CONSEIL D'ÉTAT

établissant un tarif pour le nouveau cadastre,

du 25 février 1851.

Le tarif provisoire du 21 octobre 1848 est remplacé par le suivant :

Art. 1er. Il sera payé au bureau du conservateur du cadastre :

1° Pour chaque certificat délivré par le conservateur du cadastre. . . . . 2 fr. 50c

2° Pour chaque hectare, compris dans l'immeuble, porté par le certificat ci-dessus . . . . . » 50

3° Pour chaque bâtiment portant un numéro spécial d'assurance, et existant sur l'une des parcelles mentionnées au certificat . . . . » 50

ART. 2. Si le requérant demande la désignation des confins des parcelles, il sera payé, en sus de l'émolument fixé par l'art. 1er, et pour chacune des parcelles dont les confins auront été désignés. . . . . » fr. 50 c.

ART. 3. Il sera payé pour copie, sur papier ordinaire, du plan d'un immeuble, avec indication des confins . . 2 fr. — c.

Pour chaque hectare compris dans cet immeuble . » 50

Pour chaque parcelle comprise dans ledit immeuble . . . . 1 —

Pour chaque bâtiment portant un numéro spécial d'assurance . . . . » 50

NB. Si la copie est faite sur papier-calque, les émoluments ci-dessus seront réduits de moitié.

ART. 4. Il sera payé au bureau du cadastre pour la recherche des parcelles attribuées à un propriétaire. . . . . » fr. 50 c.

ART. 5. Il sera payé au bureau du cadastre pour tout plan à lever de la division d'une parcelle en deux nouvelles (Art. 56 de la loi du 1er février 1841). . . . . 3 fr. — c.

Et pour chaque parcelle en sus . . . . 1 —

ART. 6. Il sera payé au géomètre du cadastre pour chaque certificat délivré, en cas de saisie immobilière, dans les communes non recadastrées, et en exécution de l'art. 360 du *Règlement du 14 octobre 1844* . . . . 10 fr. — c.

Pour chaque hectare faisant partie d'un immeuble porté dans le certificat ci-dessus. . . . 2 —

ART. 7. Le Conseil d'État fixera le mode de répartition des émoluments payés par les particuliers en vertu des articles précédents.

ART. 8. Le tarif ci-dessus sera inséré dans la feuille d'avis et au Recueil des lois, pour être exécutoire dès le 1er mars 1851.

ART. 9. Les tarifs du 14 octobre 1844 et du 21 octobre 1848 sont abrogés.

N° 19.

LOI

déterminant la forme de certaines mutations concernant le domaine public, ainsi que le mode d'indiquer sur les plans les murs, haies et fossés établis le long d'une ligne séparative, postérieurement à la confection du cadastre,

du 11 juin 1851.

CHAPITRE PREMIER.

Dispositions concernant le domaine public [1].

ART. 1er. Lorsqu'une mutation aura pour effet d'attribuer au domaine public, cantonal ou communal, tout ou partie d'une parcelle appartenant à un particulier, et réciproquement, elle pourra être effectuée sur les plans et registres du nouveau cadastre, après avoir suivi la marche ci-après dans les cas où la partie cédée n'aura pas une surface supérieure à soixante toises, ni une valeur supérieure à 250 fr.

ART. 2. Il sera dressé par le conservateur du cadastre un procès-verbal constatant la cession faite, dans les cas prévus par l'art. 1er et par l'art. 6, à l'État, à une commune ou à des particuliers. Ce procès-verbal sera signé par :

a. Le propriétaire cédant;

b. Un délégué du département des travaux publics ou de la commune intéressée;

c. Le conservateur du cadastre.

ART. 3. Seront applicables aux mutations qui font l'objet de la présente loi, les dispositions des art. 56, 57, 61, 62, 63, 65, 66, 67, 68, 69 et 70 de la loi du 1er février 1841.

ART. 4. Le prix de la partie cédée sera indiqué dans le procès-verbal; mais il n'y sera rien stipulé quant à l'époque et au mode du paiement.

ART. 5. Ces procès-verbaux seront dressés sans frais par le conservateur du cadastre; ils seront enregistrés moyennant une taxe fixe de 1 fr. Ils ne donneront lieu à aucune inscription, ni ra-

[1] Voyez les §§ 132 et 134 du *Commentaire*. Voyez aussi le *Supplément*, nos 20, 21 et 22.

diation au bureau des hypothèques, non plus qu'à aucune signification aux créanciers du cédant.

ART. 6. Les mêmes règles seront applicables aux transactions qui auront pour objet un échange entre une propriété privée et le domaine public cantonal ou communal, pourvu que les parties respectivement cédées n'aient pas une surface supérieure à cent toises, ni une valeur supérieure à 500 fr., ou que la différence cédée au propriétaire par l'État ou par la commune contre un retour en argent n'ait pas une surface supérieure à soixante toises, ni une valeur supérieure à 250 fr.[1]

CHAPITRE II.

Dispositions concernant le domaine privé.

ART. 7. Lorsqu'il aura été procédé à la plantation d'une haie, à la construction d'un mur ou à l'établissement d'un fossé, ces objets seront figurés sur les plans du nouveau cadastre, après que les propriétaires intéressés en auront déposé la déclaration, écrite sur papier timbré, au département des contributions publiques[2].

ART. 8. Quand la haie, le fossé ou le mur sera mitoyen, mention en sera faite dans la déclaration prescrite par l'art. 7.

CHAPITRE III.

Dispositions générales.

ART. 9. Les effets civils des mutations faites suivant les

[1] Je présume qu'on a voulu dire par cet article « que les mêmes règles sont « applicables lorsqu'il s'agit d'un échange de terrain, si les parties réciproquement cédées, sans retour en argent, n'ont ni l'une ni l'autre une surface « supérieure à 100 toises ni une valeur supérieure, à 500 fr., ou que, s'il y a « retour en argent, la différence des parties échangées n'ait pas une surface « supérieure à 60 toises, ni une valeur supérieure à 250 fr. » Sans cette interprétation, en effet, il y aurait contradiction dans les termes de l'art 6.

[2] D'après le texte de cet article, on pourrait croire que le bureau du cadastre serait tenu, sur la demande des particuliers, de tracer sur les plans les murs, haies et fossés, lors même qu'ils ne seraient pas séparatifs de parcelles; mais je ne puis croire que telle ait été l'intention du législateur, car ce serait là compliquer les plans du cadastre sans aucune espèce d'utilité. Au reste, il n'était pas nécessaire d'une disposition législative pour autoriser le Conseil d'État à faire un règlement sur cet objet, puisque cette autorisation résultait déjà de l'art. 81 de la loi du 1er février 1841, lequel statue que « *les règlements du Conseil d'État détermineront les autres cas dans lesquels il y « aura lieu à indiquer sur les plans les changements qui ne proviendraient « ni d'une mutation, ni d'un acte de rectification.* »

formes ci-dessus, seront les mêmes que ceux qui sont attribués aux mutations opérées selon les formes prescrites par les art. 54 et suivants de la loi du 1er février 1841.

Art. 10. Le Conseil d'État est chargé de faire les règlements nécessaires pour la mise à exécution de la présente loi.

Art. 11. Les dispositions de la seconde partie de la loi du 1er février 1841 sont maintenues pour tous les cas non prévus par la présente loi.

N° 20.

RÈGLEMENT DU CONSEIL D'ÉTAT

déterminant les règles à suivre pour effectuer sur les plans et registres du nouveau cadastre les mutations qui rentrent dans les cas prévus par la loi du 11 juin 1851,

du 7 octobre 1851.

CHAPITRE PREMIER.

Art. 1er. Pour toute mutation rentrant dans les cas prévus par les art. 1 et 6 de la loi du 11 juin 1851, la demande devra être adressée par écrit au conservateur du nouveau cadastre; elle sera signée par le conseiller d'État chargé du département des travaux publics ou par le maire de la commune intéressée.

Art. 2. Cette demande indiquera la transaction projetée, et mentionnera que les bornes déterminant les nouvelles lignes séparatives ont été plantées en conformité de l'art. 209 du *Règlement général du cadastre*, modifié par l'arrêté du Conseil d'État du 21 octobre 1848.

Art. 3. Sur la demande adressée au conservateur du nouveau cadastre, il se rendra sur les lieux pour y prendre les mesures propres à la fixation de nouvelles bornes sur le plan.

Art. 4. Dès que le travail prescrit par l'article précédent aura été effectué, le conservateur du nouveau cadastre convoquera à son bureau les personnes intéressées, et procédera à la rédaction du procès-verbal, prévu par l'art. 2 de la loi du 11 juin 1851.

Art. 5. Le conservateur du nouveau cadastre est chargé de faire enregistrer ce procès-verbal, et de le déposer au bureau des hypothèques, où le conservateur le transcrira sans prélever aucun droit de transcription.

Art. 6. Sont applicables à ces procès-verbaux et aux mutations qui en résulteront, les prescriptions des sect. Ire et III du chap. Ier et du chap. II du tit. II du *Règlement général du 14 octobre 1844.*

Art. 7. Lorsque la mutation aura été opérée au nouveau cadastre, le procès-verbal et le plan qui y demeurera annexé seront déposés dans les archives du bureau du nouveau cadastre.

Art. 8. Le conservateur du nouveau cadastre est autorisé à délivrer aux parties des expéditions des procès-verbaux, ainsi que les plans qui y seront annexés.

Art. 9. Les expéditions desdits procès-verbaux seront délivrées sur papier au timbre de 70 cent. et payées à raison de 40 cent. pour chaque page de trente lignes.

Les copies des plans annexés seront payées conformément au tarif existant.

CHAPITRE II.

Art. 10. Lorsque les particuliers qui auront procédé à la plantation d'une haie, à la construction d'un mur mitoyen ou non, ou à l'établissement d'un fossé, en auront donné connaissance au département des contributions publiques, le tout en conformité des art. 7 et 8 de la loi du 11 juin 1851, le conservateur du cadastre exécutera les opérations requises, en se conformant aux art. 315, 316, 317, 318 et 319 du *Règlement général du 14 octobre 1844*.

N° 21.

ARRÊTÉ DU CONSEIL D'ÉTAT

imposant au conservateur des hypothèques l'obligation de transcrire gratuitement l'arrêté et le procès-verbal mentionnés dans l'art. 318 du Règlement général sur le cadastre,

du 14 octobre 1851.

Article unique. L'arrêté du département des contributions publiques et le procès-verbal dressé par le conservateur du cadastre, mentionnés dans l'art. 318 du *Règlement du 14 octobre 1844*, seront, dès à présent, transcrits gratuitement par le conservateur des hypothèques.

N° 22.

RÈGLEMENT ADDITIONNEL,

en ce qui concerne les biens de mineurs, à celui du 7 octobre 1851, déterminant les règles à suivre pour effectuer sur les plans et registres du nouveau cadastre les mutations qui rentrent dans les cas prévus par la loi du 11 juin 1851,

du 1er avril 1853.

ARTICLE UNIQUE. Pour toute mutation rentrant dans les limites fixées par les art. 1 et 6 de la loi du 11 juin 1851, où la cession d'une parcelle de terrain appartenant à des mineurs sera faite par leurs tuteurs à l'État ou à une commune, le conservateur du cadastre est autorisé à recevoir et admettre comme valable la signature des tuteurs au procès-verbal de la cession consentie par eux au nom de leurs pupilles, après toutefois que ladite cession aura été approuvée par délibération du conseil de famille des mineurs.

TABLE.

www.ingramcontent.com/pod-product-compliance
Lightning Source LLC
Chambersburg PA
CBHW060959220326
41599CB00023B/3771
9782013529198